生命意向性的历史演绎

黑格尔逻辑学体系的现象学塑造

贺长余　著

人民出版社

前　言

现象学总在思考这样的问题，人站在镜子面前都看到了什么？人站在参天古树面前都看到了什么？人站在世界面前都看到了什么？也许人们可以根据所看到的对象述说着无穷无尽的故事，往往讲述得越起劲，可能越容易忽略一个重要的事情。是否人们能够发现，事情本身却是一个鲜活的人正站在镜像面前驻足观看着这个世界呢？人们很容易被他所看到的像所左右，活在了一个由镜像所建构的世界当中，而完全忽略了那个站在镜前的生命体，结果使其变得干枯起来。不是像决定了人，而是人赋予了像的生动性。"认识你自己"是古希腊哲学留给人类的永不过时的真诚教导。只有人本身鲜活起来，丰富起来，高尚起来，那个镜中的像才能更加美丽动人。为了能够使人们从像的世界中还原出来，现象学采用了悬置、变更等方法，最终通过描述的方式看到了富有生机的站在镜子面前的生命体。之所以称之为生命体，从哲学意义上讲，因为他具有理性自由的生命意向性。其实，这种发现并不是现象学派首创。早在黑格尔哲学中，就已经表明这种理性生命的现实关切，他的逻辑学体系正是生命意向性展开自身的历史演绎。在黑格尔看来，生命意向性是实体性的，遵循着实体论的逻辑。他总是在自身否定当中，来实现自身的肯定。他与一般自然物的生存逻辑不同，他从不以自在的规定来锁定自身，他是以自由的规定来证成自身。这也是人和动物的根本区别，动物总要按照本能所给定的尺度生存，但人总会在否定这种本能尺度的基础上成就自由的尺度。在本质先于存在还是存在先于本质中，人类选择了后者。否定自在的尺度，并不意味着与对象世界彻底割裂，搞所谓的“二元论”。在黑格尔看来，生命意向性具有鲜明的现实性。他既不沉迷于对象的电子游戏中，也不自满于封闭的超越论小圈子，他是能够进行呼吸，具有新陈代谢能力的有机体。他尊重对象世界，因为历经对象世界洗礼，生命意向性更加成熟，有定力。因而，生命意向性是历史的存在，总会在由潜在成长为现实，由现实生成为潜在的历程中，不断澄明自身理性自由的实质。时间与历史是有本质性差别的，前者通过对象意识描述了一个延展的运动，后者则通过自我意识述说着目的指向的进程。在单纯的时间序列中，人们容易迷路，但在历史的逻辑中，人们总会看到前方那盏忽明忽暗，可心中却万分坚定的指路明灯。对于时间来讲，生命意向性还是潜藏在其中，但对于历史来讲，他就是生命意向性的本真逻辑。据此意义来看，黑格尔逻辑学体系描述的正是生命意向性的历史演绎。

目　录

第一章　生命意向性展开的逻辑诉求

马克思曾指出:“从前的一切唯物主义(包括费尔巴哈的唯物主义)的主要缺点是:对对象、现实、感性,只是从客体的或者直观的形式去理解,而不是把它们当做感性的人的活动,当做实践去理解,不是从主体方面去理解。因此,和唯物主义相反,唯心主义却把能动的方面抽象地发展了,当然,唯心主义是不知道现实的、感性的活动本身的。”①基于此,马克思和恩格斯吸收了费尔巴哈哲学的唯物主义基本前提和黑格尔唯心主义辩证法的能动性原则,建构了马克思主义哲学。但是,随着马克思主义哲学研究的深入展开,国内外学术流派中,都不同程度出现了偏离马克思主义哲学根本思维立场的倾向,其中最为典型的观念,就是将马克思主义哲学程式化解读和演绎,尤其关于辩证法思想的研究更是出现了形式主义的倾向,完全将其视为固定的计算程序,只要数据输入,结果便自然生成。完全忽视了当年马克思关于辩证法主体性、能动性意义的发扬。而这种倾向早在对黑格尔逻辑学的解读中,就逐渐地体现出来。

为了还原辩证法自在自为的逻辑本性,有必要深度把握黑格尔逻辑体系的生命原则,这种思辨逻辑的运演,不是外在的牛顿意义上的推动运转,也不是内在的犬儒学派的道义反省,它是生与息不停休的新陈代谢的

---

① 《马克思恩格斯文集》第1卷,人民出版社2009年版,第499页。

生命逻辑。这种生命逻辑不是很容易通过培根式实证科学的方式直接验证得了的,它更多时候是一种自身澄明的逻辑,这一点与后世的现象学描述的方法有着相近的地方。为了能够更好地理解这种逻辑,可以拿中医与现代西医的差异来说明。现代西医总倾向于通过解剖的方式,实验人体的每一器官及功能,但解剖已经意味着医治对象生命力的缺失,它开始的逻辑前提便是有限的、非常理性的对待模式。正如有些精神病人在原初治疗中,首先就将其看成一个非人的怪物来"对症下药",结果却加重病情。然而,在大多数中医者眼中,人体绝不是简单地可以随意拆卸的肌肉复合体,它是有机的生命体,这种生命体秉持无限的生机逻辑,之所以称为无限,就是因为这种逻辑不是用眼睛等有限的感官手段可以把捉到的,这里面既需要感性直观更需要理智直观。中医讲究望闻问切的方法,该方法是针对生命的望闻问切,是架构在感性直观当中的理智直观,因而才能直观到奇经八脉。但这对于现代西医来讲,简直就是天方夜谭,因为他们没有在解剖后的人体中发现任何关于经脉的痕迹。但也并不能完全否认现代西医确证性的伟大贡献,这也仅仅是一种医学理念的不同而已。

小到医人,大到治国,不同的治国理念对于整个社会历史发展来讲意义重大。黑格尔的逻辑学想要论证或者更准确地讲应是描述鲜活的生命体逻辑演绎的基本状况,正如中医所要把握的经脉运行的图谱一般,只有逻辑运演的顺畅才能使得每一存在者都能分有存在的意义,甚至逝去也生成为向死而生的价值选择。黑格尔总是采用圆圈的寓意,来诠释这种生命演绎的进程。在黑格尔眼中圆圈绝不是封闭的,一旦封闭起来,圆圈就失去了本身作为圆圈寓意的价值。因为圆圈不是形式化的图儿,它是生机不息的新陈代谢,是生命呼吸的永恒指征,是那个中医理论中经脉运转的图谱。其中每一逻辑环节都要依据如此的圆圈而被赋予积极的生命意义,享受存在价值。任何一个逻辑环节,如果脱离开整个逻辑系统,那么就仿如从身体上切割下来的一块肉,除了作为简单的碳水化合物而外,便完全丧失了生命的本质。但在现代西医理论看来,是每一个身体器官构成了身体的结构和整体,而非整体赋予了部分官能。这种观念也是黑格尔逻辑学中一直批判的对象,不是从概念出发,而是从概念的环节出发把握概念,那只会将概念肢解,这是最为典型的知性思维的方式。当然,在黑格尔那里并没有像知性思维无视概念存在那样,彻底放弃知性环节,而是将其融入逻辑机体的运演中,给与科学的配置,从而彰显生命的完整性。为了能够更加生动地表述黑格尔逻辑学体系的生命蕴涵,本人试图采用现象学中所关涉的生命意向性范畴(黑格尔本人有时候将生命作为逻辑演绎的一个环节或者自然哲学中关涉的对象来阐述,有时候将逻辑体系看作整个生命体系来理解,为了区别前者,仅从后者来把握黑格尔的逻辑学体系,因而借用现象学生命意向性范畴),来展现黑格尔逻辑演绎的鲜活本质。

现当代哲学中,现象学是最为关注生命意向性问题的流派之一。之所以如此地注重这一问题研究,关键在于对人类精神危机的体验与思考。胡塞尔曾把大部分时间致力于对实证科学和经验心理学等偶然性学科的批判,但这并不意味着他完全否定这些科学的严格意义和重大成就。"也许我们从另一个角度看,即从我们普遍感到悲哀的文化危机以及科学在那里所起的作用出发,我们就会想到完全有必要对一切科学的科学性作严肃认真的和十分必要的批判,而同时注意不牺牲他们第一性的、在方法论成就的正当范围内无懈可击的科学性意义。"①在充分考虑到一般科学的现实意义后,胡塞尔还是深刻揭示了实证科学所带来的现实问题。"现代人让自己的整个世界观受实证科学支配,并迷惑于实证科学所创造的'繁荣'。这种独特现象意味着,现代人漫不经心地抹去了那些对于

① [德]埃德蒙德·胡塞尔:《欧洲科学危机和超验现象学》,张庆熊译,上海译文出版社2005年版,第6页。

真正的人来说至关重要的问题。只见事实的科学造成了只见事实的人。”①只注重外在对象性研究的实证考察，带给人们极大的外在性享受。可就是在这种扎扎实实的外在性收获中，一种潜移默化的改变正在鲜明地体现出来。人们被给与的渴望越来越强烈，自觉创造的尺度越来越模糊。个体性的要求越来越突出，类体性的关联越来越淡化。形式化的运动越来越便利快捷，实质性的发展越来越保守隐匿。人们正试图通过沉溺于物世界的麻醉，来自然地抵消意义世界暗淡的困惑。为了挽救意义世界，恢复人类理性的高贵价值，很多哲学家都付出了极大努力。胡塞尔提出生活世界的概念，期望回到生活本身当中，建构科学性与人本性的内在统一。海德格尔则从存在的历史意义中澄明这种动态意义世界的鲜活生机。法国哲学家米歇尔·亨利直接将这种拯救运动称之为生命现象学运动。意义世界最为直白的理解就是生命本真的世界。对生命本真的内在关切就成了生命意向性起源的根基。如果从哲学发展史的脉络进一步深究，其实可以发现在黑格尔建构他的逻辑体系时就早已将如此的生命关切内化到哲学概念演绎的历史当中。虽然，黑格尔并没有直接提出生命意向性的范畴（他曾多次提到生命、意向等重要概念），但是在他的逻辑运演整个过程以及每一个逻辑环节展开中处处彰显生命意向性的存在价值。为了能够更加清晰地把握黑格尔逻辑学，为了能够真正使得辩证法从形式逻辑的窠臼中超越出来，而不至于再次落入图辩证之名，行诡辩之实的糟糕处境，为了能够将生命意义从当下科技与物质世界中展现出来，于是便贸然地从现象学流派中借用生命意向性释义，重新解读黑格尔逻辑学体系。

---

① ［德］埃德蒙德·胡塞尔：《欧洲科学危机和超验现象学》，张庆熊译，上海译文出版社 2005 年版，第 7 页。

第一节　生命意向性的现象学阐释

往往开端总要从最为基础的范畴谈起,正如黑格尔在逻辑学当中也要设定一个开端。这个开端如果从现象学描述的方式来把握,我们可以较为清晰地看到,它是多么的直接,也是多么的抽象,而且是被设定起来的可以作为思维演绎的开始环节来把握。直接或抽象在黑格尔看来具备多重意义,比如具备潜在的意义,它们将本该显现的内涵隐藏起来。之所以会隐藏,也并非是思维有意所为,而是无意识的被动行为,因为此时的思维并没有真正把握到自我意识本身,只是从被给予或被规定的立场出发,在这样的立场下,思维并没有独立自主的权利与资格,因而它对于它现当下的规定也并非十分了解或接受,这就形成了直接的或抽象的存在形态,直接是因为它出现了断裂,它只能被动地接受它被给予那部分体验,而没有主动地延展体验。抽象是因为它没有展现出它该展现的丰富内涵,它与内容始终保持一定的距离,只是"被逼无奈"地表述了有限的规定。这就如同呱呱坠地的婴孩,他一丝无挂地来到这个世界,看起来没有任何规定,似乎与这个世界也没有太多关联,但是在他的内在却隐藏着无限的可能性,当这个可能性慢慢展现出来时,这个婴孩也就慢慢地拥有了自己的名号和身份,成为可被识别的存在者。因而,开端从一个侧面来看好像是一个深不见底的地洞,在那里潜藏着无限的神秘和玄机,但是从另一个侧面来看又好像是一个个抽象的不可量化的点或者一堆密密麻麻的无法识别的蔬菜种子,只有到收获的季节才能真正定义它到底是什么蔬菜的种子。在此意义上,黑格尔也提出开端的否定内涵,因为根本就没有什么起始与终点,只是被设定起来,能够看得更清晰而已,实质上开端便是终结,上升的道路与下降的道路是一条路。那么,为了更好地描述思辨逻辑生息不止地运动,也需要选定一个开端来进行逻辑演绎。如果能够找到诠释黑格尔逻辑学突破口的哲学概念,现象学领域所提到的意向性范畴是不错的选择。

其实,意向性概念也并非是现象学专属范畴,在古希腊哲学中早有涉及,只是当时并没有直接使用这样的表述。意向性的出场源于哲学陷入二元论的困境。在人类思维不断成长的过程中,人类的理性由于内在的规定性,总要试图一下子就能够把捉到世界的整体,于是便有了"本原论""本体论"的发明创造。但是这一重要创造却慢慢地成为了人们的一个心结。因为本体世界越来越脱离开人类的世界,而成为外在于人的彼岸。就如同当今世界关于人工智能的疑虑,人类在创造一个智能化的对象,但反过来这个对象会不会像人类自身的孩子那样继续延续人类的生命,真正在未来实现人的自由全面发展,还是在未来出现以智能化为幌子的智能异化,使人类出现了"变异",再随着人类越加成为智能世界的"包袱"而拖后腿,从而彻底终结人类时代。这类焦虑从人类诞生以来就一直困扰理性的头脑,这也成为了理性还未成熟的真正标志。的确,在苏格拉底反思之前古希腊哲学时,就已经表明了一个本体"异化"的世界已经出现,人类在这个世界中越来越展现出抽象的被给予性,就仿若一个个提线的木偶被本体世界左右和影响。因而,一场形而上学重心下移的运动开始上演(这种运动在哲学史当中多次展现)。那么,重心下移到哪里更加合适呢?当时,在古希腊仅有个别的哲学家认识到了这个问题,苏格拉底明确要认识人本身。可是人本身是一个非常难以把握的概念,之所以难以把握,因为人本身是一个由潜在到现实的理性生成的存在,不是一下子就能够规定的,还需要更久的历史。然而,本体"异化"的世界,早已令人们压抑不堪,于是一场奔向世俗的解放运动也开始上演。在世俗世界中,人们可以尽情地享受着感性世界给他们带来的欢愉。可是这种俗世的快乐总是不可持续的,很短暂,而且有时为了这种短暂的欢乐,却要付出更加长久且痛苦的代价。人们试图去解决这个问题,在世间建立起真正的天国。不过这种带有“空想”的乌托邦梦想很快就破裂了。不仅是因为这种设想是粗糙的，更关键的是有些人发现这种乌托邦梦想在人类原始的阶段，甚至在动物世界中就早已经实现了，那些睡在狗窝里的犬儒学派的哲学家早就将这个问题，无论是在理论层面还是在现实层面都淋漓尽致地表述了出来。此后，人们都在这种“本体”与“世俗”二者的无奈选择中，被弹来弹去，仿佛成为了一个被玩弄于股掌之中的玻璃球。于是，二元论的困惑就成了摆在哲学家面前的一条深沟、一道高墙。后世的哲学家之所以能够被历史所记载，大都因为他们是勇于填埋壕沟的战士、敢于攀登城墙的勇士，更为重要的是绝大多数哲学家既是挖掘者也是填埋者，既是筑造者，也是攀登者。他们用自身鲜活人生向所有同伴论证着命运如何演绎，理性如何成长的光辉历程。因而，在前仆后继的付出与努力中，这个问题越来越明朗，越来越广泛地被普通民众所体验和理解到。最起码，人们关于那些较近些的哲学家的名号，甚至他的哲学观点还是能够说出来的，比如笛卡尔的“我思我在”等。

人世间真是耐人寻味的存在场域。因为在场者总要通过表述非在场性，才能体现出他的深刻。而非在场者总要通过在场的方式，来说明自身存在的价值和意义。中国传统哲学博大精深，从思想内涵来讲，的确很难用几句话或几本书就能直接讲清楚，但是幸好人类发明了语言，语言的特性就是“胆大”，什么都敢“说”，能够抽象概括和比拟。如果用语言来描绘的话，中国哲学就如同中国传统艺术中的水墨画。它简洁明了，没有过多的色彩修饰，像周易、中医等以较直接的方式展现出来。它浑然一体。中国哲学是一个整体，是历史与现实的整体，体现为易、医、史、哲等要素的立体结构。不管它是简洁明了，还是浑然一体，中国哲学都鲜明地展现了一个共同的特性，在场性（在场性与存在性是根本不同，在场性是一种趋向对象的态度）与非在场性（非在场性不同于完全虚无、不存在，它是从自然主义态度中抽身的一种态度）必须要在各种视域中充分地表现出来,这种哲学气质,也在潜移默化地影响和塑造着中国人高贵的精神品格。然而,西方的哲学家大都会选择另一种方式,他们也深邃地认识到在场性与非在场性的重要地位,但是大多哲学家耐不住知性的诱惑,总要把不在场性转化为在场者,要把它挖掘出来,摆在台面上,让所有人都能够直接把握到。可是事情并非如同这些哲学家所想的那样,因为一旦把非在场性拿出来,它就立马丧失了活性;就如同西医所要进行的解剖,一旦解剖了就不是人体而是尸体;就如同考古,一旦把文物直接挖掘出来,那它就有可能丧失了部分考古价值。所以,胡塞尔多次强调现象学所要做的就是描述。描述意味着原汁原味,意味着在不干扰生命世界的生息活动的基础上,最真切地体验生命存在的意义。描述可不仅是一种"欣赏"的态度,同时也是一种不同于肢解的"创造"。描述要遵循非在场性与在场性的转化规律,按照自然而然的内在逻辑实实在在将生命的意义真实呈现。在这一方面现象学的方法与黑格尔的辩证法具有异曲同工的效力。这就如同人类关于艺术品的创造一般。像作为艺术品的青花瓷的花瓶或者盘碗,它们为什么会成为艺术品呢?它们难道不是用来放花、用来盛饭的工具吗?反而当它们真正成为艺术品时,便早已丧失了实际的功能而成为了一种安静的摆设。其实原因也并不复杂,当作为直接性工具存在时,花瓶和盘碗只是一件件在场物,而非在场性却被自身的在场性深深遮掩或者也可以说被潜藏起来,不过自身的非在场性不显也没关系,外在的非在场性却会直接或间接地干涉这些在场者,赋予它们过多的外在价值和意义,比如马克思所讲的商品价值的二重属性。可是这种外在的非在场性很难将在场者转化为艺术品,很难显现物件的永恒价值,于是这就需要那些具有艺术潜质的在场者能够自己生成非在场性,从而具有生命的属性,形成艺术的呼吸。因而,一场拭目以待的一身演两角的好戏开台。台下的观众便以一种"欣赏"的态度开始融入这场演绎当中。这些观众很"专业",是"职业的票友",因为他们从不会外在地干扰演绎的过程，但却最大限度地成为了场上的演员。场上的演员也不会被场下观众的一举一动而惊扰，但他们却成了神情自若的观众。因为，此时一切的嘈杂都让位给非在场性与在场性的生命互动之中。一件艺术品不仅仅要将自身非在场性与在场性的生息运演展开，而且也要同普遍的非在场性与在场性的生息运演交互起来，就如同音乐，它不仅仅是自己的旋律也是自然的旋律，是整个生命呼吸的旋律，因而只要是艺术品就一定要有“欣赏者”和“分享者”，否则也没有艺术的存在。然而这一过程并不像描述起来那样简单。急躁总是人类的一块心病。有些人总想成为历史和命运的导演，总想将非在场性以在场的方式进行规定和操控，总想将非在场性与在场性的生息运演和交互转化变为己有。这种思维的定势和惯性总会蒙蔽人类的双眼，于是艺术渐渐离场，生命也开始显得微弱。现代的生物科学从表面上看发展得如火如荼，但是面临的问题却愈加困难。比如攻克“癌化”的问题。“癌化”最为直接的表现就是恶性增殖。现代人类万万没有料到现如今如何能够使得细胞正常有序死亡却成了一大难题。可见，有些人所理解的“永恒”“无限”“绝对”并非是真正的“永恒”“无限”“绝对”，更多是自以为是、执迷不悟而已。

现象学之所以要批判传统心理学、经验主义，其根本原因不仅是这些科学的后发性，更重要的是它们并没有摆脱自以为是、执迷不悟的纠葛，而且一步步加重这种危局。现象学想要告诫其他经验科学一条关键准则即把非在场性的安心地交给非在场，把在场性的同样地交给在场，人类可以全身心地把握或者领会非在场性与在场性的运演与转化，这便是生命的价值与意义。正所谓“观棋不语真君子”。然而，那是不是就意味着人类可以坐以待毙、坐吃山空、坐享其成了呢？像一个宿命主义者那样，一切听天由命了呢？如果真要有这种想法，那就大错特错了。虽说“观棋不语真君子”，可是人类不仅是观棋者，也是下棋者，是要主动承担或者直接演绎非在场性与在场性的历史大剧的。在具体的演绎实践中一定要一丝不苟,认认真真地对待,但在认识中一定要把握分寸,留有一丝生息余地。历史中的“演员”如果完全将演戏当作生活世界,或者完全将生活当成一场演戏不能自拔,那很容易陷入执迷当中。历史中的“演员”要能够分得清现实生活世界和演戏的区别,在演戏中可以色彩鲜明甚至极端入目,但现实生活当中却要温和中庸些。现实生活中的温和中庸也会潜移默化地使得演戏活动中的色彩鲜明和极端入目变得更加可爱、更加有生机,而不是变得更加残暴无情。这只不过是一种比喻,一种以现象学的方式关注人类存在方式的一种建议而已。很可惜,这种生命存在的方式,还是很难被把握。传统的经验科学以通向实在的真理为路标,无论在现实生活世界当中,还是在承担演绎现实的戏剧当中,都表现得极为“实在”,这种一根筋的态度和行为方式,它是具有一定进步意义的。但是如果进步也只是停留在自己进步所留下的印痕中无法自拔,那么一个劲儿地进步就成为最大的保守和固执。这才是以胡塞尔为代表的现象学者不遗余力地对传统科学的严厉批判。正如马克思所讲:“另一方面,即从主体方面来看:只有音乐才激起人的音乐感;对于没有音乐感的耳朵来说,最美的音乐也毫无意义,不是对象,因为我的对象只能是我的一种本质力量的确证,就是说,它只能像我的本质力量作为一种主体能力自为地存在着那样才对我而存在,因为任何一个对象对我的意义(它只是对那个与它相适应的感觉来说才有意义)恰好都以我的感觉所及的程度为限。因此,社会的人的感觉不同于非社会的人的感觉。只是由于人的本质客观地展开的丰富性,主体的、人的感性的丰富性,如有音乐感的耳朵、能感受形式美的眼睛,总之,那些能成为人的享受的感觉,即确证自己是人的本质力量的感觉,才一部分发展起来,一部分产生出来。因为,不仅五官感觉,而且连所谓精神感觉、实践感觉(意志、爱等等),一句话,人的感觉、感觉的人性,都是由于它的对象的存在,由于人化的自然界,才产生出来的。五官感觉的形成是迄今为止全部世界历史的产物。囿于粗陋的实际需要的感觉，也只具有有限的意义。//对于一个忍饥挨饿的人来说并不存在人的食物形式，而只有作为食物的抽象存在；食物同样也可能具有最粗糙的形式，而且不能说，这种进食活动与动物的进食活动有什么不同。忧心忡忡的、贫穷的人对最美丽的景色都没有什么感觉；经营矿物的商人只看到矿物的商业价值，而看不到矿物的美和独特性；他没有矿物学的感觉。因此，一方面为了使人的感觉成为人的，另一方面为了创造同人的本质和自然界的本质的全部丰富性相适应的人的感觉，无论从理论方面还是从实践方面来说，人的本质的对象化都是必要的。"①

传统的经验科学这种"实在"的基因，在笛卡尔那里就已经种下了。"笛卡尔是理性主义和经验主义这两条路线的出发点。"②回到笛卡尔的"我思我在"哲学命题，不难发现里面蕴含有一种将非在场性以在场的方式直接显现的趋向。"我思"即"我在"，非在场即在场。非在场性的确与在场性是统一的关联，但并非是直接同一的关系，后世的经验科学想要达到的正是这种直接同一的关系，非在场性必须要能够直接在场，才能说明非在场性的合理有效。可是这种从在场的标准出发断定非在场的逻辑方式，很难让所有的哲学家接受。即使在现实的生活世界中，经验主义似乎也没有放弃这种实在的原则。经验化的功利主义总在试图寻求一个能够表征幸福的确切含义，以建立起一个真正调节或者评判公平正义的根本性原则，可最终留下的却是不少后世诟病的话柄。正是在批判"实在"科学的"实在"态度和作风的过程中，为了能够进一步地描述非在场性与在场性，或者以人们较为熟悉的亚里士多德的范畴表述，即潜在与现实的关系（很可能这样的表述不完全与现象学的意义对应，但对于人们概念化地理解非在场性与在场性的含义，还是有一定帮助），以现象学流派为代

---

① 《马克思恩格斯文集》第1卷，人民出版社2009年版，第191—192页。

② ［德］埃德蒙德·胡塞尔：《欧洲科学危机和超验现象学》，张庆熊译，上海译文出版社2005年版，第113页。

表的后世哲学家们便构造了“意向性”概念。

受到休谟问题的启发，康德较早就关涉起了意向性的问题。只不过他还没有将这个概念主题化，但很多研究都是围绕着“思维”与“现象”，围绕着将非在场性的存在进行在场化的转换研究。这种研究虽然引起了重大的哥白尼革命，开拓了人类思维的广阔疆域，但最后仍然无法从根本上摆脱休谟问题在思维意识中的无限纠缠。此时，哲学仿如陷入了一种矛盾的周期律中，当我们试图在解决矛盾时，其实只是在重新陷入矛盾的再次明证。在康德之前，哲学家关注的重点在于外在客观对象，而被对象遮掩的幕后意识却一直以一种非在场性的地位被忽略。隐化的意识世界并没有什么超乎想象的能力，但是隐化与显化的转换却是创造生命的根源。康德将之前一直处于隐化的意识世界终于搬到了台前，人们开始探索那些原本精彩的世界剧目究竟是如何在那个幕后的编排与导演中活生生演绎的。这种揭示就如同一部更加受欢迎的纪录片，它远远不同于之前的胶片电影，给人一种更加清新的气息，更主要的是它使得人们更加贴近于真实。正如现代电影中，那些以真实故事改编的剧片会更加受欢迎，直接的原因就在于它贴近人们的真实生活。康德就是要编排这样的一部巨著，他不想让人们再生活在那种角色单调、色彩单一的，看起来只能引起怀旧的老剧目之中，他要进入到人们的当下生活世界当中，因为当下的世界正是人类主体重塑和意识独立的情形。但康德仍是一位笛卡尔式的哲学家，他很实在、很真诚，他的实在和真诚，正如那位如此实在和真诚地对待他的那位老仆人。他在人类世界的面前，打开了那块原本就存在于幕后的美丽花园城。当他自己看到那从未见到过的景致，他震撼不已，深深地被那种从未有过的生机盎然的图景所吸引，没有人能够逃过这样的诱惑。就如同一座早已落成的桃花源，处处声色俱全，即便表面上看起来像一座永远无法探出结果的迷宫，但在迷宫中嬉戏的乐趣却是享受不尽的。于是，康德像他之前的哲学家沉浸于另一个世界中一样，他也陶醉于这个新发现的意识世界当中。所以，在笛卡尔的沉思里，梦境和现当下世界很难区分，因为当人们执迷于现当下，也就是在梦境中，当人们执迷于梦境中，也就是处于现当下。从这个意义上讲，梦境与现当下没有实质的区别，因而有些人做梦的时候也会大哭大笑。很多哲学家也是爱做梦的人。康德所发现的桃花源，很快就吸引了许多后来人的观光和探险。他们在这个新世界收获也颇丰，就如同在侠客岛上的修行，很多人来了就不想再出去。不过，还是有几位较恋旧的、不买好的、爱挑三拣四的。他们认为这个新世界也不过是个花花世界，除了新的物件、新的提法、新的用途之外，没有什么实质性的变动，至少在这个新世界中仍然无法跨越本体世界的大峡谷。即便康德本人后来也生出了一丝厌倦感，试图摆脱这种新瓶装着旧酒的花样世界，探寻那世界根本之所在，不过时间没有留给这位老人过多的思考，一切都只能等着后来人去发掘①。这也为意向性概念的产生提供了思想的铺垫和引言。

布伦塔诺是后世引入意向性问题的哲学家之一。他首先就对物理现象与心理现象的关注点作了区分，他看到了此前包括康德在内的哲学家们所具有的共同特性，并作出了总结。布伦塔诺看到了问题，但并没有对此做出过多的阐释和探究。在他看来，意向性乃是心理活动中的独特存在，“我们将称之为关系于一内容、朝向于一客体（于此不要理解为实在性）或内在的对象性，尽管这些表达非全无歧义。”②如果从他的整个学说理论来看，正如他自己所强调的那样，物理现象和心理现象的根本区别并

① 其实，在这之后应当展开关于黑格尔等人的论述，但是本书着重要从现象学的意向性理论来反观黑格尔的哲学思想，于是就直接过渡到现当代哲学家。之所以要从现象学的意向性理论来反观黑格尔的哲学，一方面当下现象学研究很火热，关注度较高，也许人们更容易从这些火热的概念中把握过往；另一方面也是想通过另一种较为清晰的思路把握黑格尔那较为晦涩的逻辑思想。

② ［德］弗兰兹·布伦塔诺：《从经验立场出发的心理学》，郝亿春译，商务印书馆2017年版，第115页。

不在于内外感知表象的差异,如同梦境与当下的区别一样,并非仅仅是因为一个是头脑中的,一个是外在于头脑的。那种表面上的简单区别很难说明实质上的问题。关键的差异在于:心理现象产生的机制是活的、自由的、无限的,而物理现象产生的机制则是死的、僵化的、有限的。其实,这种差异化的规定为后来现象学的建立,定下了研究的基石。在这里如果运用亚里士多德的蜡块学说,似乎更能够说明问题。人的认识有时就如同受热后在柔软蜡块上形成的多种印痕。那么印痕本身并不太神秘,真正蕴含着无穷奥秘的是那背后之所以塑造蜡块那个缘由。只有原因才能结成果实,人们往往只关注结出果实的多少,却很少关注为什么结出那么多的果实。但有些时候又不可将意向性等同于原因来把握,它更像是赫拉克利特所说的那团活火,它会按照一定的原则燃烧,也会按照一定的原则熄灭,可它的熄灭正是为了更好地燃烧,这便是哲学家所提出的生命原则,这也是生命意向性的最初显现。因而,意向性很灵活,它需要谦卑地对它进行描述和安抚,否则它就会像测不准原则所揭示的那样,若规定它,它就不成为它,而失去它,它是自由的化身,也是脆弱的代名词。笛卡尔曾经以“怀疑的态度”描述过意向性存在的自然形态。笛卡尔曾主张在进行判断之前,定要进行深度怀疑、普遍怀疑,但是如果一切都处于无尽的怀疑之中,哪还有真理存在的余地。正在这种反思的无奈中,笛卡尔突然发觉一个不可怀疑的阿基米德支点——怀疑本身是永远不可被怀疑的。这里笛卡尔并不是要玩弄什么语言的游戏,他只是想要真诚地反映意向性存在的自然状态。布伦塔诺在描述心理现象时也发现:“如果一个处于狂怒状态的人想观察他自己的愤怒,那么在他观察之际愤怒在某种程度上已经烟消云散,这样,他最初的观察对象也就消失了。”①当人们故意地去干涉意向性的存在时,它反而就成了在场性的,完全失去了非在

① [德]弗兰兹·布伦塔诺:《从经验立场出发的心理学》,郝亿春译,商务印书馆2017年版,第38页。

场性的内在规定。就好像我们如果始终都将自己的注意力集中在我们所要找寻的那个东西身上，反而那个东西就是难以查寻，即便它就在我们的眼皮子底下，也是视而不见的，很难被发掘。怀疑的这种意向性情形在古希腊哲学中就早有描述。古希腊哲学家有一种观点认为，好奇乃是智慧的开端。好奇也是意向性的重要表征。好奇是自由的存在，当我们沉迷于一个对象当中，就很难称得上是好奇，因为此时的好奇已经完全转变成了好奇者。好奇本身的状态是一种游离的状态，就如同我们在乘坐火车时，看到车窗外面那忽闪忽闪的景象，它不喜欢完全停在某一地或某一时，它是运动本身。它是显着背后那个隐含着的存在，它也要指向对象，但是它却不喜欢停靠在对象的港湾睡大觉。中国哲学曾经用一句极为经典话语，较为准确地概括了意向性的存在样态——应物而无累于物。布伦塔诺发现了意向性这种独特的存在样态。他指出："就像自然科学一样，心理学在知觉与经验中有其基础。不过，心理学的源头首先可从我们自己对心理现象的内知觉中发现。"①"内知觉"可并不完全等同于内经验，它更倾向于内体验或者内经历这样的表述。如果从具体的方面来讲，中国文化中所讲究的经历概念，要远远地比经验主义所强调的经验概念厚重得多。前者总是按照内时间意识在流动和旋转，后者则是按照空间规定在那或者在这存在。前者只能进行描述，它却无法形成确切的规定来进行口口相传。每个人的经历都如同个人的生命，没有人能够替代和说明，只有自己在生命的终结之处，可以在墓碑上简短地记载着那个暂时可以盖棺定论的判断而已。内经历是一种生命的体验，它为了使得人们不要忘却生命意义的根本存在，它从不设定有限的节点，使得人们误以为意义的终点就是无意义，从而成为人们好像在现实世界当中，如同被穿上线在烈日下烘烤的鱼干，偶尔微微袭来的海风，那便是最为欢喜的眷顾方

① ［德］弗兰兹·布伦塔诺：《从经验立场出发的心理学》，郝亿春译，商务印书馆2017年版，第37页。

式。内经历绝不是一般经验的东西,不管是内经验还是外经验,都无法与内经历的体验(意向性)相提并论。布伦塔诺为了突显这种区分,他曾以是否具有意向性特征为主要依据,将传统意义上的经验所及的整个现象领域区分为物理现象和心理现象两个大类,前者只能是意向"对象",而后者的标志性特征是意向性"行为"。意向行为又可区分为"表象""判断"和"爱恨现象"。与对物理现象和心理现象的这种区分相对应,布伦塔诺也将"经验"区分为两类——"外感知经验"和"内知觉经验"(内经历)。作为两种不同的经验。为了避免出现将"内知觉经验"混同于"反思经验",布伦塔诺特别强调道:"不过请注意,我们是说内知觉而非内观察构成心理学最基本的源泉。这两个概念必须区分开来。内知觉的一个特征是,它永远不可能成为内观察。通常人们讲,我们能够观察外感知的对象。在观察中,我们把全部注意力集中于一种现象,为的是准确地把握它。但是对于内知觉对象而言,这是完全不可能的。"①因而,对于布伦塔诺来讲,将内观察作为经验心理现象的方式也是完全行不通的,因为能够被观察的只能是外感知对象,而对于我们的心理现象,则是完全无法被观察的。布伦塔诺坚定地将此确立为一条普遍的心理学原则:"这是一条普遍有效的心理学规律,即我们永远不能将我们的注意力集中在内知觉对象上。"②这是布伦塔诺在区分心理现象和物理现象时的一条根本原则,也正是从此意向性作为一个明确的概念开始成为哲学家们普遍关注的要点。布伦塔诺是较早地关注意向性问题,并将这个问题提出来的哲学家,他也是较早地将存在与存在者,非在场性与在场性进行划分的哲学家。从此,人类思维就开始了一个新的天地即便这个新天地,在此前的哲

① [德]弗兰兹·布伦塔诺:《从经验立场出发的心理学》,郝亿春译,商务印书馆 2017 年版,第 37 页。

② [德]弗兰兹·布伦塔诺:《从经验立场出发的心理学》,郝亿春译,商务印书馆 2017 年版,第 37 页。

学史中也是若隐若现地展开。在这个阶段当中,人们更加谨慎地接收那些被给予的对象,或者那些轻而易举形成的东西。人们更要关注关于形成背后那个不容易显现的存在之为存在的那种逻辑。就像现代的智能手段已经到了足可以以假乱真的地步,很容易模糊人们的认知,不过再如何地逼真,即便是六耳猕猴也要在如来祖师面前现出破绽,根本原因在于意向性本身是不会造假的。说谎不脸红的人也会在长期交往中露出那个人尽皆知的面孔。意向性那种置身事外而又游刃有余的姿态,让人倍感深不可测,因而各种神奇的招牌也都自然而然地挂到了头上。然而,好奇可是人类理性的重要气质,越是神奇的东西越会招惹最为敏锐的头脑。那绚丽绽放的娇艳花朵,总不会缺少同样绚丽娇艳的精灵交互嬉戏。布伦塔诺提出了一个值得关注的问题,那么深度分析和回应这个问题的哲学家也将登场。

胡塞尔沿着布伦塔诺提出的问题,直接将意向性作为核心议题来把握。他认为,作为意向性的存在只能描述和体验,绝不能定义和规定。一旦用后者来代替前者,那么意向性立马将转变为意向对象,非在场性(潜在的,没有被意识主题化)直接转变为在场者。描述之所以可行,不是因为描述能够客观实在地讲述过去,更主要的是因为描述演绎的是当下。比如让某个人描述一下他曾经体验的蹦极活动。他可以较为详实地将当时他的恐惧、他的经验原原本本地讲给人们听。但人们听到的绝不是过去他的蹦极活动,而是一个人正在当下描述一个当下对过去的深切体验。这时候意向性便以一种描述性的姿态展现在人们面前。别看这种描述说起来是极为容易的事情,觉得里面并没有什么大不了的东西。描述绝不等同于回放。在古希腊那些哲学导师,总喜欢在学园中一边走来走去,一边对自身的门生进行教导,他们可能每一次讲的观念相近,但每一次都会选择差异性的描述,因为一字不差地讲读,一次两次可以,但是如果每一次都照本宣科,那么教师的职业也许早就在历史的长河中被淘汰得连骨头渣都剩不下来。描述的意义就在于每一次对同一个故事的描述总会有每一次不同的深刻体验,这个深刻体验就在即时当下,一旦你试图将这个当下当下化地拿出来,摆上桌面,它很容易就从你的指尖溜走。可这又有什么关系呢?因为理性不同于知性,他可不在乎什么东西来过,什么东西溜走,他只关注生命存在的意义是否长存。或者也可以具体点儿说,描述不在于是否能够更加实在地体现出过去的结果或经验,它想要的是能否在描述当中真正实现生命意义的涌流和绽放。因而,从这一方面讲,教师的职业又是无比伟大的,因为他在讲述知识的同时,也在描述自己关于命运的生动体验,并将这种体验如实地传递给学生,让他们在这场经典的讲授中共鸣、共享、共通。因而,描述不仅是意向性展现自身的方法,也是生命演绎的重要方式。“意向性,它构成自我学生命的本质。意向性的另一种表达式为‘思的活动’,例如在经验、思想、情感、意愿等中意识地对某种东西的拥有,因为每一个思的活动都有它的所思。每一种思的活动在广义上都是一种以为,因而都具有一定的确定性的等级——直截了当地确定的,推测的,被认为有可能的,可疑的等等。”①胡塞尔同他的老师布伦塔诺也有一脉相承的思想,就是要教导人们将注意力集中在描述本身,集中在意向性方面,不要过多地沉沦于意向对象当中。一旦执迷于意向对象当中,一切的选择都成为了毫无余地的判断,一切的道路都是通往奴役的越来越狭隘的死胡同。当人们的注意力有所转向,那么退一步将会海阔天高。在古希腊,苏格拉底可谓是教师的楷模,他有一个同他一样伟大的教学方法——辩证法。现象学之所以能够与思辨逻辑联系起来,其实在古希腊苏格拉底那里就已经将二者关涉起来。在辩证法的教学当中,苏格拉底很少去关注于意向对象本身到底能够通过反正的方法提出哪些具体的内涵,但是他却时刻关注着“认识你自己”的重大转折。比如

① [德]埃德蒙德·胡塞尔:《欧洲科学危机和超验现象学》,张庆熊译,上海译文出版社 2005 年版,第 112 页。

他经常与他的学生们朋友们谈论什么是爱情、正义、勇敢等重要的实践概念。但是最终的结果却是他直接一一驳斥了所有人们能够提出的概念。人们十分不解苏格拉底的这种做法。有些人开始质疑这位被誉为雅典最为聪明的人,但是他的学生柏拉图却十分明确他老师的深刻用意。苏格拉底不是让人们一如既往地关注“是什么”的问题,而要多多关注“什么是”的问题。他想让人们知道他们在试图回答问题时,他们都在如何描述关于问题的理解和把握。一位伟大的导师,他不是要告诉你站在镜子面前都看到了哪些像,而是要启发你认清是你自己站在镜子面前,你本身的存在决定了镜中像的存在,而非镜中的像决定了你的存在,以此才能真正揭示和体验生命存在的价值和意义。柏拉图在以苏格拉底的身份曾经描述过“回忆”的整个过程。他曾经以一个懵懂的小孩子为例,看他如何从一个无知者,回忆起在古希腊当时有着重大影响的勾股定理的过程。整个过程虽然有他人的指引,但结果却是千真万确的。那个引导者可比拟为描述性的,是意向性的关切,而那个小孩子可比拟为意向对象。意向对象一定要归于意向性当中,才具有它存在的合理性。在中国的传统文化当中,对于那些见风使舵、两面派、墙头草式的人物,是非常反感的。这类人没有信念的根基,只是沉浸于对象世界中,如同其他物种一般,只要有吃喝,让怎样就怎样。这种人的对象意识很发达,很容易发现自己的靠山。但是意向性不足,没有自我意识的生成,即便世俗生活富足,可生命意义却干瘪,因为他连自我的资格还未确立,那么一切的认知仿若与他无关的偶然刺激。因而,以胡塞尔为代表的哲学家,要想把那些仅仅沉迷于镜中像的人从对象性意识当中拯救过来,让他们看到那个在镜子面前照镜子的那个自我。以此,胡塞尔也像布伦塔诺一样,对之前的心理主义、经验科学给与了严格的批判,其实批判的核心点就在于那些心理主义、经验科学还在为人类打造各种幻像,想要把人类牢牢地困在镜中一般。很少再有像苏格拉底那样的哲学家,而现象学家就要成为当今时代的苏格拉底。胡塞尔也是在这种意义上来评价柏拉图等古希腊哲学家,并且将描述作为展现意向性的重要手段。所以只有将描述这一方法搞清楚了,才能够进入到胡塞尔所分析的意向性结构当中。胡塞尔也曾指出,只要人们肯于真诚地描述,摆脱自以为是、不懂装懂、骑虎难下的对象性困境,那么主体际关联就很容易达成,世界的隔阂与鸿沟将会在人类的自我理性认知中成为不堪回首的过去风尘。

描述是可以通过悬置进行展现和训练。悬置既不同于怀疑主义所讲的普遍否定,也不同于实证主义所设定并最终要求解的未知数。“我们现在可以让普遍的悬置概念在我们明确、新颖的意义上取代笛卡尔的普遍怀疑设想……但我们的目的是要去发现一个新的科学领域,这个领域应通过加括号方法得到,它因此只应是一种被明确限制的领域。”①在这里面,胡塞尔不仅要对悬置进行阐释,更重要的是揭示悬置之后所观的世界。“这种限制可用一句话来表示。我们使属于自然态度本质的总设定失去作用,我们将该设定的一切存在性方面都置入括号:因此将这整个自然世界置入括号中,这个自然世界持续地‘对我们存在’,‘在身边’存在,而且它将作为被意识的‘现实’永远存在着,即使我们愿意将其置入括号之中。”②这段话看起来较为抽象,但实质上很明了地展现了对“置入括号”进行悬置的主要目的,即从根本上解决自然主义态度的问题。在自然主义眼中,一切都是足够明了的、实在的、被给予的。它需要意识地不断脱离自我的向前关注,如同照镜子一般,它需要人们不断地立于镜像之前,不断地受到镜像的吸引,从而完全投入到镜像的纠葛当中,完全模糊了站在镜子前面的那个真我的存在。所以,自然主义态度既是一种肯定

① [德]埃德蒙德·胡塞尔:《纯粹现象学通论》,李幼蒸译,中国人民大学出版社2004年版,第43页。

② [德]埃德蒙德·胡塞尔:《纯粹现象学通论》,李幼蒸译,中国人民大学出版社2004年版,第43页。

的态度,也是一种否定的态度。它所肯定的是那镜中的确存在一个像,那个像也的确是与站在镜前的那个人有着实质的关系。它在肯定的同时,也在潜移默化地进行着否定性的取舍。它渐渐模糊了镜前真我的存在,并且试图用那镜中的真我的像来取代真我。当然这种取代的方式也是多种多样的,因而诱惑性是很大的。比如自然主义态度较为流行的方式,就是经常会把那些非在场性(潜在的意向性)转化成非在场性的东西,再转化为在场性,最终实现在场者的出场,就如同将一个莫名其妙的东西打扮一下就可以登台献艺了。更为重要的是,自然主义态度还没有真正理解非在场性,如果它若是真正理解了,也就不会将其以在场的方式展现出来。所以,他就会采用先入为主的方式,以现代的医疗手段,对其先修整一番,然后再走一下自然的程序便可。

那么,与自然主义态度相对的就是本真的生活世界。也就是回到那个站在镜前的真我本身当中。这也是悬置的意义所在。通过悬置,描述就同时登场。因为描述所揭示的正是悬置那执迷不悟的自然主义态度之后,所见到的新世界。在这个新世界当中,自我不再会将一个与自己无关,且与自身的像有关的东西常常挂念不忘。自我更不会让那自身的像成为自我本身从而在现实中成为主导者,来对人们的身心吆来喝去。但是,在悬置和描述的过程中,胡塞尔也经常提醒人们注意两个问题。一是悬置自然主义态度,不是完全否定自然主义的存在价值。从布伦塔诺那里就早已规定指向对象的对象性是意向性的重要内涵,之所以重要就意味着如果没有对象性,也就没有意向性的存在,但意向性又不完全等同于对象性,它总和对象性保持一定的距离。其实,描述本身也是一种对象性的关切,只不过这种对象性更加温和、客观、中立。这就决定了人们需要注意的第二个问题即悬置所主要针对的是态度。至于自然主义的判断和结论,不是根本性的东西。最为重要的是自然主义的态度。这种态度要成为悬置和描述的对象,必须要将这种态度完全地展现在普遍理性面前,放到光天化日之下，才能真正地得到客观审视和描述。正如马克思所讲，人就是社会性存在，其本质就是一切社会关系的总和。马克思代表了绝大多数哲学家关于人的判断的主要观念。人之所以被认为是高等动物，根本原因在于他具备理性。理性具有普遍客观性，具有公共性，不是私密的主观任意性。描述和悬置的重要作用，就是要唤醒人们的这种公共理性。当意识以描述的身份登场时，他就开始摆脱稚气和任性的阶段，开始走向成熟，因为他不再窝在自己的被窝里思考问题，而是开始从幽暗的被窝里探出头来在光明之中去思考问题。柏拉图很早就通过“洞喻”的学说说明这个问题。在那幽深的山洞中，每个人都是被黑暗紧紧地锁住，但命运总会让人们挣脱黑暗的无知，到太阳底下去享受光明和温暖，即便刚开始时有些刺眼，不过那只是对过往黑暗沉积的彻底洗礼和焕然一新。描述和悬置所要做的事情，就是帮助人们进行光明的洗礼和重塑。让人们真正以清新而又光亮的形象，共享世界荣光。描述和悬置有时就像是扒洋葱。它们总要将那些掩盖或损害真我的那些外在的像剔除，唤醒被自然主义态度所遗忘的那个非在场性。非在场性并不是缺场或离场，只是被无情地遮蔽了而已。自然主义态度之所以具有这么大的吸引力，根本原因在于它很容被把捉到。就如同熊猫吃竹子，它不需要进行选择和比较，直接就可以认定那个就是它的对象。它只需要自在地吃就可以简单安乐地享受一生。但人不同于熊猫，他从一开始就要面临着多种选择，他是杂食性动物，他需要具体的算计和安排自己的饮食习惯才能保持比熊猫更加长寿的年岁。不是本质决定了选择，而是生命决定了选择。至于选择之后如何安排自己的吃法，怎样个做法都不那么重要了。正如现代式饮食习惯，快节奏、轻便式餐饮，的确在花样、味道方面要远比古代人丰富而又浓郁。但如果排除战争等外在直接干预性因素来看，现代人的饮食未必会有古代人的饮食更为健康。虽然从年岁的统计上看，也许会有明显的差异，但是生活的品质及其抗压密度方面可能远不及古代人的深刻。为什么会有如此的差别,这就在于对待生命的选择上的不同。有些古代人更倾向于自然地选择本身,毕竟那个时候人类的选择意识并没有像现代那样受到多种遮掩,然而可能现代人则更加看重的是在快速简约的选择下,如何能够进一步提升快速简约的节奏,以至于完全突破有限时空的限定。这便是马克思所批判的异化现象。人们本来所进行的对象化生产是要为人本身来服务的,结果人却成了对象的对象,要为对象来服务、被占有。这就是自然主义的态度,是一种典型"单向度",因为它完全遗忘了选择本身,遗忘了真我生命本身,遗忘了回头是岸的古训,因为那个岸边的影像越来越模糊,以至于早已消逝在茫茫的躁雾当中,于是它只能将当下的、被给予的、所沉迷的当作暂时的避风港,当作想象中的故乡。由此可见,描述与悬置的任务是艰巨的,因为他要扮演救生员的角色,要使得那沉溺于深海的落水者,一点点地救出水面,重新回到岸边,重新回到那个曾经让人很熟识,但现在已经陌生的世界。有时,描述与悬置就如同扒洋葱,需要一层层一节节地将意识从深度迷幻当中解救出来。

通过真诚地描述与悬置,一番别开生面的景象绽现。"如果我可尽情随意地这么做,那么我并非像一个诡辩论者似的在否定这个'世界',我并非像一个怀疑论者似的怀疑它的事实性存在;但我在实行'现象学的'悬置,后者使我完全隔绝于任何关于时空事实性存在的判断。"①胡塞尔所讲的"隔绝于任何关于时空事实性存在的判断"正是针对自然主义的判断。"在自然态度中所设定的,在经验中被实际发现的整个世界,是在完全摆脱理论后被接受的,如其被实际经验到的那样,如其在经验关联体中被明确显示的那样,这样一个世界现在已对我们无效了;我们不再检验它,也不再为其辩驳,而是将其置入括号之中。同样,与此世界有关的一切理论和科学都将遭遇相同的命运,不论它们可能如何完美并具有实

① [德]埃德蒙德·胡塞尔:《纯粹现象学通论》,李幼蒸译,中国人民大学出版社2004年版,第43页。

证主义的或其他什么性质的基础。"①那么此时应当关注的世界又是什么样的世界呢？胡塞尔从此便转入到意义世界的问题中来，关注意向性结构的相关研究。在意向性结构当中，有两个要素一直都是胡塞尔研究的重点。一个是意向活动，再一个就是意向内容。这两个要素在意向性结构当中具有多重意义。"考虑到这个说法的多义性，我们最好是在所有意指意向对象的情况中都不说意向内容，而只说相关行为的意向对象。"②所以，要想简单地通过几个因子，如同写作论文一般构建起几个模型，就想将意向性结构搞得一清二楚，这样的出发点本身就是错误的。因为任何一个意向活动以及意向对象都不是稳固的、单一的，它是跳动的、自由的、欢快的存在。再多的论证也许没有一个简单的案例更具有实在感。可以试图以胡塞尔关于注意力分析的例子，来把握意向性结构的流形体。"我们在这里所涉及的显然是一个普遍的、尽管做了所有努力仍然未得到澄清的事实，即注意力的事实。在这里对正确认识最大妨碍肯定就在于对这个状况的误识：注意力是一种突出作用，它属于在前面精确规定了的'意向'体验意义上的行为；所以，只要人们仍然将那种在意识中一个内容之素朴此在意义上的被体验状况混同于意向的对象性，那么对注意力描述理解就无从谈起。"③这里首先就界定了注意力在现象学领域出场的基本境遇。如果我们不是从描述性的角度，而是从自然主义的态度关注注意力问题，那么对于注意力的意向性分析就是无效的，同时也就无所谓注意力的意向性结构。如果将注意力放入到现象学场域中进行体验，便可以直接发现注意力乃是一种有选择的朝向对象一种活动——

① ［德］埃德蒙德·胡塞尔：《纯粹现象学通论》，李幼蒸译，中国人民大学出版社2004年版，第44页。

② ［德］埃德蒙德·胡塞尔：《逻辑研究》第2卷，倪梁康主编，商务印书馆2017年版，第835页。

③ ［德］埃德蒙德·胡塞尔：《逻辑研究》第2卷，倪梁康主编，商务印书馆2017年版，第843页。

意向性活动。在这个活动之中，不是那个被感性直观到了的对象，当然它绝不是意向对象的全部，决定了那个意向活动，反而是意向活动本身决定了意向对象的具体价值和意义，从而意向活动就产生了包括直观对象在内的意向内容。因而，胡塞尔指出："与此相反，人们却这样来谈论注意力，就好像它是对各个被体验到的内容的偏好性突出样式的一个标题。人们同时还这样说，就好像这些内容（各个经验本身）就是我们通常所说的被我们注意到的东西。我们当然不否认对被体验内容的注意的可能性，但每当我们注意到被体验的内容时，它们恰恰都是一个（内部）感知的对象，而感知在这里并不是在意识联系中内容的单纯此在，而毋宁是一个行为，在这个行为中内容对我们来说成为对象性的。所以这完全是某些行为的意向对象，并且是我们所注意和能够注意的意向对象。与此相一致的那些通常的说法，对这种说法所进行的哪怕最短促的反思也能够为我们提供有关的情况，根据这些情况，注意力的各个对象就是——内部的和外在的——感知、回忆、期待的对象，或者也是一个科学思考的事实状态，以及如此等等。"①

如果以日常事例来说明可能更加贴切一些，但也许有可能产生一定的误导。比如当我们看见在大街上有一条小狗在到处溜达，我们的注意力总会一直停留在这条溜达的小狗身上。但实质上这条小狗的主人正在周围买菜，而没有成为人们注意的焦点。这并不是注意这一意向活动的全部内容。就像一位久经沙场的老兵，在向年轻的战士询问现代军事的发展状况时，那个小战士自豪地谈到现代火炮的射程能够达到三千米开外，但那位老战士却深深地叹了口气，然后停顿了一会儿，说了一句至关重要的话，那将会死更多的人。意向活动就如同那久经沙场的老兵那样，它的出发点不是被给予的而是自主的，不是狭隘的，而是豁达的，不是浮

① ［德］埃德蒙德·胡塞尔：《逻辑研究》第2卷，倪梁康主编，商务印书馆2017年版，第843—844页。

躁的,而是沉稳的。这就是意向活动的场域。在这个场域当中,意向活动与意向内容一同生成,相互关联,只不过这种相互关联,有时是以线性的方式表述,有时是以立体的结构表述,更多时候是以非欧几何的方式表述。而至于那些被自然主义态度盯住不放的被康德称之为物本身的对象,则只占有意向活动中很少的份额,所以在胡塞尔的论述中,这类对象绝不是他所关注的重点。比如在点对点的线性式的意向活动中,自主的个体要与自身进行沟通,这种沟通是反思性,也就是说我在看到我从事着某种意向性的活动,如我在关注着我自己在注视着那条小狗跑了过来。那么在这样直接的两个极点之间,产生和传递的意向内容也是较为直接的。注视着小狗的我一直在那注视着,而那个注视着我的我也在注视着那条小狗,结果一直等到那条小狗从我身边跑过去,注视我的那个我才从注视当中缓过神来,甚至更多情况是即便小狗跑过去了,但注视还在停留,也就意味着这种线性关联还没有转变。那么意向内容就是从这种结构性本身中诞生,如线性的结构所产生的往往都是这种直接的意向内容,具有实在的属性。这种实在可不是实在论者所讲的实在,更像是东北人所讲的实在的态度,朴实的风格。就如同自我与自我的对话,绝不同于自我与他人的对话,自我很难编个谎言来欺骗自我,他绝对可以陷入某个骗局当中,但绝不会相信自己的谎言。一个实诚人的性格,决定了他为人处世的方式也是较为实诚的,因而这种直接线性的意向结构就赋予了实诚的意向内容。然而线性的结构也仅是暂时性的存在。线性结构也有过去和未来,它是处于内时间的意识流当中的。线性结构有两个极,但在它的过去,还存在零极、单极的情况,在它的未来还存在多极、无极的情况。因为老实人也会变得更加成熟和圆滑。而这些变化都要在内意识时间中进行演绎。内意识时间不同于日常被空间化了的时间。它具有累积性,既有过去的记忆,也有未来的期许。因而,这就构成了当下的流动性。通过等公交车的事例,也许更加形象化地诠释内意识时间的存在样态。当我们在等公交车的时候,很多时候都有这样的感受,越是急等哪一路公交车,越是等不来,越是干着急,而只能看着别的公交车一辆辆从眼前驶过。这个过程虽然很让人难受,但也充分说明了内意识在时间态中的存在。过去某一时刻的着急,总会以过去记忆的方式叠加到当下的着急当中,对于未来时间的紧张预判也一并添加到当下的感受之中,但添加的方式可不是简单的数学叠加而已。此时,意向活动的出发点,也就是那个当下将成为下一个当下的基础,它会在内意识时间当中,将每一内意识时间内化到自身,成为意向内容不断充实的重要方面。胡塞尔关于内时间意识的论述也是比较多的,他想充分地将意向活动以及由此而产生的意向内容通过规律性的描述展现在世人面前,使得每一个人对于自己本身,同时也对于别人的意向性,都能够坦诚地面对,从而避免无谓的纷争和执迷。从这个意义上讲,胡塞尔同其他的哲学家一样都秉承着人类救赎、人类解放的初心使命。那么意向性活动为什么要按照内意识时间来运演,内意识时间究竟反映了什么样的规律,由此一个崭新的哲学范畴——生命意向性出场了。

基于上述问题,海德格尔曾经从三个方面给与回应。其一,意向性在本性上是实践,表现为操劳着的生命活动。其二,意向性是超越的,是从此在的在世引申出来的,呈示出生命之投身于世界的本真状态。其三,意向性的基底是内时间性,展现了生命运动的基本轨迹。海德格尔认为"现象学的基本态度和生活态度:对生命的体验同感! 这乃是原始意向。"①现象学应将生命主题列为关注和探究的主要对象。意向性活动所蕴含的是"作为生命运动的一种如何,这种生命在其交道中以某种方式'意向活动地'被揭示出来"②。海德格尔虽然被人们认为是一位典型的

① ［德］马丁·海德格尔:《形式显示的现象学》,孙周兴编译,同济大学出版社 2004 年版,第 16 页。

② ［德］马丁·海德格尔:《形式显示的现象学》,孙周兴编译,同济大学出版社 2004 年版,第 123 页。

存在主义大师,但他的原初立场和基本方法还是现象学的。他同样要把自然主义规定的对象与意向活动的对象区别开来,这种方法也是悬置和描述的。在他专注于意向活动的研究中,他发现了此在的在此,此在的这种存在方式就是一种鲜活的生命存在方式。此在总要展开意向活动,总要在世界中操持。他的意向和操持不是为了别的存在,而是为了此在本身。如果他要有一点点的分神,此在就沦为了他在,成为一种对象化的存在者。因为,此在的意向活动也是实践活动,虽然与马克思所讲的实践有着很多不同,但他仍然要有所指向,要有所实现。海德格尔还专门举例说明上手性、可用性、指向性等实践内涵。那么,此在为何总在操劳之中,就如同人为何总要在忙忙碌碌中匆匆地奔向死亡,而且即便一代代人类都意识到这个“奔波受苦”的命运,为何还要一代代主动地沦为这种命运的所属呢?正如中国哲学所讲:“天地不仁以万物为刍狗”。可是,那些明知成为刍狗的万物为何还要生活在天地之中呢?海德格尔用了最为简洁的概念回答了这个最为根本性的问题:一切都是为了生命。这里所讲的生命可不是自然生命,不是物理学的、化学的、心理学的等,而是现象学的。因为,现象学的生命包含着死亡的深刻蕴意。正如当年黑格尔关于理性生命的理解一样。现象学的生命包含着向死而生的蕴意。向死而生是伟大的奉献,也是一次隆重的献祭,更是破茧成蝶的彻底超越与升华。“人的本质就是趋赴某物的意向,……是超越的趋向本身。……人是一个永远的超越—趋向。”①“人的存在的规定是通过人的超越,也就是通过趋达某物的超越—倾向而得到显明的。”②在现象学领域,哲学家们的分歧从未停止。海德格尔认为胡塞尔,一直都没有真正摆脱他所批判的二

---

① [德]马丁·海德格尔:《时间概念史导论》,欧东明译,商务印书馆2009年版,第176页。

② [德]马丁·海德格尔:《时间概念史导论》,欧东明译,商务印书馆2009年版,第177页。

元论困境，一直在意识领域兜圈子而无法自拔，“显得就像是一场独白”。而胡塞尔时不时地也会指出海德格尔那种心理主义的倾向。我们今天不仅要清醒地认识到这两类哲学家纷争的关节点，更要把握住这两类哲学家殊途同归的哲学使命与努力。他们都在从事一项使得人类得到彻底救赎和解放的严肃的历史工作。他们共同指出摆在人类面前的两条道路，一条是本真的生命之路，另一条便是虚幻的损害生机之路。这仍然延续了古希腊哲学两条道路的哲学传统，但两条道路绝不同于二元论。他们共同的哲学指向便是使得人类从另一条道路中醒悟过来，重新回到本真之路。只不过在这一启蒙的过程中，胡塞尔显得好像只专注于意识的意向性活动，而对于意识的对象性指向不大买账，从而完全否定了经验成分存在的合理性，直到现在仍有人认为胡塞尔相对于康德来讲，关于对象本身的关照很是缺乏。不过这一方面绝对是情有可原的，因为胡塞尔当时的任务，就是要将沉迷于自然主义态度中的人们解救出来，这是他的基本立场，因而在那个时段，他只能选择悬置的办法，将其搁置而非否定，其实在后来阐述生活世界的概念时，他也给予了经验主义、自然态度一定的历史地位和意义的。但在海德格尔看来，胡塞尔仍然没有从他的意识世界当中超拔出来。他认为这种现实的有用性、可上手性，都是意向活动的一个重要成分，一同构造意义世界。而且这种意向、指向对象性的活动，在意向性活动中还具有一定的始发性，这种始发性恰恰实现了意向性超越的根本前提。这里面仍然会产生关于海德格尔的某些误解，误以为海德格尔把进入世界、沉沦于当下对象之中，就是超越了，这是一种极为肤浅的观念，也是导致将海德格尔心理主义化的根深蒂固的关节。其实，在海德格尔那里所讲的超越，一定是向死而生的超越。意向性活动一定会在那个对象世界中此在，一定要有所沉沦和消逝。但此在的原出样态，只是想将现象世界放在手上，成为实现自身目的的一个重要手段。但是就在入世的进程中，一步步地迷失，使得原初的样态出现了变化，现当下的轨迹一点点地偏离了原初的方向,而且反过来要抹杀原初的根基,由此生命本身出现了自我反省和保护的意识,这就为下一步实现意向活动的跳跃和提升,提供了重要的契机和保障。所以,入世也就意味着出世。出世也就意味着入世。人类即便在那世俗世界当中遇到再大的考验和风险,他也会要繁衍后代,使得后世沉沦于俗世的各种风险和挑战之中,让他们、让整个人类能够在一次次的历练当中不断地强大,不断地找回自我,使得生命能够源远流长。

因而,关于树叶明知会落,为何还要落下的命题,海德格尔是给予了明晰的回答,一切皆源自于生命所然。那么这种入世即出世,出世即入世的现实活动,又是如何表征的呢?时间性又成为了海德格尔关注的核心问题。“某个东西如何可能以某种方式属于存在者而又不是一个现成者?……对这样一种神秘的现象之可能性的阐明存在于时间的本质之中。”①海德格尔的代表作《存在与时间》,他为什么要将存在和时间联系起来,而非将空间关联呢?最为根本的原因,在于只有通过时间性,存在才能真正以生命的样态存在起来,否则就成了僵化顽固的存在者了。在这里涉及一个非常根本性的问题,即时间性与空间性之间的区别与关联,也就是时间逻辑与空间运动之间的交互关系。存在的原初样态就是以时间性为展开的逻辑样态。存在是存在着的,不是存在者,他要想保持存在着的样态,他就需要不断地创造和运演。就如同一棵生命之树,这棵树的生长逻辑就是要按照根生枝叶,叶落归根的方式不断生成,然而在这个顺其自然的过程中,某个枝叶却反客为主,把自己的偏叉作为整棵树来安排,结果主干越来越干瘪,结出的果实也越来越苦涩,就连小鸟也不喜欢啄食,种子无法得到广泛传播,这棵树的命运一点点地脱离开存在着的轨迹沦为了存在者,而这样的逻辑过程就成了空间的运动,而并非时间性的

① [德]马丁·海德格尔:《现象学之基本问题》,丁耘译,上海译文出版社 2008 年版,第 85 页。

发展。因而，园艺工人和农民完全懂得果树剪枝的道理，让果树真正回到生命逻辑本身当中。从这个意义上讲，哲学家的任务就是要监护人类的生命运演沿着正常的轨迹延展开来，保证每一枝叶都能够安稳地生长在自己的轨迹中，也就是生长在生命的轨迹当中，而不至于“癌变”成毒瘤，直接威胁大生命体的根本存在。或者更明确地讲，防止大生命体也被空间化。但每个枝叶的空间化在一定程度上是完全被允许的，只有生出茁壮的枝叶，才能够有生机茂盛的大生命体展现，但是如果大生命体被空间化，那是生命绝对不允许的，哪怕是一丝一毫也不可，因为那直接意味着存在着的转化成了存在者。中医理论总会用不同的概念来描述这种时间性与空间性的逻辑关联，如阳盛阴虚、阴盛阳虚等。中医如同驾驶员，他总在调节方向盘，使得生命体能够安稳地在正确的轨道上行走，而不至于最终出现脱轨的现象。如果外在的方面太过张扬，那就需要检点些，来补足内在的空虚。如果是内在的充盈而不能够外显，那就需要给大树多留些枝杈和芽眼，让它真正将内在的生命力显化出来，如此才能实现参天大树的结果，而不至于停留在树的理念当中，无法自拔。整个过程都是在调节。调节的核心问题就是如何将空间性归于时间性，如何将时间性更恰切地在空间性中显现，以至于可以充分自由地显现完整的开放的生命性。正如人的感官系统，每个感官都是一个器官，器之在用，官之在能。以此，将空间性的器与时间性的能有机地结合在一个生命体中。用者在于有度，能者在于有道。据说，海德格尔对中国哲学也是很感兴趣的，对于其中的形而下与形而上的关系问题也很是赞同的。由此，自然而然地将时间性问题与生命性问题直接关联起来。

循着这样的逻辑脉络，以法国现象学家米歇尔·亨利为代表的哲学家，开始探究生命始源问题，生命意向性更加成为一个值得关注的重要概念。将生命等同于意向性活动的并不是这一代哲学家们所开悟的，他们真正的工作在于沿着上一代人的使命任务，来进一步揭示意向性活动的生命形态。将这种形态以描述性的方式表述出来,将这种真切的体验能够活灵活现地展现出来,这才是后世生命现象学的主要工作和重要贡献,也就是要揭示出生命意向性的具体内涵。“正是在这里,我揭示出专属于我的现象学前提:因为我的现象学发现了一种二元论:有一种关于世界的绽出式的现象性,这就是海德格尔的现象学,但更重要的是要认识到还有一种完全不同的现象性,也就是生命的现象性。”①米歇尔·亨利认为,不管是胡塞尔的现象学还是海德格尔的现象学都是关注生命的显学,之所以称之为显学,原因在于他们的意向性都是指向于外的,前者是指向思想本身,后者指向现实世界。而他的生命现象学只是关注于内在生命本身。“在《显现的本质》中,我所做的不过是在现象学中区分了事物显现的两种方式:一方面,在世界之中;另一方面在生命之中。……这就是生命之所是的方式。我的提议在于,这种揭示方式在其自身之中,完全不同于在外部性之中的万物的呈现方式。这种揭示是一种感受,一种原始的自身感知,这就是我们存在的肉身。因此,对某些事物的一切感知,都预设了感知的自身感知。我们的生命正是居于此处。我们向世界的敞开是一种生命的事实,这种敞开应当抵达这个点,在这个点,生命在完全没有光的直接性中体验自身,这是一种不可见者,也是最为确定的。”②这种生命的肉身自我体验,是一种包含着非在场的非意向性的意向性。“然而,我的命题则在于,身体性作为一种自身感知是先于意向性的。在一种遭受之中,意向性在无意向性的情况下,向自身揭示出来。”③“但原印象应是绝对生命感受性的自我给予,在一种始基肉身中,这个始基肉身也是一

① [法]米歇尔·亨利:《走向生命的现象学》,邓刚译,东方出版中心 2024 年版,第 144 页。

② [法]米歇尔·亨利:《走向生命的现象学》,邓刚译,东方出版中心 2024 年版,第 138 页。

③ [法]米歇尔·亨利:《走向生命的现象学》,邓刚译,东方出版中心 2024 年版,第 148 页。

个始基自身……即爱的肉身。这个始基并不能简化为一种空洞的、形式化的目光，投射到世界中的那些正在发生的事物。始基肉身是生命的厚度。出于这个原因，始基肉身使这些行为成为可能，它居于意向性中。”① 米歇尔·亨利把生命的体验称之为一种肉身性或感受性。而这种肉身性或感受性也是意向性的，是具体的生命意向性。他在描述生命意向性展开的历史活动中，直接表明生命意向性所具有的内在性、超越性、无限性、自由性鲜明特征。在米歇尔·亨利看来，他的内在性要远比胡塞尔和海德格尔所讲的意向性还要更深刻，意识的意向性活动和此在的在此方式都只不过是生命意向性的一种自然流露而已。所以，对于自我的描述，应当回到那个最为深刻的地方，从那里出发，才能真正找到人所以来到这个世界的根本原因，或者确切地说，能够真正发现存在之为存在的缘由。那么如何发现这种生命意向性呢？米歇尔·亨利认为传统意义上的悬置方法，早已经失去了作用，它只会让人们陷入无限的扒洋葱的无聊活动中，并不能真正观到生命本身。要想贴切地体验到生命意向性的存在，只能通过最为贴切的方法，直接的感受性。这种感受性中从未添加任何可能的具有诱惑性的因素，更像是直觉，但又不同于直觉，因为在那里还有一定的生成和超越，不拘泥于直接的判断，又是反直觉的。它是一种自然而然的体验，也许更能够表述米歇尔·亨利对于生命意向性的回应。虽然，米歇尔·亨利没有完全描述这种体验的具体样态，但是他已经明确了生命意向性的存在。尤其，在对胡塞尔和海德格尔的批判当中，进一步把这个概念挖掘出来。那么，这三位哲学家的确有各自的不同分析理路和出发点，然而他们却最终都要回归生命本身这一主题。不只是他们自己的哲学研究要回到生命本身，更重要的是希望能够对整个人类起到现代启蒙的效果，整个人类重新回到生命本身的主题。为了能够说服其他人，哲

① ［法］米歇尔·亨利：《走向生命的现象学》，邓刚译，东方出版中心 2024 年版，第 158 页。

学家们用尽自己人生全部的心血，来试图向人们展现生命之谓生命的普遍性，以及生命消解的偶然性，偶然性如何能够成为普遍性，并且获取他应有的必然意义，整个过程便是生命的历程即生命意向性的活动。因而，生命何所谓，生命之谓生命的自身显现，这就是生命意向性。历史总是人类试图解答各种问题的良药妙方的宝库，在历史中总会蕴意着过去、当下、未来。在现象学蓬勃发展的今天，自身也有无法解答的困惑，不妨到历史中去回忆，去找寻答案。百余年前，另一位德国哲学家就早已开始探究生命逻辑的演绎问题，也就是关于生命本身的理性体验的问题，以现象学的概念来讲就是生命意向性的问题。他就是黑格尔，他以思辨逻辑来论证，也来澄明生命之谓生命，存在之谓存在的根本问题。这种回应应该能够更加明晰地解答现代人们渴求的生命意义，使其在生老病死的自然历程中得到无尽的宽慰和升华。

第二节　黑格尔创作《逻辑学》的内在关切：生命意向性的开显

“哲学缺乏别的科学所享有的一种优越性：哲学不似别的科学可以假定表象所直接接受的为其对象，或者可以假定在认识的开端和进程里有一种现成的认识方法。”①黑格尔与现象学有着共通的逻辑理路。他们都肩负着对传统哲学的彻底批判或悬置。“没有一门科学比逻辑科学更强烈地感到需要从问题实质本身开始，……逻辑却不能预先假定这些反思形式或思维的规则与法则，因为这些东西就构成逻辑内容本身的一部分，并且必须在逻辑之内得到证明。不仅科学方法的陈述，而且一般科学的概念本身，也都属于逻辑的内容，而且这个内容就构成逻辑的最后成

① ［德］黑格尔：《小逻辑》，贺麟译，商务印书馆1980年版，第36页。

果；因此，逻辑是什么，逻辑无法预先说出，只有逻辑的全部研究才会把知道逻辑本身是什么这一点，摆出来作为他的结果和完成。同样，逻辑的对象即思维，或更确切地说，概念的思维，基本上是在逻辑之内来研究的；思维的概念是在逻辑发展过程中自己产生的，因而不能在事先提出。”①黑格尔一直认为之前的哲学都有一个共同的局限，就是使得哲学总是被动地显现自身，或者要完全受到哲学关注对象的牵引，或者要受到某些先在规则的限定，使得哲学或逻辑本身无法从自己的本质属性出发，能够本身地显现自身，为此他提出了概念的逻辑。

黑格尔是一位秉持传统形而上学使命的哲学家。他与一些古希腊哲学家一样，都想要揭示出存在之谓存在的绝对命运，并且将这样的哲学任务确定为论证“够得上称为科学的哲学”。那么，黑格尔想要如何实现他的理想呢？黑格尔认为，理性才有能力真正地讲述概念的故事，才能承担起建构“够得上称为科学的哲学”的历史任务，才能将形而上学的真理毫无遮蔽地显现出来。对于概念、理性、真理和形而上学的这种一体化的关联，也是秉承了传统哲学的逻辑规定的，是古希腊哲学的延续。曾经在德谟克利特和亚里士多德那里就早有感性与理性的分别。他们都把（作为一种功能的）理性规定为不同于直观能力（感性）、再现能力（想象力）的“判断和推理的能力”。如果人们的认识是以外在的对象为中心，那么真理可以理解为主体关于外在客观性的反映和把握。于是，在感性和想象力中便出现了直观的和表象的对象，而理性中所呈现的只是一些完全不同于对象性的非对象性存在即概念对象。前者直接通过直观或诉诸直观的方式不断得到印证，使得人们的认识总是摆脱不了眼下的现实世界，真理性的存在也就不断地在这样的世界中一次次被印证，看似建立起很充分的逻辑结构。而后者只能通过孤寂而又冷漠的论证一步步实现，一般

① ［德］黑格尔：《逻辑学》上卷，杨一之译，商务印书馆 1966 年版，第 23 页。

人是极不喜欢这种方式的，因为好不容易进入被抛入的生活世界当中，好不容易从原本较为神秘的存在之境探出头来，总算摆脱了那份较为封闭较为空虚的襁褓，走进那个此前只能趴着门向外望去的世界，于是心里对原初的断舍离，极度地冲击着灵魂深处，使人们很容易头脑发热，完全忘却或者将这种以概念把握对象并在论证中确立对象之客观性的法则深深潜藏起来。因而，在此意义上讲，理性就像为人父母，时刻规定着孩子们的一举一动，他不是不让孩子们到外面玩耍，而是时刻要求孩子们什么该玩、什么不该玩，怎么玩，这便是客观性之所以为客观性的客观原则。而身为孩子们，他们可不管这些琐屑的规矩，他们只顾着什么好玩就玩些什么，毕竟在父母的管教中，除了体验到了严厉和保守而外，那就是看着别家孩子玩得热热闹闹地羡慕，一旦有了机会，孩子们是绝对不会轻易放弃这种对现实世界的亲切体验的。这便是感性与理性的根本差异。所以，人们很早就意识到感性直观对象是具体物，理性对象则是较为抽象的原则、概念、真理等。太过顽皮的孩子一定要受到管教，否则长大后就直接威胁人类整体的生命存在，那么如何管教、如何教育和塑造人类种的繁衍生息，使得生命之火能够按照一定的分寸燃烧，那就需要更深层次的理性认识，需要更高层次的形而上学的把握。按此，黑格尔哲学的基本任务仍然是在实现传统古希腊哲学的夙愿，在概念平台上重新建立"纯粹理性真理"意义上的形而上学。

黑格尔完全秉承了西方传统哲学的历史使命，但如何达成这一使命，如何去重新建立"纯粹理性真理"意义上的形而上学，在这一方面与传统哲学家，有着根本的不同。以"概念"为线索对此做一些简单说明。在黑格尔看来，之前的哲学家所讲的概念只是"范畴论"意义上的知性概念，远没有达到理性的概念。当然，这种"范畴论"意义上的知性概念，也是有其重要的历史地位的，但仍然不够，还需要进一步提升，一直要提升到理性的概念才行。这就如同父母对孩子的管教一般。身为父母，明知有些调皮的孩子是犯了错，于是他就采用最为直接的手段，或是踢两脚或是用极为严厉的语言批评，直接告诉他以后不能再犯，让他深刻地感受到那冷冰冰的规则的确是存在的，是不能不把它放在眼里的，于是孩子们每次行事都要小心翼翼以免碰了钉子，甚至学会了撒谎、掩盖事实、推脱责任等，这使得孩子直接体验到了规则的恐怖，但是他只是口服心却不服。因为，他仍然没有真切地体验到规则存在本身的价值和意义。作为范畴出场的客观性规则，让每一个处于规则之中的对象都感到了不适应，甚至极度的反感，从而将会渐渐加深规则与对象之间的鸿沟，使得孩子们更加地叛逆和无规矩。然而，随着时间的流长，孩子一天天地长大，也成了父母，也有了个与当初自己同样叛逆的孩子，此时他却真诚地感受到了作为父母的不易，他也变得不那么的暴躁，不那么的直接，他试着开始学会理解，理解他的父母，理解他的孩子，包容与柔和有了展现的契机。一种理性的态度和方式，看起来有了苗头。让一个对象符合他的规则，方式方法是有很多种，我们没有必要非得选择最差劲的那种。的确，在最开始的时候，当人们还没有真正意识到有选择的可能性时，他总会下意识地做出选择，使得选择看起来没得选，不过这种情况也只是暂时的而已。对于孙悟空来讲，只是因为他触犯了天条，所以才被压在山下五百年。但对于如来佛祖讲，天条那是用来救人取经的不是用来压人的。孙悟空也许只有完成整个取经的任务，方能够理解当初为何会被困于五百年。正如只有当孩子成为了父母，才能真正理解父母的教导是难能可贵的，方可理解父母这一概念的深刻内涵。因而，黑格尔认为："只有逻辑的全部研究才会知道逻辑本身是什么"。伴随成长历程的延展，对于中介环节的考虑也是必不可少的。人们总会试图开辟更为广阔的生命时空，从而有了更为灿烂的阳光，更加清新的空气，自由翱翔不再是梦中的想象。

可见，作为范畴的概念和理性的概念实质上有着根本的区别。前者是有限的存在，后者是无限的自由存在。这种看法在康德那里就已经被揭示出来。康德认为,此前的哲学家并没有真正区分开知性与理性的概念。正因如此,他们经常用那个规范有限物的知性范畴来规定无限存在的绝对之物、超越之物。知性概念只能是经验对象所以建立起来的先天条件,而不能充当理性对超经验的形上对象的论证工具。承载超验对象的是不同于知性范畴的纯粹理性概念或"理念"。知性概念必须遵循知性运转的规矩。这规矩有两条:一是普遍的矛盾律;二是统觉的综合统一性原理,它使得普遍的矛盾律,知性的运转规矩成为可能。这两条规矩都只有在经验的现象世界才有它们存在的合理性。正是从知性的这两条规矩出发,康德检讨了理性的概念。一方面,由于理性概念所表达的不是经验的统一体,所以它不具有直观和表象的明证性;而另一方面,围绕理念以范畴链组成的纯粹理性的推理,又因其自相矛盾而不符合矛盾律的法则。康德正是以这两条知性规矩为标准,将传统形而上学打入了幻像和辩证法领域。针对康德对传统哲学的批判,黑格尔是完全赞同的。传统形而上学的范畴确实隶属于知性思维,这些范畴的本性渗透着知性思维的法则。他指出,知性概念的重心在于客观的对象性,要求直观表象的确实性,严格遵守抽象的同一律和矛盾律。比如,知性范畴来源于对经验世界的总结和抽离。人们或者是从形象表象中、从具体的感性事物中抽取出来的共性,或者是从语言习惯中抽取出来的某些意义,或者像康德所做的那样,是从现成的判断表抽取出来的范畴表等。这种范畴在起源上与外在对象或表象的不可脱离性也就决定了在范畴的运思中无法摆脱表象,即决定了当我们说明范畴的内容或意义时,就只能基于表象去说明,甚至基于用具有约定俗成性质的文字去说明。当然,这样的范畴无论如何是无法脱离表象的。黑格尔在这里明确了知性概念的逻辑态度,这便是胡塞尔现象学一直批判的自然主义态度,它总会受到外在对象的决定。正如镜前照镜子的主体,总要受到镜中所显现的像的左右和影响,从而来做出自己的判断和实践,而非是从主体自身出发来做出真正符合主体自由秉性的决定和行为。如果人的思维仅仅局限在有限的知性当中,那永远也无法达到理性本身关于自我的关注与满足。于是,黑格尔下定决心,要实现远比康德更加彻底的“哥白尼革命”。这是一次哲学态度的彻底改观,是一次从对象世界回到理性世界的彻底救赎。真正开始用理性的概念来表述理性本身,还原概念的真切体验,使得一切范畴式的关节都能够赋予生命的传奇和生机,而不再是僵化而又机械的符合。

那么,怎样实现理性世界的彻底救赎。黑格尔首先需要解决两个关键问题。一个问题是概念如何脱离表象而自行存在,实现理性的蜕变;另一个问题是概念如何脱离抽象同一性而返回到自身,达到差别或对立的统一。首先来看第一个问题。概念摆脱表象并不意味着概念放弃经验世界,完全与世隔绝,如果这样理解的话,那就完全违背了黑格尔的原意。黑格尔只是像现象学所作的那样,只是要对经验世界进行必要的悬置而已,这种悬置是一种态度的根本转变,将意向的重心从外在的对象世界转移到内在的理性世界。对此,他非常赞同笛卡尔的观点。“勒内·笛卡尔事实上是近代哲学真正的创始人,因为近代哲学是以思维为原则的。……思维是一个新的基础。这个人对他的时代以及对近代的影响,我们绝不能以为已经得到了充分的发挥。他是一个彻底从头做起、带头重建哲学的基础的英雄人物……他曾经抛开一切假定,毅然从思维开始。”①“他首先从思维本身开始,这是一个绝对的开端。他认为我们必须从思维开始,因而声称我们必须怀疑一切。”②“笛卡尔的这些理由从根本上提出了一个要求:思维应当从它自己开始。因为假设的东西并不是思

① ［德］黑格尔:《哲学史讲演录》第4卷,贺麟、王太庆译,商务印书馆1978年版,第63页。

② ［德］黑格尔:《哲学史讲演录》第4卷,贺麟、王太庆译,商务印书馆1978年版,第66页。

维所设定的，而是一种异于思维的东西，思维并不能在其中伸展自如。”①于是，黑格尔便从笛卡尔的“阿基米德”支点开始，循着费希特的逻辑方案，实现由“从对象抽取范畴”的知性方式到“从自我演绎范畴”的理性方式的转换。知性方式总是围绕着外在对象而产生相应的认识，这种认识带有明显的被动性和偶然性，一旦外在的对象出现一定的变动，认识立刻就会失效。理性方式是关于自我的理解和把握，总是围绕着自我的选择和行为来作出相应的判断，这种判断是正确的也好，是错误的也罢，都是鲜活地展现自我意识本身运演的真实逻辑。也只有回归到自我本身，自我才能真正体会到自我生命存在的绝对价值和意义，才能真正达到笛卡尔关于“我思我在”有效体验。但在这里必须反复强调的一个重要的问题，即当理性的思维把目光转到自我身上，并不意味着完全放弃了外在对象的对象化把握，这里转变的是一种哲学态度或者可以说是一种认识侧重点、关注点的转移，正如康德的“哥白尼革命”，也并没有完全否定物自体世界的存在，他只是将其悬置起来而已。在此，黑格尔回到笛卡尔的端点，他也并没有完全放弃对象化的存在，在逻辑延展的过程中，对象化总会在相应的位置出现，发挥它应有的作用和意义。正是基于自我的回归，黑格尔完全实现了对知性范畴的概念化改造。在知性那里，范畴是人的向外的认知活动从感性出发抽象出来的，外在对象是承载范畴、产生范畴的实体；而在概念那里，范畴则是自我对自身活动的反思，自我便成了承载范畴、产生范畴的实体。黑格尔正是在对费希特以自我为哲学原则的肯定中，实现了由斯宾诺莎的实体向“实体即自我”的转换。而随着这一转换，范畴的产生原则便摆脱了外在表象的知性原则，而复归于自我的内在反省的理性原则。在这个时候，范畴的“体”就由外在表象变成活生生

① ［德］黑格尔：《哲学史讲演录》第4卷，贺麟、王太庆译，商务印书馆1978年版，第68页。

的自我，而自我的本性恰恰又是原初的自我决定、自我确立的理性活动。这种范畴的自我化就是黑格尔所强调的概念，黑格尔也叫作不同于表象的“纯思想”。那么，对于这种概念，黑格尔也曾经思考过，他到底是哪来的？也就是在问自我是哪来的？在进行与笛卡尔相同意义上的沉思之后，黑格尔得出来与笛卡尔相近的答案。当笛卡尔在对怀疑进行怀疑时，笛卡尔发现怀疑把捉不到了。这是最为典型的意向性特征。因为，“我思”就是一种不可规定的非在场性与在场性的统一。当人们思考自我概念时，他已经在潜移默化中悄悄溜走，跑到了其他的形态当中，因为他总要表现存在之谓存在的逻辑样态，他总要从自身中产生自身，否则他就无法向自我的生命存在作出交代，生命意义的丧失和停滞，是其最无可容忍的结果。自我概念的逻辑只有通过无限性的描述和思辨性的逻辑演绎才能很好地将其生命的意义展现出来。那么，思辨逻辑为何能够很好地表述自我生命的意义呢？这就涉及另一个问题即概念如何脱离抽象同一性而返回到自身，达到差别或对立的同一。

外在的对象世界存有一个共同的特点，都要受到普遍的同一律的规定。比如我们所观察到的不管是物理对象还是心理对象，抑或在此基础上形成的本质规定、经验总结，无不具有排他的抽象同一的规定，绝对不是那种既是又是的样态。如我们说手中喝水的杯子是玻璃的，那就决定了它不是其他材质的。这就是现象学一直批判的自然主义态度的结果。自然主义态度总要向外寻求一个最为坚固的认识基底，以保证在此基础上得到的所有认知都是正确可靠的。自然主义态度与一般的对象化是有根本区别的。如果对象化不能够使自身对象化，那它就一定会陷入自然主义的困境当中。在这个困境中，使得生命的意义渐渐虚无和迷失。自然主义的态度就是自我放弃自身生命意义而化作对象世界工具价值的态度。自我不再是自身的手段和目的，反而成了有限世界的工具和媒介，那人类存在的价值出现了极大的贬值，由生命价值一下降为了工具价值，这是人类的退步而非发展。批判自然主义的态度，不是放弃对象化活动，更不是完全否定对象世界的存在价值，这也正是黑格尔不断批判康德哲学放弃了物自体世界的原因。物自体世界的存在对于自我来讲是必不可少的，它是自我成就自身的必然指向。物自体与自我本是一体两面的，是一个东西的存在。"有一句话，曾被误以为是亚里士多德所说，而且以为足以表示他的哲学立场：'没有在思想中的东西，不是曾经在感官中。'如果思辨哲学不承认这句话，那只是由于一种误解。但反过来也同样可以说：'没有在感官中的东西，不是曾经在思想中的'。这句话可以有两种解释：就广义讲来，这话是说心灵或精神（精神是表示心灵的较深刻的意义），是世界的原因。就狭义讲来，这话是说，法律的、道德的和宗教的情绪——这种情绪也就是经验，——其内容都只是以思维为根源和基地。"①当自我陷入自我的困境当中，需要别人拉他一把时，那么对象世界便毫无保留地伸出援助之手，一同成就生息不止的逻辑运演。具体来讲，这就是思辨逻辑所讲的辩证法。自我首先同自身是同一的，但这种同一又是抽象的，他需要外在对象的丰富和完善，于是第二步就是向外的对象化，但对象化不是受制于对象，最终要实现对象化的生命化，将对象收归自我，真正实现自我的完满和发展。整个逻辑既是自我展现自身价值，又是自我体验生命意义的无限进程。这与海德格尔的此在方式有着相近的含义。此在就是在世界之中，实现自身价值和体验生命意义的存在。二者都在生动地演绎着潜在与现实，非在场性与在场性，自我与对象的交互关联的逻辑运演，共同诠释着生命一呼一吸之间的韵律节奏。由此，生命意向性的活动就开始在新的舞台中上演。

理性的概念与知性的范畴有着根本的逻辑差异，前者始终都在自我——非我——自我的三层逻辑中展现，而后者只是按照非我——非我

① ［德］黑格尔：《小逻辑》，贺麟译，商务印书馆1980年版，第47页。

的双重逻辑展开。然而，思辨的理性逻辑具有鲜明的开放性，它从不拘泥于简单抽象的理论逻辑当中。如果一种逻辑始终都在自身中兜圈子，那么这个逻辑就成为了一潭死水。说明思维总是在一种规定中盘旋，盘旋的结果只能疲劳过度，最终从空中坠落。如果逻辑陷入自身而无法自拔，这就成为抽象僵化的逻辑，从而与生命意向性的活动出现隔阂。在这里涉及关于抽象范畴的理解和把握。抽象意味着拒绝，意味着割裂，意味着受到另一种力量的左右而无法自身充分展开。当我们在定义桌子这个概念时，总是会用界限的方式说明它的规定性。语言的特性就是轻而易举地实现抽象性表述。马克思也曾说明过这样的问题。当我们在谈起水果这个概念时，它并非意味着我们所要吃的具体的苹果或梨子，它指的是所有的相对于非水果类的存在物，这个概念既要拒绝每一个具体的苹果、梨子、桃等，也同样要拒绝其他类别的概念，由此才能凸显出这一概念的独特性。然而，拒绝可不是维持概念的有效方法。当然，对于那些保持自然主义态度的感性直观和知性思维来讲，持有拒绝的态度还是非常有利的，这样可以安稳地依附在那个确切的规定中，不需要自己瞎琢磨，不用浪费更多的气力，只是需要付出一些自由的代价而已。然而，对于关注概念本身的存在，关注生命意向性的理性思维来讲，这是绝对不容许的。设想只让一个人不停止呼气，而不进行吸气，那么这个人的生命不会持续多长时间。同样，如果让一种思维仅仅在自身之中兜圈子，那么这种思维也是没法长久地运演下去。黑格尔之所以要提出思辨逻辑，根本原因在于要拯救原来岌岌可危的传统逻辑，以及在此基础上所形成思维范式，这也是生命意义上的救赎。因而，确立了自我存在的概念思维，本着自己的初心和使命，它是决然不敢像知性逻辑那样陷入到自身的抽象形式中而不自拔的。因而，那个作为概念之“体”的“自我”，必然要从作为“自在的概念”，向作为“自在自为的概念”转变。在这个转变的过程中，一种较为抽象的概念，渐渐具有了无限的生命力和绝对的自由。而且在这种转变的过程中,不仅展现了自身的生机活力,同样还赋予了感性与知性新的生命力,使得生命意向性活动不仅仅在理性当中可行,而且在其他机能中同样可行,并构建起更大的生命体。

黑格尔哲学是立足于对传统哲学知性思维范式进行严格批判的基础上诞生的。他认为传统哲学的这种知性思维范式具有典型的抽象同一性,缺乏内在的活力与自由,缺乏个体性的原则。只有从普遍性上升到个体性才能真正实现生命的样态,从而按照理性的原则来澄明自我存在的价值和意义。因而,他积极吸收莱布尼兹单子论的思想,认为思维具有典型的单子特征,它是自由的存在,也是独一无二的存在。在每个单子中都展现着整个世界的运演规律,整个世界也正是通过单子的活动来承载,所以称之为世界。以此,黑格尔就将斯宾诺莎式的实体,完全转变成了具有生机活力的主体。主体是生命意向性的概念,他越加开始贴近于生动具象的生命内涵。当人们试图去把握主体时,总会将其与客体相对进行理解,往往认为主体是内在的,客体是外在的,主体是主动的,客体是被动的等。这样的理解的确在一定程度上,很容易将其规定和划分,但从实质上讲并没有真正将主体的概念认识得很清楚。比如关于身体的理解,它究竟是主体的还是客体的。人作为典型的主体性存在,难道人就不是被动的存在吗?这一系列的问题都对之前的主客体规定提出了挑战。主体与客体本是一体,不管是主体还是客体都是因为生命的存在,才真正显现出“体”的属性。如食物对于饥饿的身体来讲,那立马就转变成了要吃的客体。但是对于那个吃饱了的老虎来讲,在他身边跑过去的小兔子,就像是刮过的一阵风,也很难成为它的食物客体的,除非老虎想要捉它拿来当作玩具的客体,来教导下一代如何捕猎。正如马克思所指出,只有人化的自然,而那远离于人的自然是不存在的,这是有一定道理的。可见,主客体都是基于生命的场域中开显的。不过,在主客体交互关联中,出现了较为关键的问题,即生命消解的风险。如果生命都不存在了,哪里还存有主客体的位置。生命意向性的活动出现了一些危机，受到了削弱。当主体在与客体的交互关联中，主体的客体化过程很容易使得主体完全客体化，将主体本身所具有的意向性能力完全丧失掉，而成为直接的客体。如果主体都成为了客体，那么客体的存在也就无任何意义，真就成了马克思所讲的无人化的自然成了非自然、非存在。为了避免这种情况的发生，马克思还要强调感性活动的另一方面即客体的主体化。主体在面向客体时，一定不能忘记自身的初心和使命，他既要实现客体的救赎，更重要的是要实现主体自身的救赎，从而真正实现整个生命的自我救赎。在这一方面，可以说马克思是承继了黑格尔辩证法的合理内核的。在思辨逻辑中，不仅仅要承认客体世界的必然性，同时也要对这种客体世界进行有理有节的批判和反省，从而摆脱客体性的直接束缚，实现理性自觉。因而，从这个意义上讲，主体既是具有普遍生命的，也是需要特殊对象的，更是体现个体存在的。所以，黑格尔已经完全摆脱了传统知性概念的理解范式，开始以一种生命意向性的活动展现着这个主体的思辨演绎历程。

既然这种作为主体性的概念，同时也是个体性的，它需要在个体性的精神中得到确证和澄明。因此，他在自然、客体的平台上进一步落实自己的个体性精神的实体即个体生命，在逻辑学中出场。在逻辑学中，黑格尔由“主体”进展到“客体”，并进而将主体在“客体”中建立起来，最终使概念发展为“生命”。在黑格尔看来，主体作为主观的精神活动，不可能脱离自然、客体而独立。因而，主体的活动也就是客体的活动，而主客体一体化的活动也恰恰就是生命意向性活动。“生命”既是主体的真理，也是客体的真理。因此，黑格尔将“生命”归结为主体（正题）和客体（反题）的合题——“理念”。在黑格尔看来，概念只有到了理念阶段才达到了它的本真形态，而生命恰是概念这种本真形态的第一个环节，在生命的环节上概念实现了和真理的初步合一。走到这一环节，黑格尔的思辨辩证法作为概念的自身发展，归本于一个“活生生的个体性”——生命原则。这里应该注意的是，黑格尔所说的作为活生生的个体性的生命，是有血有肉的现实的生命，只不过他是以抽象的话语表达的。我们切不可从黑格尔话语的抽象推论出他所指的概念作为生命也是抽象的；否则，我们就无法理解他为什么反对传统形而上学范畴的抽象普遍性。同时，我们也不能由黑格尔对概念的重视而推论出黑格尔以概念压抑生命，因为黑格尔对概念的理解完全不同于以前人们理解的那种抽象规定性。在他看来，概念不是生命的抽象物，而是自身在发展中经过实体、主体、客体等环节自身成为生命。发展到这一步，并没有完全诠释生命意向性的全部活动，这只是概念在个体性存在中的一种逻辑显现而已。生命可不仅仅是生物性的、个体性的、内在性的，同时也是社会性的、类体性的、统一性的。马克思曾经明确人的社会属性，这也是人区别于其他动物的重要标识。个体性的生命在现象学家眼中，集中体现在身体当中。身体可以说是天地人和谐共生的一个浓缩体，既然是浓缩体，就意味着他一定要在天地之间充分地展开。否则，身体的局限性也会威胁着生命的可持续性。如我们在理解和把握身体的内涵时，如果仅仅从单个的身体理解，很容易将其简单化处理，结果看成是无生命的对象。慢慢地人们赋予了身体更多感性意识，使其变得更加活泼清新。然而，感性意识是有局限性的，它很容易投入到对象世界中无法自拔，结果原本是表征生命意向性的感性存在，渐渐放弃了原来的出发点，却落入到对象的羁绊中，成为了一种活蹦乱跳的对象。但活蹦乱跳的对象也只不过是对象世界中的一种对象而已。因而，为了表现出对感性意识的把握和超然，知性意识又从生命意向性中绽出。知性意识的确要高于感性意识，因为它时刻处于食物链的高端。它可以像老虎捉小兔子一般来拿捏感性意识。在感性世界当中，看似混乱不堪杂乱无章的存在者，在知性眼中都变得乖顺可爱，就像驴马看见了狮子一样，早已吓得走不了路，只能惊恐地被捕食。当然也经常会有个别捕猎失败的情况。可是，即便处于食物链高端，那也是自然中的一员，也是动物世界中的对象而已，如果没有了可食用的猎物，没有任何可依赖的水、空气等自然要素，不管处于食物链哪一段都逃不过绝迹的风险。知性思维具有典型的反思性特点，它总是在感性意识的主动性中来建构或者来欣赏自身的存在价值。就如同正在镜子面前照镜子的那个人，他总是在自身的像中来批判或者确定自身存在的价值。如果陷入太深，他就会慢慢遗忘掉那本是站在镜前的那个人本身，才决定了镜中的像的好坏美丑，而非相反。知性思维就具有这样的对象性，它总想在感性意识当中来展现自身的自由性、主体性、鲜活性，殊不知正在悄然陷入一种自己编织的幻像世界中。因为，一旦它离开了感性意识就会出现矛盾，就会显得不知所措。如果让老虎不去捉兔子和山羊，而让它去放牧，就像牧羊犬干的活，那么老虎一定要受到高强度的训练才行，否则它一定会不知所措地将所有的动物都吃光再说，以免其他的动物与它争食。这种占有欲也正是知性思维的重要属性。它要通过镜中的像来确证自身的价值属性，它要通过奴化它物来确证自身的存在意义，它要通过直接占有外物来确证自身的独一无二。这一系列的操作，让哲学家们深刻地认识到知性是根本无法直接领会生命意向性的存在的，因为它的意向性活动关注的中心仍然没有摆脱粗暴的对象化。为此，理性思维出场，或者更确切地讲是出来救场。如果仅仅按照自然主义的态度，按照感性和知性意识的安排与运作，结果只有一个毫无生机惨不忍睹。战争的结果总是两败俱伤，知性思维只是关注于对象的归属，却从来不问及对象以及自身是从何处而来，如何而来，又将向何处而去。这是关乎一切生命的根本问题即存在之谓存在，生命之谓生命。这是理性思维一直关注的核心问题。当感性和知性意识十分发达的时候，这种理性意识就默默地潜在生命的场域当中，让这二者充分地成长，如同孕育花苗的肥沃土壤，但是当这个花苗长得乱七八糟毫无生气之时，理性又要充当显性的修剪刀，把不合时宜的枝叶修理掉，使得花苗再次焕发生机。因而，可以清晰地看到，理性关注的是生命本身，它的所有活动和出场都生动展现了生命意向性的活动。这种活动就是黑格尔的辩证法逻辑。

理性思维从不想在对象中像知性思维那样证明自己的权威性和实在性,他只是安守于自身的生命原则,来展现生命意向性的活动。它是绝对开放的思维,是具有典型自我牺牲精神的思维。"在过去,自我意识一向所关涉的仅是它的独立和自由,为了拯救和保持其自身,曾不惜以牺牲世界或它自己的实在性为代价,将这两者都当作它自己的本质的否定物。但是,现在作为理性,本身既有保证,它就感觉到自己与它们之间有了和平,能够容忍它们;因为,它现在确知它自己即是实在,或者说,它确知一切实在不是别的,正就是它自己。"①此前的知性思维,总想要在外在的对象世界中证明自身的实在性,但理性思维却要在整个生命存在中澄明自身的存在。因而,当我用直接的眼光去把捉理性思维,是根本看不到的,它从来不在当下直接存在,但它却处处存在于当下之中。它所关注的是每一点、每一面、每一体的生机不息的存在,而不是自身作为每一点、每一面、每一体在世界当中存在,理性思维没有任何棱角,正像生命意向性本身是一种流体形结构,毫无任何可抓握的地方。它从不在任何时空中突显出来,成为某一时空中的一极,它从不违背生命的原则,随意打破生命构造的有机属性,而直接干涉世间万物的成长,但它却始终在潜移默化地调整着整个生命系统的有序运演。所以,理性思维不是感性意识,但它却包容感性意识的存在,它也不是知性思维,但它却时刻调整着知性的方式,以免它造成不可挽回的局面。当人们试图以自然主义的态度来规定理性思维时,就不难发现正是在用着一种反理性的方式规定着理性的存在,那么必然无法看到理性本身,从而否定理性的存在,进而否定理性对象的存在以及生命的存在。

① [德]黑格尔:《精神现象学》上卷,贺麟、王玖兴译,商务印书馆 1979 年版,第 154 页。

可见，理性思维是开放的、包容的、自我牺牲式的意向性活动，那么理性思维，生命的意向性活动就绝对不可能局限于个体生命当中，局限在身体意识当中。它也要面向类的社会，面向更为广阔的天地间。理性概念发展到个体生命这个地步，这还不是生命的完成和实现，还需要进一步的发展，因而它并不是黑格尔所向往的概念的最高环节。生命的全体概念不仅是生命个体与生命作为类生命的统一，也是类生命与整个宇宙世界生命的统一。在前一个统一中，一方面，类代表了生命的普遍性，生命必然趋向于类；但另一方面，个体又不等于类，生命的意义就维系于个体与类的这种矛盾或张力关系中。生命体解决这种矛盾的方式就是繁衍，个体生命总是通过繁衍试图与其普遍性——类达到统一，从而实现其生命的意义。黑格尔指出，这种个体与类的统一方式是低级的，也是直接的，并且无法达到真正的内在统一。因为个体无论繁衍到多少代，达到的总是个体，而无法实现类的普遍性，在个体看来这种类的存在反而变得极为外在，是必须听之任之的自然行为，没有真正将类的普遍理念内化到个体自身当中，使其真切地感受到类的存在意义。因而，繁衍虽然是“理念”或真理的显现，但却是直接的显现。那么，如何能够使个体生命达到内在地领会到类的普遍性意义？黑格尔认为，认识和实践才是类的普遍性在个体生命自身中得以显现、得以实现的平台。通过认识，人们把握到了在类生命中存在的价值和意义，这种类的普遍必然性，不是先天直接命令式地降临到每个生命个体中的，而是每一个生命个体存在的必然使命和根本遵循，个体生命的价值和意义正是始源于这个类生命体的发端，类体的必然性由外在的直接性转化为了内在的必然性。然而，仅仅处于内在性，也不是类生命的根本指向，它要由内而外地真正实现出来，使得大生命体的价值和意义能够不断地涌流，而不是仅仅停在内部就不流动了，这也是不可以的。因而，这种由内在向外在的转化，就是认识向实践的转化过程。中国古人讲过，高处不胜寒的道理。如果一个人总是处于高位的话,总是难免对于低位的东西有所忽略,那么为了真正保持他的高位,他必须再次学会躬耕自省。认识不管怎样的高大上,也必须要回到实践当中,这样才能真正保证生命体的可延续性。在实践当中,类的生命意识得到了彻底的升华,因为它不仅能够被认识,而且能够被实践,是真真切切地存在的,从而在认识与实践的统一当中,一个大生命体的概念"绝对理念"便诞生了。在黑格尔那里"绝对理念"是典型的唯心主义的观念,是比较抽象晦涩的,这方面的确应当受到严格批判。马克思关于这个问题也给出了明确的论断,但是如果从生命意向性活动的视角,从大生命体运演展开的逻辑视角来看,似乎里面还是蕴含一些合理内核的。因为,在其中它生动体现了另一个统一即类生命与整个宇宙世界生命的统一。这种统一使得理性彻底领会自身存在的生命价值和意义。它即是生命,生命即是生命意向性活动的生动展现。

当"绝对理念"出现后,并不意味着生命意向性活动的完结,恰恰这才刚刚开始。生命意识到自身的绝对存在之后,它就会积极地按照生命存在的基本规律,按照生命意向性活动的基本原则来展开。这时才真正进入到精神现象学的领域,这既是黑格尔所谈及的精神演绎的领域,也是现象学所论及的严格科学的领域。曾经,黑格尔也明确《精神现象学》乃是他的哲学体系的前导部分。这本专著对于精神生命诸理论形态的考察表征了生命从现象形态自我提升为概念形态的逻辑进程。黑格尔思辨逻辑完成"理性与生命相和解"的哲学主题正是依靠这样的生命意向性活动展开的平台,淋漓尽致地表现出来。捷克哲学家卡莱尔·科西克曾指出:"马克思和黑格尔都把自己的著作锚泊在流行于他们时代文化背景中的一个共同的隐喻式基调之中。当时的文学、哲学和科学创作的基调都是'奥德赛'式的。为了认识自己,主体必须周游世界、认识世界。只有以自身在世界中的活动为基础,主体的认识才有可能。主体只有能动地参与世界，方能认识这个世界。”①“奥德赛”式的精神较为恰切地说明了生命意向性活动的生动图景。当这个“奥德赛”认识到自身的伟大使命与艰辛任务之后，他又是如何上演一幕幕生命绽放的历史大剧呢。

首先，做好自我牺牲的精神准备。死亡是任何人都无法逃脱的命运安排，这也正是生命不止的必然环节。黑格尔从不认为死亡代表着彻底的结束，反而恰恰意味着新生的开始。如果理性的思维没有做好这样的心理准备，没有达到这样的理解高度，那么它本身还没有真正达到开始伟大航行的基本素养，它还不能下海远航。黑格尔着重强调：“只有通过冒生命的危险才可以获得自由；只有经过这样的考验才可以证明……一个不曾把生命拿去拼了一场的个人，诚然也可以被承认为一个人，但是他没有达到他所以被承认的真理性作为一个独立的自我意识。”②当人们始终都盯着眼前的光明而趋利避害，没有真正想到最后在自己墓碑上应该题写如何的篆文才配得上自己被称为人的尊严，那么这个世界很可能是狭隘的功利主义横行的世界，是以枯燥的结果为导向的行尸走肉的世界，是那些原本应当放下偏见而勇于承担牺牲的人同自己的后代进行残酷竞争的世界。因为，他们从出生就从没有过理性的教养，没有过生命意向性的真正体验，他们的死亡也从不需要立上什么墓碑，就像其他动物的尸骸一样到处乱扔即可。因而，缺乏理性是很可悲的，更重要的是将会造成可悲的世界。

其次，基于自我牺牲的考虑，生命意向性会自然而然投身于外。它投身于外可不是为了求得在外的享受和安逸，而是为了实现生命的有序延展。当理性思维登上了王座，它不仅要思考如何能够凭借自己的力量管理好这个国家，同时精明的国王还要思考如何能够找到更加称心如意的

① ［捷］卡莱尔·科西克：《具体的辩证法——关于人与世界问题的研究》，傅小平译，社会科学文献出版社 1989 年版，第 138 页。

② ［德］黑格尔：《精神现象学》上卷，贺麟、王玖兴译，商务印书馆 1979 年版，第 126 页。

辅政者帮助他来治理自己的国家。所以,即便在《理想国》中,柏拉图也能够清晰地发现最为有智慧的国王,他的一个非常重要的能力就是要学会识人用人。以此,将每一个人都能够妥当地安排到适合于他们本身能力的岗位上,使其发挥各自应有的本领。国王之所以这样安排,一方面他清醒地意识到,他自己的生命是十分有限的,他需要有人能够继承他的事业;另一方面,他也清楚地看到自己的能力正在一天天地变得不再那么强悍,需要新鲜的力量来加以补充。这种新鲜的力量不是来自他自己本身的,如果他自己本身能够产生这种力量,那他就绝不需要考虑身后之事,他也没有任何必要实现理性的觉醒了。所以,这种力量只能来源于外在世界,这就是对象化产生的生命根源。一切的对象之所以成为了对象,不是因为它本身就是对象,而是生命的意向性亲自赋予了对象存在的价值和意义。这又回到了马克思所讲的对象化的世界与人化了的自然。那么,作为外在对象的力量,它不是一下子就要符合理性的驱使的,它也有自己的独特野性。这也正是感性意识的源起。感性意识是一种被给予的直接性意识。刚上任的理性国王,他手中绝对具有给予的权力,他可以按照自己的动机,亲自颁下诏令,让某人去执行某项任务,而对于这个任务他是绝不需要给与充分解释的,因为他知道这个任务是一定要完成的,是没有任何回旋的余地的。从此,某人便具有被给予的钦差权力,从而来完成他所布置的任务。所以,对于感性意识这位钦差大臣来讲,它就像一个旁观者,一个被赋予使命的承载者。它只负责在一旁自在地观,一切实际上和它没有任何关系,它只是一个传话筒、毫无任何决定的中介者。然而,随着理性国王的一天天老去,他的威势也在锐减。它再像从前那样直接地摆布别人去完成他的任务,好像有些力不从心。它需要各方面能够自觉主动地挑起生命的大梁,主动地去承担相应的职责。就在此时,以前的作为直接旁观者、传话筒的感性意识,有了进一步的提升。它开始有了一定的自主权力,开始主导感性意识自身,此时知性思维慢慢登上了舞台。当知性思维品尝到了权力的味道，就有些自高自大起来。最初的时候，还是能够有效地执行国王的策令和指示，可是随着国王对其信任的不断增加，随着它与感官世界的熟识，它本身就是从感官世界当中诞生的。知性有了高傲的姿态，它想要篡夺理性的王位，要完全改变这种一人之下，万人之上的存在样态。于是，一场对立争斗便上演开来。这场斗剧太为激烈，搅得人们根本无法辨别究竟谁占据了上风，具有明显的优势。最终，还是老国王更为智慧，它以退为进，让知性真正品尝到了为何它只是知性而不是理性的失败滋味。因为，在知性的统摄中，没有理性的教导，知性统摄的结果只能是自以为是，搬起石头砸到自己的脚。知性的后代和属下实在受不了知性的态度和行为方式，它们在同知性一同战斗的同时，也在受到知性的奴役和压榨，因为在这种极端异化的知性面前没有任何生命存在的价值和意义，一切只是可以拿来摆布的使用工具而已。给知性当头一棒的还是知性自身。当知性完全认识到这一点时，理性的目的就已经达到了，因为它实现了知性以自己的反思能力反思自身的目的，不过不是在它自己的自觉行为中，而是在理性的启发下。于是，理性培养了自己的接班人，塑造了知性成为新的理性。知性已经完全意识到了它的那种自以为是，只能走向失败，只有放弃自己才能真正成就自身，回头是岸。

再次，功成身退，向死而生。当理性的国王成为老国王时，它便很知趣地退出了历史舞台。它不想成为新任理性国王的累赘，反而牵制生命的演化。它的退场也是一次重生，因为它再次看到生命的勃然生气，而不是在他手中断了生机。它用它最后的告别，将自己的骨灰再次撒入那块它曾经熟悉，现在又新发的土地。这表面上是一次告别，但实质上也是一次生命启蒙的问候。因为，它在澄明生命本身，也在践行生命本身的价值和意义。它实现了所有内在与外在的统一，哪怕在它眼中最为倔强的知性也能够被归于它的麾下，它已经心满意足了。它从未体验过如此的安详和自由，在此它完全意识到了一切即是它自身，它自身也是一切，一个从未见过的大生命体顿然生成，在这个大生命体中绝对和永恒成为了主旋律。所以，黑格尔专门以“绝对概念”来描述理性的最终成就，同时完整地展现了生命意向性活动的出场与归宿。

然而，在这里我们也要清晰地看到黑格尔关于生命意向性活动的唯心主义的理解。这仍然是要进行批判的。比如黑格尔把生命活动等同于精神活动，把人的生命的对象化以及异化等同于自我意识的对象化和异化，而对于这种对象化和异化的克服也认为是一种绝对精神的回归。可见，黑格尔一方面将生命的活动看成是一项历史性过程，另一方面将生命的活动视为一种精神活动。就前者而言，由于历史性的诠释，使得生命由一种干瘪的自然存在，变得更加具有活力和生气，从而不断丰富自身内涵，更加鲜活，概念也获得了历史性存在的奠基。但就后者而言，黑格尔对生命的精神化把握，实际上暴露了概念辩证法生命存在论建构的理论硬伤。黑格尔的思辨逻辑虽然致力于生命整体存在意义的拯救，但其唯心主义视角决定了它只能从绝对精神维度去谈论生命的救赎，其结果必然是生命精神维度的高扬，肢解了生命的现实性，使得其存在被抽象化、绝对化，历史的存在论根基被连根拔起，生命意向性的历史存在论考察所赋予辩证法的确定性也将倒塌。在此，马克思曾深刻地指出，“自我意识通过自己的外化所能设定的只是物性，即只是抽象物、抽象的物，而不是现实的物。”①黑格尔关于生命异化形态的批判与生命意向性活动的历史确证只不过是虚假批判和虚假的确证“否定的否定不是通过否定假本质来确证真本质，而是通过否定假本质来确证假本质或同自身相异化的本质”②。黑格尔对生命本质的拯救过程，只不过是将生命的神秘性外化的过程。“这个运动在其抽象形式上，作为辩证法，被看成真正人的生命；而因为它毕竟是人的生命的抽象、异化，所以它被看成神性的过程，然而

① 《马克思恩格斯全集》第3卷，人民出版社2002年版，第323页。
② 《马克思恩格斯全集》第3卷，人民出版社2002年版，第329页。

是人的神性的过程”①。可见，在黑格尔那里虽然在思辨逻辑当中，实现了理性与世界的生命和解与统一，但这里所讲的生命仍然是拘泥于抽象概念中的生命，仍然是具有着一定神秘性的生命，从而所演绎的生命意向性活动也是一种唯心主义表达的抽象活动。在生命意向性活动展开之前就已经注定了这样的命运安排。“这个过程必须有一个承担者、主体；但主体只作为结果出现；因此，这个结果，即知道自己是绝对自我意识的主体，就是神，绝对精神，就是知道自己并且实现自己的观念。”②生命意向性活动就成了绝对精神逻辑先在的“神性狡计”所自编自导的一场大戏。黑格尔“只是为历史的运动找到抽象的、逻辑的、思辨的表达，这种历史还不是作为一个当作前提的主体的人的现实历史，而只是人的产生的活动、人的形成的历史。”③黑格尔所阐述的“人的产生的活动、人的形成的历史”，实质是绝对理念或抽象自我意识的中介，而当人的现实的历史被精神化、绝对化的时候，其生命意义的完整复归也只能是神性的人在神圣历史中确证自身的虚无缥缈的救赎和复归。虽然，黑格尔的逻辑思想、生命观念具有一定的局限，但是他关于生命意向性活动的思辨演绎，以及关于人类精神发展规律的解释，对于深刻理解唯物辩证法的丰富内涵，对于现代人如何实现精神自省自觉，以积极向上的心态面对世界面向未来，还是具有一些不可忽略的意义的。

第三节　从生命意向性维度塑造黑格尔逻辑学体系的重要意义

至今，黑格尔哲学已经有两百余年了，为什么我们今天仍然需要从生

---

① 《马克思恩格斯全集》第3卷，人民出版社2002年版，第332页。
② 《马克思恩格斯全集》第3卷，人民出版社2002年版，第332页。
③ 《马克思恩格斯全集》第3卷，人民出版社2002年版，第316页。

命意向性的维度重新来把握黑格尔的逻辑学体系呢？这里面主要包含三方面原因：一是形式化的教科书式理解仍然在人们头脑中作祟，严重影响着辩证逻辑的生动显现。二是将黑格尔的辩证法等同于否定辩证法，完全以否定性内涵遮掩辩证法的开放性、包容性的生命内涵。三是智能时代对人类的生命挑战，亟须回应人之存在的根本价值和意义。

从第一个方面的原因来看，虽然改革开放以后，人们曾不断地反思和批判之前一段时期内受苏联哲学教科书严重影响的哲学教研体系，仔细研究教科书哲学，不难发现，其中对辩证法的阐释不免有些片面、庸俗化。教科书哲学始终将辩证法看成是关于事物普遍关联和运动发展的一般原则的学说。它更加强调辩证法一般性的规则，而对于具体的逻辑内容和对象关注较少，导致辩证法变成了关于“抽象的共同点和僵死的共相”的“科学”。在教科书哲学看来，辩证法似乎同其他自然科学、社会科学一样都是实证性的，是具有针对自然、社会和思维对象的最大普适性一般科学。从而，在一种自然主义的态度中，展开关于辩证法的探究。它认为辩证法分为客观和主观两种，这也是承继了恩格斯关于辩证法的分类方式，但是在进一步理解中却出现了偏差。教科书哲学认为客观辩证法就内存于客观对象世界当中，主观辩证法就是对这种客观世界的辩证运动的主观反映。那么客观世界为何要按照辩证法的逻辑展开，主观辩证法具体又是如何反映客观辩证法的，客观世界又是怎样以辩证的方式通达主观意识并在其中继续呈现辩证的逻辑的？这些细致的问题，教科书哲学并没有给与直接的回应，它只是采用实例的方式加以说明它原本已经接纳的观念。那么问题随之而来，辩证法是不是也像其他经验科学一样，只需要提供几个实例，作几项实验就能确证的理论呢？如果真是那样，那么辩证法不就成了和它所批判的知性科学一样的对象了吗？不就容易成为常识性的经验总结和空洞的形式主义教条吗？后来出现的关于辩证法的多重诟病，也说明了这些问题。起初，按照哲学教科书的规定，辩证法严格批判这种非此即彼、静止地、孤立地看问题的形而上学思维，自身则是运动的、联系的、发展的眼光看问题。可是随着辩证法成为一套实证的科学方法和现成的工具理论，反而越来脱离实际，成为一种新的形式化科学，一经掌握，就可以以不变应万变，“成为套话、空话、假话的逻辑基础”。甚至还要比其他知性科学来得更加形式和教条，因为辩证法一直被认为是批判其他一切知性科学的根据，原要比其他科学更加高阶，具有着先天的超越性和优越感。所以，辩证法的这种形式化理解从表面上看似乎克服了形而上学的非此即彼的思维方式，达到了对世界的整全性的认识。而实际上，只是“用辩证法的语言表达知性思维方式的要求”。

那么，为什么在哲学教科书中会出现辩证法形式化的趋向。根本原因在于一种形式化思维方式，一种知性的逻辑没有真正从人们的头脑中彻底改观。改观的意思并非是彻底否定和放弃，而是调整一种原初的态度。关于知性思维也同样不能完全否定知性存在合理性与价值。知性思维作为人类精神活动的一个有机组成部分，在认识中居于重要地位。黑格尔指出，“无论如何，我们必须首先承认理智思维的权利和优点，大概讲来，无论在理论的或实践的范围内，没有理智，就不会有坚定性和规定性。”①这里的理智指的就是知性思维。它之所以具有坚定性和规定性的权利和优点，就在于它善于一分为二、主客二分，善于在纷繁复杂的世界当中找寻那个既清晰明了又容易把握的基本规定和原则。它严格遵守着同一律。运用知性逻辑从事认识活动，能够保证我们的思想具有确定性，使我们对每一思想都能加以充分、确切、清晰地把握，而绝不容许有丝毫的空泛和不确定的矛盾之处。这是人的思维所赋予知性最为典型的精神特质。这也是所有确证性科学产生的必要的思维基础，是科学精神的核心内容。因此，知性思维在实证科学中是居于主导的思维方式。西方精

① ［德］黑格尔：《小逻辑》，贺麟译，商务印书馆1980年版，第173页。

神传统正是以知性思维为主导的，不仅造就了近代自然科学的繁荣，而且在各个文化领域和人的日常生活之中，也起着关键性的作用。因而，在此意义上讲，知性能力是人类不可缺少的思维能力，不可完全否定。但是如何运用知性思维能力，是不是处处都要以知性的标准来衡量世界的价值和意义，这个问题就有待商榷。康德曾经明确指出知性思维的严格界限，一旦越界就一定会产生“辩证幻像”。如果仅仅因为产生了辩证幻像就直接取消超越性存在，取消生命、世界等概念的价值，将整个世界完全让渡给知性来统摄，那么人类也将因此失去存在的意义。因为人本身不仅是作为中介工具而存在，也作为自由目的而存在。在这种存在的价值和意义领域，就需要思辨逻辑来展现它的效能。也恰恰因为如此，使得知性思维与辩证思维不断地交涉在一起，没料到，在这一交涉过程中，辩证思维竟然无形中也被知性思维所沾染，完全丧失了自由思辨的能力，而沦为了统而盖全的形而上学的规矩。为何辩证思维那么容易就被知性思维所感染呢？首先，知性思维具有形式化的特征。所谓形式顾名思义相对于内容来讲，是脱离内容的一种框架结构、格外的有序性或各种量的比例等。知性思维只是从这种形式化的规定去把握对象，它认为只是按照个别性的要求去拿捏对象那是感性意识需要完成的工作，而对于它自身来讲，更需要通过概念、共相来把握对象整体。这样就不需要一个个地关照每一对象，从而使得每一对象都能有序地按照特定规律运转。就不必像刚入学时老师需要对每一个小朋友安排固定的座位了，现在每一个小朋友都知道自己应该坐在哪，自觉地按照事先定好的规矩来坐即可。从这里就慢慢看出，知性思维的关注点可不在于具体的内容，而在于那个能够起到广泛效用的规则。规则可不管每个小朋友具体实际，只要你被安排到指定位置，那么下一次你还需要坐在指定位置，它绝对不允许随便地调整座位。按照思维的经济原则来讲，不管什么样的思维，碰到这种既便利又规整的逻辑，都会倾慕向之。如果不是因为知性思维太过嚣张，不管不顾每一个小朋友具体身高长势，仍然还是按照老办法排座位，结果引起了众怒，这时人们才要求这位知性的老师必须做出自我反省和检讨，否则辩证思维还要在知性的魅惑当中打转呢。其次，知性思维还具有抽象性。有形式化的特点就一定有抽象性。抽象是对“像”的割裂，要与具体的像保持一定的距离。在这个意义上讲，抽象也体现了知性思维的超越性，它要超越于原初混乱的状态，想要在这样的混沌中画出一片天地来，就如同盘古开天辟地的意义。从此，星河日月都有了相应的光彩，能够清晰可见。因而，抽象性是人类走向成熟意识的一个重要标识，千万不要以为抽象能力是一无是处的。但是，一味地抽象，不思进取，那就要有大麻烦。抽象性虽说是一种超越性，但它的超越能力十分有限，如果按照黑格尔设定的肯定、否定、否定之否定的逻辑推演，那么抽象能力仅仅是处于第二个层面，单纯否定的层次。因为，抽象之所以谓之抽象，就是它还离不开像，一旦离开像立马就失去了自身存在的价值，它本身还是一种反思性存在，它只有通过像的俘获与占有才能真正体现出抽象的能耐，这就类似于黑格尔在《精神现象学》中所讲的主奴关系，是在相应的反思关系中体现出存在的意义。表面上看抽象似乎要与一定的像保持距离，但实质上仍未脱离开像，仍然要受到像的干涉和牵制，所以抽象性本身是有局限的能力。在康德那里曾揭示出这种能力从根本上讲是来源于自我意识的统摄力，是与人的理性能力直接相关的。理性能力不是按照思辨逻辑运转，直接关涉生命意向性本身吗？现在又为何与这种有限的抽象能力扯上关系呢？其实，不管是感性意识还是知性思维，都有理性的根基，这在黑格尔的逻辑学中讲得最为清楚。理性既需要感性能力来维持自身内容的丰满性，同样也需要知性能力来满足自身的普遍性要求。就好像一位农场主，如果他的土地太多了，他就需要别人帮他来耕种，他就在一旁加以指导。如果再多的话，他就把一部分土地租赁出去，任凭别人去耕种，他只收取稳固的租金。最开始的时候，他亲自指导知性耕种，后来便慢慢地完全租给知性来耕种，结果知性采用更为科学的手段和方法，年年大丰收，理性的租金也越来越多，它也不断地宣传知性的做法，让更多的人来租地，增加自己的收益。可是，时间一久，由于土地上施用的农药化肥太多，种出的粮食也变了味，这时候理性才缓过神来，开始指责知性逻辑的“抽象的同一性”，而提倡一种你好我好大家好的“具体的统一性”。显而易见，受到形式化抽象化思维范式干扰的思辨逻辑是有局限性的，需要将原本蕴含在辩证法当中的生命意向性挖掘出来。

从第二个方面的原因来看，正是受到形式化、抽象化的思维范式的影响，有些人将黑格尔辩证法否定性内涵凸显出来，并将其固化，从而遮掩了辩证法开放性、包容性的生命蕴意。“否定辩证法”或“否定性的辩证法”是我国学界关于黑格尔辩证法的较为流行的理解范式。无论在《西方哲学史》的个别教科书中，还是在专业的学术论文中，“否定辩证法”或“否定性的辩证法”都变成黑格尔辩证法的基本表述。这种否定性界说易于形成对黑格尔辩证法的片面化理解，消解其思辨逻辑的生命意向性，这种看法值得商榷、需要存疑。那么，黑格尔辩证法是否定的吗？依照黑格尔的论述来看实则不然。在黑格尔看来，其辩证法包含两层内涵：第一层涵义是指绝对精神存在的本体形式，即绝对精神承载“肯定、否定及否定之否定”三个环节在内的逻辑形式；第二层涵义是指绝对精神外化的逻辑历程，即绝对精神发展的、历史的逻辑。黑格尔评判康德哲学时指出，康德站在知性立场，曾对之前独断的形而上学体系进行深刻反思，揭示出理性的禀赋就是要探寻和把握超感官存在，以求取世界终极解释，但在此过程中理性陷入了悖论和矛盾。为此必须对理性进行限制，以防止其陷于无休止的悖谬之中。此后，理性失去以往至高无上的地位，形而上学也渐渐失去“女王的宝座”。黑格尔认为，康德这是以知性的解剖刀阉割了理性，使得形而上学陷入危机。知性的对象是经验世界，理性的对象是超验世界，当以知性的方式来把握理性的对象时，必将陷入不确定性或辩证状态，如果想要回避这种“消极的辩证”，那么就需要将经验世界与超验世界作出明确的区分，并刻意限制我们的认识能力，正像《纯粹理性批判》中所做的那样。可形而上学源于理性本能，理性即为自由化身，约制理性将会约制自由，从而使得价值与意义丧失。单纯回避限制理性并非有效路径。与康德不同，黑格尔强调要扬弃这种知性所导致的“消极的辩证”，最终达到“积极的思辨”。这种“积极的思辨”与“消极的辩证”根本区别在于，前者站在理性立场从矛盾、否定当中看到肯定、同一的方面，并生发出肯定积极的成果来。黑格尔指出“积极的思辨”，就是“在对立的规定中认识到他们的统一，或在对立双方的分解和过渡中认识到他们所包含的肯定”，即在认识中看到肯定中包含有否定的规定，在否定中包含有肯定的规定，最终达至否定之否定亦肯定的状态。“积极的思辨”表明了黑格尔关于辩证法的直接看法。辩证法通过“肯定、否定及否定之否定”三个逻辑环节，来描述绝对精神的运动与发展。一方面绝对精神是客观存在的宇宙精神，是整个世界的基础和本源，是构成万物的内在核心，是本体。另一方面，绝对精神的存在方式并非静止不动的，而是能动的，自然而然地将肯定、否定及否定之否定三个逻辑环节内化于身。从而确立了辩证法的第一层内涵，绝对精神存在的本体形式，即绝对精神承载“肯定、否定及否定之否定”三个环节在内的逻辑形式。可是，在黑格尔看来，此内涵只是自在的、并未现实展开。

黑格尔辩证法的第二层内涵，是指绝对精神外化的逻辑历程，即绝对精神发展的、历史的逻辑。黑格尔认为绝对精神不应仅拘于空洞的形式描述，实质上绝对精神具有丰富内容。黑格尔指出，自然界、人类社会和人的思维都是绝对精神展现自身发展进程中的一个环节，即绝对精神的外化。绝对精神运动的最初阶段是纯粹逻辑阶段，之后将自身外化为自然界，最后在精神哲学中通过自我意识和社会意识的辩证发展，绝对精神由对象化的中介环节返回自身，充实自身，整个历程彰显了固有的逻辑样式。绝对精神总是以概念的方式表述自身外化运动,概念运动的第一阶段即肯定阶段。黑格尔指出,任何一个最初的,同时也是最直接的概念在它自身当中都潜在地包含有对它自己否定的方面,每一个概念都是它自身又是另一个概念,在此阶段中概念只是作为潜在的统一体,即作为最初肯定的形式而存在。绝对精神在此阶段中尚未发觉肯定概念中包含有对他自身否定的特性,同时认为否定的方面只是外在的与肯定无关的东西。在第二阶段,即否定阶段。肯定由于自身包含着否定引起的内在矛盾,因而促使肯定转化为自身的反面,概念自身的辩证运动使它由肯定概念发展为另一个概念,否定的概念。在这个阶段绝对精神仅是把否定看作为是对肯定的否定,并未意识到否定同时是对肯定的积极肯定,因而两方处于自相矛盾的状态。第三阶段即否定之否定阶段。在此阶段中,绝对精神不是把否定看作是在肯定之外,而是认为否定是最初潜在于肯定概念自身中的对立方面的实现,从而将肯定与否定的概念统一起来,生发出第三个概念,即否定之否定的概念。概念在第三阶段实现自身,绝对精神也由最初的、最直接的肯定阶段,经由中介环节,在否定之否定的最终阶段实现自身,整个历程表述了绝对精神发展的历史逻辑,明确指出黑格尔辩证法的第二层涵义。无论从黑格尔辩证法内涵的自在方面、形式方面,还是从其历史方面、自为方面,都无法得出黑格尔辩证法是否定的结论。从绝对统一的“纯存在”到展开来的自然及人类社会的发展历程都承载了肯定、否定、否定之否定的内在环节,肯定、否定、否定之否定构成了黑格尔辩证法的逻辑程式。

因而,黑格尔所论证的辩证法并非只具有否定方面的内涵,将黑格尔辩证法冠以“否定”,其实也是对黑格尔思想的一种误解。首先,黑格尔关于逻辑学开端的阐述,并非是否定的。作为逻辑学开端的“纯存在”或“纯有”是绝对精神的最初形式,是直接存在,“绝对肯定”的“纯思”本身。“纯思”因没有任何规定,是纯粹抽象,因而也是绝对的否定,这种否定直接地说来，也就是“无”。作为“无”的“否定”有两层涵义：一是纯粹的无规定性，二是自由。当“纯思”通过自由的方式澄明自身、显现自身、证成自身之时，“当自由在自身中把自己深化到最强烈的程度，本身也成为肯定性，甚至成为绝对肯定性。”①等同于自由的否定性成为绝对肯定性，“无”也成为绝对肯定的存在。可见，关于逻辑学开端的论证，黑格尔并非偏执否定。其次，在《小逻辑》中，黑格尔有关思辨逻辑的论述，表明“否定”绝非辩证法唯一特质。黑格尔明确指出：“逻辑学是研究纯粹理念的科学。”②理念自身包含三个不可分割的基本环节：“(a)抽象的或知性〔理智〕的方面，(b)辩证的或否定的理性的方面，(c)思辨的或肯定理性的方面。〔说明〕这三方面并不构成逻辑学的三部分，而是每一逻辑真实体的各环节。”③在黑格尔看来第一个环节是独断论环节，独断论是一种片面的思维样式，于是思维需要前进到第二个环节即“辩证的或否定的理性”的环节，此环节对独断论采取了一种外在否定态度，由于没有看到矛盾性或否定性中的肯定性因素，此环节仍然没有超出非此即彼的知性思维模式，只不过将肯定置换成否定处处表现诡辩、怀疑态度。按此方式来理解理念或存在，将会不可把握。所以，黑格尔指出不包含肯定的否定，不是辩证法，而是怀疑主义，是“彻底怀疑一切认识形式的否定性科学。”④“哲学”则是要“把怀疑主义作为一个环节包括在它自身之内，——这就是哲学的辩证阶段。但哲学不能像怀疑主义那样，仅仅停留在辩证法的否定结果方面。——辩证法既然以否定为其结果，那么就否定作为结果来说，至少同时也可说是肯定的。因为肯定中包含有它所自出的否定，并且扬弃其对方否定于自身内，没有对方它就不存在。但这种

① ［德］黑格尔：《小逻辑》，贺麟译，商务印书馆 1980 年版，第 181 页。
② ［德］黑格尔：《小逻辑》，贺麟译，商务印书馆 1980 年版，第 171 页。
③ ［德］黑格尔：《小逻辑》，贺麟译，商务印书馆 1980 年版，第 63 页。
④ ［德］黑格尔：《小逻辑》，贺麟译，商务印书馆 1980 年版，第 172 页。

扬弃否定,否定中包含肯定的基本特性,就具有逻辑真理的第三形式,即思辨的形式或肯定的形式。”①在这一阶段“在对立的规定中认识到它们的统一,或在对立双方的分解过渡中认识到他们所包含的肯定。”②“辩证的或否定的理性”环节虽然以一种极端的方式揭露并超越了独断论的片面性,但它最终却产生“怀疑主义”从而消解形而上学。在黑格尔看来,要想建立科学形而上学体系,思维就必须继续前进,超越上述两个环节,进入到思辨的或肯定理性的阶段。在这一阶段,思维扬弃前面两个环节,最终将独断的知性、辩证的或否定的理性统摄于思辨理性之下。

依此,以上第一环节便构成了黑格尔辩证法的肯定阶段,第二环节构成了否定阶段,第三环节构成了否定之否定的阶段。理念就是包含上述三个阶段在自身中的自我矛盾、自我超越、自我发展的历史过程。可见,黑格尔在《小逻辑》中有关思辨逻辑的论述,表明“否定”绝非辩证法唯一特质。又次,黑格尔关于自我意识运动的描述亦然:“正是自我意识的外在化建立了事物性,并且这种外在化不仅具有否定的意义,而且具有肯定的意义,不仅对于我们或者自在的有肯定意义,而且对于自我意识本身也有肯定意义”,“……自我意识的自在(肯定)——外在化自身即把自身建立为对象(否定)——扬弃了这种外在化和对象性(否定之否定)的过程,就是意识的[辩证]运动。”③显然,黑格尔辩证法关于自我意识运动过程的阐述,是肯定和否定的统一,不存在“否定辩证法”问题。最后,黑格尔对知性的批判性和建构性理解,同样证明黑格尔辩证法并非是否定的。黑格尔指出:“就思维作为知性[理智]来说,它坚持着固定的规定性和各规定性之间彼此的差别。以与对方相对立。知性式的思维将每一有限的

① [德]黑格尔:《小逻辑》,贺麟译,商务印书馆1980年版,第171页。

② [德]黑格尔:《小逻辑》,贺麟译,商务印书馆1980年版,第181页。

③ [德]黑格尔:《小逻辑》,贺麟译,商务印书馆1980年版,第181页。

抽象概念当作本身自存或存在着的东西。”①知性作为一种思维，是要将各种规定以相互区别的方式确立起来。可一旦将知性思维绝对化，即将知性、理性均纳入绝对僵化的知性形式当中。结合历史，我们便看到了亚里士多德形式逻辑的确立，康德辩证幻像的诞生，以及将思辨理性知性化仅仅作为思维界限来思考的形而上学。以知性绝对立场进行思考，将无法理解形上对象，这种对象对知性来说必然表现为不可言说的神秘之物。这就是黑格尔对知性的批判性理解。但这并不意味黑格尔在逻辑思维中否定或排挤知性，黑格尔之所以批判知性，目的在于以一种新的方式、新的立场重新建构起知性，从而克服其缺陷。黑格尔强调要以思辨理性的立场看待知性，将知性作为思维活动的一个阶段纳入到整个精神运动之中，成为精神自身发展的一个有机环节。黑格尔逻辑学中本质论部分的核心主题正在于此。在本质论部分，黑格尔一开始就以“纯反思规定”为题，揭示了知性通过反思的活动并在本质和现象关系的基本格局下，来寻求根据的过程。但这个过程总是在同一和差别的统一中来进行，因而矛盾统一是知性活动真实的内在机制。黑格尔以同一、差别、根据这三个有机联系的环节彰显了知性的本质。知性在本质论部分实现自身，同时为通达理念提供准备和基础。可见，黑格尔对知性的态度是肯定的，并非如常人所理解的那样，一谈到黑格尔的辩证法就联想到对知性的否定。知性乃是科学之母，是律法之基，是对事物的肯定性确知，没有知性的训练绝不会有科学精神、法治精神，因而直接越过知性只强调否定辩证法是缺乏合理性的。因而，无论从文本的梳理还是从逻辑结构的延展方面，黑格尔的辩证法都不是单纯否定性的。

既然黑格尔辩证法并非仅具有“否定”内涵，为何人们将其误解为“否定性的辩证法”呢？根由在于教条化地理解了马克思关于黑格尔辩

① ［德］黑格尔：《小逻辑》，贺麟译，商务印书馆 1980 年版，第 172 页。

证法的评价："黑格尔的《现象学》及其最后成果——辩证法，作为推动原则和创造原则的否定性——的伟大之处首先在于，黑格尔把人的自我产生看做一个过程，把对象化看做失去对象，看作外化和这种外化的扬弃"。① 实质上，在马克思的论著中，主要是从两个方面来理解和改造黑格尔辩证法。一是将其视为纯粹的思维形式；二是将其视为人们关照现实的方法论原则，视为对现实的哲学把握。马克思曾积极评价了黑格尔逻辑学的思维形式："在他的思辨的逻辑学里——所完成的积极的东西在于：独立于自然界和精神的特定概念、普遍的固定的思维形式，是人的本质普遍异化的必然结果，因而也是人的思维普遍异化的必然结果。"②显然，作为纯粹思维形式的辩证法，被马克思所承认。马克思接着讲道，"因为黑格尔根据否定的否定所包含的肯定方面把否定的否定看成真正的和唯一的肯定的东西，而根据它所包含的否定方面把它看成一切存在的唯一真正的活动和自我实现的活动，所以他只是为历史的运动找到抽象的、逻辑的、思辨的表达"③。这里马克思阐明了黑格尔辩证法是一种自在的纯粹思维形式，这种思维形式内含肯定、否定、否定之否定三个环节。但是这种思维形式由于脱离具体的现实存在，又是唯心的、虚幻的。马克思认为：黑格尔的"逻辑学是精神的货币，是人和自然界的思辨的、思想的价值——人和自然界的同一切现实的规定性毫不相干地生成的因而是非现实的本质"④。非现实的本质是超感性的，具有神秘主义色彩的精神实体。这种精神实体远离现实生活，脱离活生生的具体感性存在，是一种虚幻物。辩证法作为描述或展现精神实体的存在形式必然同样具有虚幻性。马克思多次声明："我的辩证方法，从根本上来说，不仅和黑格

① 《马克思恩格斯文集》第1卷，人民出版社2009年版，第205页。
② 《马克思恩格斯文集》第1卷，人民出版社2009年版，第218—219页。
③ 《马克思恩格斯文集》第1卷，人民出版社2009年版，第201页。
④ 《马克思恩格斯文集》第1卷，人民出版社2009年版，第202页。

尔的辩证方法不同，而且和它截然相反。”[①]“因为我是唯物主义者，而黑格尔是唯心主义者。”[②]“在黑格尔看来，思维过程，即甚至被他在观念这一名称下转化为独立主体的思维过程，是现实事物的创造主，而现实事物只是思维过程的外部表现。我的看法则相反，观念的东西不外是移入人的头脑并在人的头脑中改造过的物质的东西而已。”[③]进而，马克思将黑格尔精神实体展开的辩证法，变成了人的现实活动具体展开的辩证法。在马克思看来，辩证法的产生与运用，具有两个前提。其一即现实个人赖以生存的具体物质生活条件，这是辩证法诞生的现实基础。马克思指出："我们开始要谈的前提不是任意提出的，不是教条，而是一些只有在臆想中才能撇开的现实前提。这是一些现实的个人，是他们的活动和他们的物质生活条件，包括他们已有的和由他们自己的活动创造出来的物质生活条件。因此，这些前提可以用纯粹经验的方法来确认。”[④]其二即人活动的感性世界。马克思将感性世界理解为“构成这一世界的个人的全部活生生的感性活动”[⑤]。辩证法基于并在这种“对象化的”感性活动之中发挥效用。辩证法应当受限于从事感性活动的实践主体及其包含着特定自然和社会条件的实践场域。正是受到实践场域的前提约束，辩证法要关切现实，要实现对反映实践场域的时代精神的自为把握，是一定历史条件下具体展开的外在辩证法。所以，马克思认为辩证法应是人们观照现实的方法论原则，是对现实的哲学把握。虽然，辩证法的否定性本质源出马克思的名言：“黑格尔的《现象学》及其最后成果辩证法，作为推动原则和创造原则的否定性”[⑥]。“辩证法在对现存事物的肯定的理解中同时包

① 《马克思恩格斯选集》第 2 卷，人民出版社 2012 年版，第 93 页。
② 《马克思恩格斯选集》第 4 卷，人民出版社 2012 年版，第 468 页。
③ 《马克思恩格斯选集》第 2 卷，人民出版社 2012 年版，第 93 页。
④ 《马克思恩格斯选集》第 1 卷，人民出版社 2012 年版，第 146 页。
⑤ 《马克思恩格斯选集》第 1 卷，人民出版社 2012 年版，第 157—158 页。
⑥ 《马克思恩格斯文集》第 1 卷，人民出版社 2009 年版，第 205 页。

含对现存事物的否定的理解，即对现存事物的必然灭亡的理解；辩证法对每一种既成的形式都是从不断的运动中，因而也是从它的暂时性方面去理解；辩证法不崇拜任何东西，按其本质来说，它是批判的和革命的。”① 可从上下文来看，马克思在这里所讲的辩证法是自为的，是受具体实践场域约束，在一定条件下展开的辩证法。众所周知，马克思所生活的年代，社会矛盾突出并不断激化，关照现实、关照历史的辩证法，自然“否定性”突出。在矛盾激化、战争弥漫的年代，突出辩证法否定性内涵具有合理性，可以推进革命运动向前发展。但不可将否定性视为辩证法全部内涵，从而固化辩证法的理解范式，若如此必然产生两种后果：或是陷入黑格尔所说的绝对否定的怀疑主义和虚无主义，将一切鲜活的生命性存在都一扫而光，或是走入恩格斯所说的在绝对不相容的对立中思维的形而上学。为此，有必要从生命意向性活动的展开，全面地揭示黑格尔辩证法的深刻内涵。

从第三个方面的原因来看，新的智能科技时代对人类生存发展的命运提出新的挑战，亟须回应人之生命的根本价值和意义。在探究这个重要问题之前，我们先看两个例子。一个就是不久前，人类与智能计算机的棋艺对垒。在围棋界最具有竞争力的几位选手，代表着人类的最高水平，结果在人工智能面前也很无奈地败下阵来。这个事件在当时引起了不小的轰动，这个事件说明了智能计算机运算速度超于人类，而且它还能发展出一系列自演化的程序。这一事件引发了许多事外的思考，其中就有这样的一个问题，智能计算机会输吗？会输的问题，可不只是谁打败谁的问题，是主动自觉地放弃或让步的问题，是关涉自由存在的问题。小时候，孩子学下棋，为了鼓励孩子学习，身为家长的围棋老师，总会故意漏下几个破绽，留给孩子们赢下棋局的机会，而不是见好就收，咄咄逼人。智能

① 《马克思恩格斯选集》第2卷，人民出版社2012年版，第94页。

计算机会主动认输吗,会像具有牺牲精神的理性那样放弃偏执的对象性吗?它会将下棋看成不单单是下棋这样的简单道理吗?它具有非在场性和在场性相统一的意向性活动吗?它是生命的存在吗?究竟是什么样的人类发明了那些不具有意向性的智能工具,而一步步将其逼近智能人化,其结果似乎是要使人本身智能化的?当马克思在严格批判资本主义异化现象时,很多人还在高扬资本主义的优越性,但是语言既有其优点也有其劣势,它无法阻挠势将必然地发生,就如同你说你的,我做我的一般。会不会出现一种情形,人类站在镜子面前更加深度地投入到镜中像的经营当中,而那个站在镜子面前的真身只是木讷得如同提线木偶一般,按照镜中的像粗劣地摇摆。每当坐在地铁里,看着周围的人群只顾低头看着手机的屏幕,彼此就如同生活在一部手机中一般,人与人之间的关切,本来在很短暂的旅途中就要结束,可是即便在这样短程的途中,人们如同从未谋面一般。如果在一个世界当中,人与人之间都不会相互对视了,那么又如何会看到别人所描述的事情本身,又如何能够在别人的注视中看到自己所描述的事情本身,如果看不到描述本身,那又如何形成关于自我的关切,如何体验到“我思我在”,如何能够生成理性能力?更不可能建立公共理性的秩序。依此,现实世界反而变得越发陌生,虚拟世界反而变得越发真实?这里面关涉的不是真与假的问题,关涉的是一种普遍联系。这种普遍联系正经历前所未有的冲击。有人指出,现代高科技的发展已经使得普遍联系更紧密、更加便捷。的确,随着信息化时代的高速运转,人们可以通过更加虚拟的方式直接联系起来。一个电话、一段视频、一通互动,可以将天南海北的你我他联系在一起,但那种联系是否是真正的关联呢?一起起网络诈骗的真实案件,曾经不止一次地警告着人们,你所看到的网络世界并非是现实世界,即便是与至亲的、最为熟悉的人相沟通,看着那一张张被美图修饰的画面,我们真正无法体验,人真的会慢慢老去,同样也真的会死去,如果无法真实体验人类同伴的生老病死,那么又如何体验类的生命概念的存在，又如何会将自己视为人类中的一员呢？反而是不是更加贴近于智能世界中的一员呢？没有类生命概念的体验，又如何会存有意向性活动，如何会以贡献的姿态面对这个世界，抚慰生命自然生息的跳动？一些极端的现象也说明了这样的问题，人类的生养意愿、付出能力有渐渐萎缩的迹象。第二个事例就是在《庄子》的《外篇·天地第十二》中载录的一则故事："子贡南游于楚，反于晋，过汉阴，见一丈人方将为圃畦，凿隧而入井，抱瓮而出灌，搰搰然用力甚多而见功寡。子贡曰：有械于此，一日浸百畦，用力甚寡而见功多，夫子不欲乎？……为圃者忿然作色而笑曰：吾闻之吾师，有机械者必有机事，有机事者必有机心。机心存于胸中则纯白不备。纯白不备则神生不定。神生不定者，道之所不载也。吾非不知，羞而不为也。"①

也许在现代人眼中，汉阴丈人的确显得无知可笑，因为本来就有更为方便有效的工具来浇田，他却不用，还以最为原始的方式浇灌。结果老丈的回答让所有人都很惊讶。他认为这种便宜之事乃是投机取巧的勾当。在工具论中，这种方法是极为推行的，但如若进入人的心智当中，改变人的生命态度，处处都要耍些小聪明，那么人们对生命也会投机取巧。正如在上文中所谈及的辩证法如何陷入了知性思维抽象的困境中。当人们在一次便宜的捷径中享受到直接的收益，那么下一次他还会自动地选择这种方式，并且在其他的生活处境中也会琢磨这样的方式，形成最为简单的路径依赖。比如，现当下人们深切地体验到了智能计算机的巨大效力，各种小小的芯片就能作出改变世界的伟大创举，这是绝对惊人的事情。此时，人们就开始思考能否像科幻电影中演绎的那样，将这种力量直接转移到人的身体中，使得人们不必再通过第三方的中介，直接就能实现摆布世界的目的。如之前我们打开电视机需要人们亲自用手来按下开关，后来

① 参见《诸子集成》第三册，中华书局1986年版，第195页。

人们发明了遥控器，把手从电视开关中解放出来，那么现在的人们想要彻底使手解放出来，只要人们头脑中想看电视机，就直接可以在眼前展现出一块如同电视机一样的虚拟屏幕，一切画面都可以在头脑意识的选择中自主呈现，于是人们又开始了脑机接口的重大实验。从科技发展史的角度来看，这的确是一次重大突破和进步。它将在古人眼中的神话世界变成了可以把控的现实世界。但是如此一系列的创举是否真的能够实现人的彻底解放，实现真正实践活动意义上的全面自由发展呢？这里面有个非常重要的概念需要我们重新理解，究竟我们所讲的解放是什么样的解放？难道我们所讲的解放就是本来是需要用双腿来攀登的，现在有了电梯有了飞行器，就不用双腿行走了，双腿可以从行走中解放出来干别的事情，这种方式难道就是我们所讲的解放吗？如果双腿不用于行走，那还是双腿吗？在自然的演进中必然被退化掉。按此逻辑，双手也要被解放出来了，成为无所事事的双手，最后一切器官都要从一切器官当中解放出来，成为无所事事的器官逐渐退化掉，那最后的结果会不会把人直接变成了仅仅具有个脑袋的球？当然这些都只是猜想，但猜想背后需要我们深思的问题就是我们人类需要的解放究竟是什么意义上的解放。

花已经开过，叶也开始落下，是时候收获果实了。难道收获果实就完成人类的终极使命了吗？难道明年就不需要风调雨顺了吗？就不需要花枝满园硕果累累了吗？明年收获完事，后年就不要收获了吗？这一代人收获了，就不管不顾后代人的命运了吗？既然如此，人们就开始琢磨，那么就让所有树木尽可能结出无数的果实，尽可能一下子就将几代人、十几代人、几十代人所需要的果实都收获干净，这样就避免以后的风险，也不需要一次次重复性的劳作。可是，时间日久人们发现如此一来果实的味道发生了极大的变化，营养成分也与以前大不相同，吃下这些果实后，更是直接影响下代人的繁衍生息的能力，生命看似岌岌可危。原本只是想要生机盎然，结果却事与愿违。正如马克思在分析异化现象时指出，原本劳动者所生产的商品应该归劳动者所有，可是却无奈地成为了别人的所属品，即便自己想要购买，也是能力有限。根本原因在于，人们还生活在镜像的世界当中，还没有从这种对象化的极端世界当中解脱出来。不管是黑格尔、马克思还是胡塞尔、海德格尔等一些伟大的哲学家，他们所讲述的解放，更像是一种救赎。这种救赎不是在镜像世界中人们又获得了哪些突出性的成就，比如以前夜晚没有太阳，现在有了人造太阳，以前的电器需要电源，现在的电器只需要放在阳光下晒晒就可用。这些突破都是知性习惯导向下的成果延展，都是对象性的，可占有性的、更新换代性的。然而，每个对象的出场都是背后一层关联的展现，这种关联性的、可回溯性的、新陈代谢性的内涵往往容易被忽略。在镜像世界中，人们清晰地看到，要想长出更加硕大的果实，只有用更加壮硕的枝叶，替代以前比较壮硕的枝叶才有直接的效果。但是它忽略更为根本的问题，不管什么样的枝叶最后都要选择落叶归根的必然势态，这是一种生机的命运安排，只有符合这样的命运安排，才能有树木的生命，才能有结果的必然。虽然，其中有着"我命在我，不由天定"的豪气与志向，可这种豪气与志向，不也恰恰是生命赋予的独特存在吗？而哲学家们所讲的解放，恰恰就是这种生命的救赎，是把生命形态、生命的意向性活动，从一种被遮蔽了的镜像世界中揭示出来。让它能够大大方方地，正大光明地生活在人的世界当中。当然，这种解放绝不是走向另一个极端，完全放弃或者否定对象化世界的存在。对象化的世界之所以能够产生，恰恰是因为它具有生命存在的必要性。能结出果实的树木，可绝不是那种生长在观念世界当中的树木概念，而是能够生根发芽开花结果的现实对象。当然，更不是只负责生根发芽开花结果的自然对象，它更是生态世界中的一员。如何能够使得这一棵只负责生根发芽开花结果的自然对象，成为生态世界中的一员，那不仅是每位哲学家的历史责任，也是每个具有鲜活生命的个人应尽的义务。所以，现代人不要仅仅沉浸在镜像世界的简单欢愉当中，还以为这个世界一定会带来我们生命想要的解放和自由。我们也可以试着比较一下，当人类发明了手机，有了电子邮箱之后，真正变得自由了吗？变得更加安静了？当我们没有汽车的时候，总是向往着有了汽车之后就可以任游世界，想到哪就可以一脚油门去哪，可是当我们真正拥有一辆称心如意的好车时，恐怕又多了些烦恼的由头，如去哪里停车，如何保证安全等。或者换句话讲，当我们回想那个现当下会不屑一顾的之前某个时代，难道那个时代就没有所谓的幸福感和存在的价值和意义吗？当然，这里绝没有否定当下世界存在价值的意思。眼前的世界是有着积极的贡献的，但是仍然令人反思，正如其他时代所面临的生命存在的考验一样。那么如何回应这些问题，如何能够将存在的价值和意义彰显出来，深刻揭示黑格尔的逻辑学体系所蕴含的生命意向性维度是非常必要的。

第二章　生命意向性的直接过渡阶段：存在作为潜在的概念

在存在论中，从开始到终结概念都潜移默化地左右着存在，只是在整个过程存在还未曾了解，直到成为了本质性存在，才恍然获悉，这是“存在作为潜在的概念”的直接意义。也许有人会有这样的想法，认为在黑格尔的存在论领域，那是生命意向性最为开始的阶段。这种说法既可以说是合理的，也可以说是无意义的。黑格尔关于开端的解释不是太严格，或者说不是太明确。因为在黑格尔那里开端只是一个设定起来的概念，只是为了让人们能够清晰地看到生命意向性逻辑演绎的生动轨迹而已。这要从黑格尔思辨逻辑的诞生的具体初衷谈起。在人类思维显现的初始阶段，一直都具有鲜明的本原性特征。这是一种直接性的，就如同黑格尔在存在论反复强调的抽象的生命意向性阶段。这一阶段，人们也在思考一些根本性的问题，比如世界的源起，人的形成，灵魂的不朽等，在思考的过程中，人的思维始终都离不开直接性的规定。通过眼前的感性直观来获取关于世界本原的答案，通过生活经验的感知来预知人的前生后世的命运安排等。人们的思维提出了一个超感官的无限性的问题，这也意味着人思维的成长和凸显，更是意味着关于生命意向性的历史承继，虽然此时人们绝没有真正把握这个关键问题，还是以潜行的方式在人的思维中自然流露出来。因而，导致人们只能以有限性的方式来回应这些超纲的难题。古希腊的自然哲学家提出了世界本原的问题,但他们却选择以有限的方式给予回应。如泰勒斯就明确水乃是世界的本原。泰勒斯的确看到了万物的生长离不开水,尤其在海岛区域,水是极为珍贵的,一旦缺水,生命就会立马枯竭。所以,在各大古国文明发源地,都能看到充沛水源的身影。文明与生命都与水有着息息相关的渊源。所以,在这个意义上讲,水的确具有本原性。可是,随着人类经验的不断丰富,人们日益发现水火不相容,水没办法解释火的来历,同时冰雹海啸等自然灾害,也说明水不仅具有相生的能力,也具有极强的破坏性,由此单单把水视为世界的本原还是有局限的。不仅对于水如此,现实世界当中的任何存在物拿出来作为世界的本原都会出现如出一辙的思维困惑。因为,问题的根本不在于现实对象本身,而在于人的思维本身。人的思维提出了一个只有抬起头远望星空才能发觉的问题,但却俯下身到人的现实世界中寻求合理的答案。这也充分说明人类的思维还没有真正摆脱自身有限性的束缚。

不过,这种自然哲学也被称为是哲学最早的开端。他们首先提出了一个哲学问题,思维开始从原始的无意识阶段,渐渐显现出意识的成长。在这里也能够发现,人们对于开端的原始痴迷,因为那意味着一个新生命的诞生,一个出类拔萃、不同凡响的创造将会震撼袭来。然而,人们还没有真正意识到那个所谓的开端,只不过是人的自我规定而已,其实也是一种生命意向性的生动延续,只是人们还没有意识到这种大生命的意向活动,这种活动对于原初的人,对于刚刚从襁褓中走出来的稚气精灵来讲还很陌生,还是潜在的世界。不过,既然从生命中来,那就注定了生命意向性的世界命运,就如同我们种下了一棵苹果树,那么就注定了我们要收获一些苹果而非其他。既然人们已经开启命运的罗盘,那么就要接受命运选择的结果。自然哲学家的关于世界本原等超越性问题的回应,并没有让后来深度展开生命意向性的哲学家们满意,他们准确地发现自然哲学家本原论的局限,在毕达哥拉斯、赫拉克利特、巴门尼德等人的引导下,本原论的思维开始转向本体论的沉思。此时,哲学家们开始试图以无限性的方式来回应这种无限性的问题,以超越性的应答来解释超越性的困惑。人类的思维又进入到新的领地,在这个领地同样秉承着原始的命运基因,他仍然没有忘却或者完全放弃那个初衷性的超然问题,这种无限性的追求还在人们思维的头脑中不断地盘旋,从未断了线,但还是以潜在的方式影响着思维的前进方向。慢慢地这种影响越加地明显,人的思维也将慢慢地体验到这种影响的深刻性,但现在还为时尚早。这种超越性的初衷开始将人们思维的显性意向从有限的世界,拉入到无限的本体世界中。此时,人们在这种本体世界尽情地享受着玄思妙想带给人的无限欢乐,就仿如在那无聊的沙漠中,突然发现了一潭清凉万分的水塘,终于有甘甜可口的水喝,还能在那里畅游一番。可是,等人们在那里喝饱了,游够了之后,竟然发现这里除了能够解渴的水源之外,没有任何食物,同样也没有任何生机。当人的思维通过各种无限性的概念来把握世界时,总会发现新的困惑,比如当人们用抽象的"数""努斯""存在"等概念解释世界的源起时,总不免让人疑惑这些"数""努斯""存在"等概念又是哪来的,它们自身的起源又成了根本性的问题,如果它们自身的问题都没有解决,又如何能够有效地回应世界的本原问题。于是,人们就需要设定更为根本、更为抽象的概念来解释先前的概念,以此形成了一个无限追溯的链条,世界的本原性问题,也转变成了无限链条搭建的过程,生命意向性的活动也以这种线性延展的方式不断展开。原来的问题没有解决,又添加了新的问题。世界本原的问题转移到了光源本身的问题。就好像人们只有通过手电筒才能照亮对象、看清对象。但手电筒首先应被照亮,如果它自身都没有被照亮,那人们又如何能够知道那是个手电筒,于是乎还需要一个手电筒,来照亮之前的,以此类推则需要无限的手电筒,也无法照亮那最后的手电筒,就进入到了一种恶无限的序列中,这便是人们本体论沉思的结果。

在本体论世界中,人的思维体现了极大的努力和付出,但是结果并不能令其满意。它没有真正找到它所要的关切的结果。于是,它开始进入到深度的自我反省中。就如同一场本该赢的篮球比赛,结果却出乎意料地输了,于是教练和球员,都回到了休息室,不断地琢磨和反复地观看那场比赛的录像,不断在里面寻找失败的原因和下一次成功的秘诀。人们在经过反复琢磨之后,发现其实从一开始就进入了一个注定失败的怪圈中。原初的目的是要回答世界的超越性难题,但是想着想着就走偏了,变成了要回答本体究竟是什么的问题,“数”“努斯”“存在”等概念本身是什么的问题,从而陷入了一个难以回头、骑虎难下的局面。在此,生命意向性进入到了一个新的世界中,这里有着感性世界同样的丰富内容,就像在梦中也总会梦到现实中的各种惊险、欣喜等,可是梦总要有醒着的时候,一旦醒了,梦就会被发现不是真实的。一旦生命不再能够可延续,那么深入本体论世界中的生命意向性也要逃离这个暂时困住它手脚的世界。在黑格尔那里,生命意向性是典型的生命活动,完全不同于一般的机械运动。生命活动严格遵守着生命运演的基本逻辑,而这个逻辑是内容的逻辑,而非形式的逻辑。人们一般称机械运动为形式运动,因为机械运动只是改变物体的位移、形状等外在的形式,而对于物体本身并没有发生实质性的、超越性的变革,关于这种实质性的、超越性的变革,也容易引起人们的误解,以为这种变革更像是一种“变异”,比如像变魔术一样将一头牛瞬间变成了一只羊,将一粒小麦的种子种下去,结果收获一穗玉米。实质性的、超越性的变革一定是面向生命本身的变革,如果完全割断了生命的延续和显现,即便将一粒小麦的种子种下去,收获了更多的抗病虫害小麦,但也未必是实质性的、超越性的变革。在阐述历史哲学的观点时,黑格尔曾经对中国古代历史持有一种否定消极态度,在他看来中国古代历史更多时候只是封建制度的循环交替运演而已,没有实质上的发展和变革。当然,黑格尔的这一观点值得商榷,存在对中国古代历史的误解。

但这也充分说明关于历史的发展，生命的活动，黑格尔都把它们视为实质性的、超越性的变革。黑格尔也声称自己的思辨逻辑是内容的逻辑。但如果生命意向性仅仅陷入到本体的世界当中，那它就会陷入这种形式的运动当中，完全脱离生命活动的轨迹。它要继续奔波和逃离，他不是现存的生命，它是现实的生命。现实并不等同于现存。黑格尔在法哲学中有句名言："凡是现实的都是合乎理性的，凡是合乎理性的都是现实的。"恩格斯曾经明确指出，黑格尔在这里所讲的现实，绝对不等同于当下现存，而是指运动变化发展的历史过程。正如黑格尔在《小逻辑》中所讲："现实性在其展开过程中就表明为必然性"。现实只有作为一种过程性来理解和把握，那么现实才具有必然性，才能合乎理性。生命意向性是活的现实性的存在，它是不断演进的、不断突破自我，从而成就自身的发展过程。这就决定了生命意向性，决定了人的思维必然要摆脱本体论世界所造成的幻影，真正回归本身的价值追求和意义归宿中。

由此，思维开始由本体论转向实体论。转向并不意味着完全遗忘，由本体论转向实体论，并不是完全否定本体论，包括之前的本原论思维，而是一种拯救，不仅是生命意向性的自我拯救与生成，同样也是对之前思维模式的一种拯救和重塑。也许有人一直认为本体论与实体论没什么根本区别，甚至有些哲学家也在混淆二者的实质差异，将二者完全放到一起进行批判和改造。但二者存在实质性差别，这种差别也说明了生命意向性转向或者发生实质性变革的重要依据。本体论思维仍然没有真正摆脱传统的对象性思维，意向指向仍然以对象的确成性为旨归。或者更形象地说，本体论思维仍然是自私性的思维，是僵化规定的思维。比如"数""努斯""存在"等概念，使得思维总要在这些概念当中来思考如何使得这些概念更加具有这些概念的本体论意义。就像一位兢兢业业的农夫，他一辈子的心血都在琢磨如何能够让他的果树尽量结出更多的果实，他也不管这些果实人们会不会继续喜欢吃，会不会卖不掉，今年结太多产量会不会影响果树的寿命等问题,他只管结果即可。然而,实体论的思维却完全不同,他是在自我牺牲当中成全自身价值的思维。它是从利他中来体验或确证自身生命的意义。它将生命意向性的内涵,毫无保留地展现出来,从而也成了生命意向性自我实现的内在逻辑结构。但是这个实体论的思维,它也离不开本体论思维的承载,如果没有后者的深度体验,绝不会开出实体性的思维逻辑。因为,只有在本体世界中,思维才能深度体会到自我的规定,以及自我规定的局限性,从而为下一步的超越和变革提供充分的积淀。也就是说,当实体性思维有了能够拯救他者的能力,它才能真正做出相应的自我牺牲,如果它还不具备这样的能力,那么自我牺牲也只是空谈而已。只有它对本体概念有了深度规定,它才能知道下一步它何去何从。实体性思维离不开本体论思维,真无限也离不开恶无限的深度体验。所以,在此意义上,人们也经常将实体论和本体论放在一起把握。但严格来讲,二者还是存在根本区别。尤其,在本体论思维生机勃勃的时期,它的吸引力还是很强大的,许多哲学家都倾慕往之,随着这种本体论操持日渐式微,内耗所损,生命意向性也有了退却的苗头。思维开始意识到一种执迷不悟的窘境。本体论开始有些不知所措,开始慌张起来,它自身也感到了生机开始游弱起来,出现了形式运动必然的迹象,一旦将原有的动机和动力消耗掉之后,就将面临停滞的状态,除非能够有其他源源不断的外在供给,但本体论倔强的性格,它是绝对不食嗟来之食的。这种坚毅是值得充分肯定的,但生命可不是靠着一股抽象的精气神活着的,它是现实的生命意向性,它要发生实质性的、超越性的变革。它要转向那些本体论思维曾经看不上的那些对象,一方面要赋予这些对象以鲜活的生机,要真正使其复活起来,另一方面也要解决本体论思维遗留的抽象困境,再次实现生命本身的振奋。因而,一场看似兜圈子的机械运动就展开了,黑格尔也经常使用圆圈这一比喻来形容他思辨逻辑的基本样态,这也只是外在的一种描述而已,可实质上乃是实体性的活动,也是生命意向性的逻辑演绎的活动。实体性思维,经历了本体论的中介,它又开始重新拾起被抛弃的有限世界、感性世界,它从起点开始,又回到那个起点,在这个看似“贪吃蛇”无解的死胡同中,居然又重新燃起生命灿烂的火焰。

实体性的思维正是黑格尔所讲的概念思维,是真正体现了生命意向性自身活动轨迹的思维,是自在自为的逻辑。这一点也是根本不同于本体性的思维方式。在本体论中,最初的阶段也是最为抽象的形而上学阶段,像“数”“努斯”“存在”等概念,人们更多是从抽象概念自身去寻求概念的抽象规定,不过这种玄而又玄的解释始终无法得到人们的普遍认同,只能通过神圣的方式以形象比附的方法展现给世人。但这种方法仍然很有限,因为对于这些不食人间烟火的抽象概念来讲,它们如何影响人们的生活,如何能够在这个世界中安身立命,至少对于普通逻辑来讲无法得到根本的认可。于是,本体论更加需要一些日常经验的知识,来辅证它存在的合理性,使其原本抽象干瘪的身躯更加健康有力。但不管是瘦马还是肥驴,在人们的眼中都是畜类。本体论即便将此前看不上眼的世俗世界重新拾起,可仍然改变不了本体论的实质,仍然没有发生根本性的变革,这恰恰是生命意向性所无法容忍的。因为,本体论思维试图以蛇头吃蛇尾的形式逻辑,来表明自身的生命必然性,来说明这种生机不息的新陈代谢。但很可惜,这种方式只是学到了实体论思维的皮毛,只是形似而神不同。本体论的思维最终的结果只能是渐渐地将自身消解,而不会真正出现新的生机。它始终都没有从实质上摆脱本体论的困境。正如一个原本自私自利的人,突然有一天也学会了助人为乐,但后来才发现,他的助人为乐行为,只是一种假象,是一种能够更好地维持他作为一个骗子规定的新伎俩而已。在本体论思维当中,最为显著的效果就是本体将会越来越加有势力,结构也越加的失衡。就如同一种思维的“癌化”,其他的环节都要受到独一环节的挤压而无法得到机体的合理营养,反而那仅存的营养都被独一环节残暴地吸收掉,结果很快整个生命体便出现了危机,所有的环节都将面临着彻底的消解。因而，在动物世界中，蚂蚁虽然长得小些，但生命力很顽强，它们有个强大的蚁后，这个蚁后不仅要受到工蚁的“服侍”，还要给工蚁们养育后代，它不仅要获取，还懂得付出，这样才能达到生命的平衡。这种方式更贴近于实体性的。如果蚁后只管获取，而没有相应的付出，那么蚂蚁一族恐怕早就在地球上消失殆尽了，所以这种本体论的方式很难持续。本体论的思维总是试图通过压抑其他环节的存在，来满足自身的规定，而且认为这种方式立竿见影，殊不知它也正在蚕食自身生命，这也是贪吃蛇的必然结果。黑格尔曾经在批判封建体制的时候，也讲过这样的道理。“讲到帝制，我们首先要注意到的，就是罗马政府太不实际了，……皇帝是大元老、监察官、执政官、护民官；他把这一切在名义上继续存在的职位，都集中在自己一个人身上，还有那军事权力——这是最重要的权力——也完全操在他一人手上。宪法已经取得了完全不现实的形式，里边已经没有了一切的生机和权利。”[①]封建帝制国王的权力越大，国家的实力反而越加示弱，形成了反比例的规律，这便是本体论思维的先天宿命。为了使得整个生命体获得生生不息的活力，需要一种新的思维模式取代本体论，于是出现了实体论。该思维强调“终点即起点，起点即终点”的逻辑。在起点处就已经做好了牺牲的准备，在终点处就开始为新的生机奠基。正如德语中终结这个词的双关意义，一层表明完结、彻底结束的意思；另一层表明新的开始，又开启了新的生命。以此便种下了实体性生命存在的基因，这也是生命意向性的基因。不过，这也不是终点和起点之间无限往复的循环运动，这个实体性的过程是具有许多中介的进程，如同西游记中唐僧西天取经一般，途中要经历多种坎坷和波折，最终才能取得真经。取得真经并不是最主要的目的，根本的目的是要解经、传经。那么这一路的波折，恰恰为唐僧等人取回真经，并能

① ［德］黑格尔：《历史哲学》，王造时译，上海书店出版社 2006 年版，第 293 页。

恰切地解经、传经奠定了必要的基础。实体性思维这一程就如同取经的过程,它所要经历的每一环节都是一道规定,一个关节,在跨越每一座高山,它都对生命的意义理解得更加深刻,从而生命意向性展现得更加明确,慢慢地将会由潜在变为具有必然逻辑的现实。"终点即起点,起点即终点"也将会以不同于宗教"轮回"思想的逻辑生动地彰显出来。为了能够进一步了解这种实体性的"轮回"逻辑,有必要从开端或起点谈起。在黑格尔那里的逻辑"开端",是一个将生命意向性潜化的设定。正如同生物学中生命的诞生一样,一定要从一个不知如何规定的地方产生一个具体规定的存在者。人们经常将这种情况称之为开端。如果具体规定以前还存有其他规定,那么开端就消解掉或者转移掉了。于是,黑格尔为了使得人们通俗理解,只能将直接性的生命存在隐藏起来,而将其生命的迹象设定为开端。但这个开端更具有种子的意味,虽然从外表上并不能分清它到底是什么的种子,不过从内在的基因中已经注明它的规定了。这便是开端的意义。由此可见,开端之时,恰恰是生命最为饱满的转化阶段。种子的出现,意味着生命完成了一个"轮回",对自身有了深刻的体验,所以称之为饱满,但这次深刻体验却让生命意识到,生命本身就意味着要否定自身,要付出,要有所牺牲。而不能总是固守着原来的生命体,最终形成一个僵化的尸体。因而,与过往的现实规定需要做一个彻底的了断,而这次了断恰恰是为了承继生命的意志,这便是生命意向性的最为直接的表征样式。在自然界,植物直接让它的种子回归到自然的土地,自在生长,不再对其日日夜夜地呵护,以果实的方式,帮助其传播。动物可能要等到自己的幼崽能够学会自己捕猎了,也要放手,让他们自己去开辟领地。人类的家族发展到了一定程度,也要有分家的计划和安排,历经几代原本有血缘关系的一族,也都成了陌生的路人。往往人们所讲的开端,包括黑格尔所设定的那个起点,也是在植物的种子脱离母体,开始在新的土地中生根的那一刻。也是在动物的幼崽学会了捕猎技能,寻找新的同伴开辟新的领地的那一刻，也是人类各族分枝散叶各奔东西的那一刻。

有些时候，时间总有反客为主的本领，总会让人们完全沉浸在开端的那一刻，往往遮掩了开端的来历，使得人们几乎忘却了种子的基因、生命的母体。当然，由于各种社会联系，人们建立了一整套伦理系统。但是，父母对子女的情感和子女对父母的情感，那是完全不一样。在父母的眼中，无论孩子多大一直都是孩子，但是在孩子眼中父母一直变老，老得有些模糊，老得有些陌生，如果不是在外面遇到些挫折，恐怕很难想起父母的温情面容。这就是生命意向性的必然逻辑，这也是开端或起点的冷淡之处。孩子一出生就要吃奶，他不会想到父母是否吃了饭。但父母总要想孩子是否饿了，而不会先想到自己也已经饥肠辘辘。这便是父母的伟大，也是生命的伟大，因为牺牲与付出成就了这样伟大的意义。同时，也可以清晰地看到新生命的潜在性与直接性，他的潜在性在于他还没有成为父母，还没有体验到父母生命存在的价值和意义，也许只有新生命成为父母时，才能体验出相近的感受。不过现在他还是潜在的。他的直接性在于他只需要应付好他自己的眼前局面，而不需要关注其他人或者自己的反思性的判断等，因为他照顾好自己就是现当下他和他的父母最为关键的任务，他只需要处置好、保护好自己的直接利益即可。一旦进入到直接性的存在领域，生命意向性便会头也不抬地直接插入到混沌的感性世界当中，在这里面作为感性意识来表征的生命意向性，将会在不断地模仿、学习、吸收、接纳、妥协中摸爬滚打，尽可能地掌握一切必备的生存知识。如同在原始的阶段，人们和其他动物一样，甚至还要向其他动物来学习。这种直接性的生命意向就像是一只在自然之网中不断搜索猎物的蜘蛛，一方面在织网，另一方面对网的了解更加深刻。当这种意向性完全了解了直接性的内涵，那么这种瞎人摸象的情形便要逐渐消失，因为另一种新的规定出现在人的意识面前，那就是间接性的生命意向性即反思性的意识规定。此时，人们意识到处于感性世界当中，将会是一种随波逐流的样态,毫无任何存在的生命体验。任何物体,不管是无机的还是有机的,都逃脱不了被给予的命运或者说是被注定的命运,即本质决定存在的命运。作为一种高等生命的意向性开始突显出来,此时,人们根本不能忍受自然动物的本能意识,比如像老虎那样,当新的王者占领了旧山林,并凶狠地杀死了雌虎的所有幼崽,结果雌虎也能不计前嫌跟从新的王者,并为其继续生养后代。在人类看来,老虎的存在并不是为了它自己的存在,只是为了自然规律的存在,而它的后代,其实也并非是它的后代,只是自然的后代而已,因而在自然物之中,没有任何的羞涩、悔恨、无奈、喜怒哀乐等的情感体验,所有的一切都是被给予的,那么作为被给予的存在者,只是如同一位旁观者,偶尔体会一下当局者迷旁观者清的感悟,从而生成反思性的意向活动。在这种旁观者的世界中,在这样的被给予的意识中,在这种直接性的生命意向性活动中,人切实地体验到了一种麻痹感、无聊感、虚无感。

世界既然在感性思维中,是那样的无意义,又为何那样辛苦地去旁观这无意义的世界呢?如果这是一场极度没意思的戏剧,那么绝对不会赢得任何观众欣赏的。如果这个世界只是让人们来观瞻一番,而没有人的任何存在体验,那么这个世界又与人有何关系呢?就连古罗马的角斗场,都能让参与者和欣赏者共鸣,共同亲历生死存亡的紧张挑战。如同马克思的观点,如果这个世界是与人无关的世界,那么这个世界就相当于不存在。世界一定是人化了的世界。如果这个世界不能让人们亲身体验到真实的存在感,那么世界本身将会因为缺少这条生机无限的“鲶鱼”,而显得死气沉沉,最终没了生机。于是,人类的意识开始正式在自然中登场,世界意识的中心将会从自然本身转到人本身,由被给予的自然规定慢慢迁移到自然因为受到人的规定而具有生命意义,人成了赋予意义的决定者。他的决定价值将由他能够如何自如地改变自然、改变原初的被给予形态而决定,由此一个间接的生命意向性活动开始绽出。人的意义和价值开始绽出，不过是以对对象世界的改造能力而表现出的这样的主体性能力。此时，主客关系的反映关联也具体地在世界中呈现出来。这个间接的生命意向性活动绝不是单向的，而是双向的。一方面他要使得人的生命意义展现出来；另一方面也要将世界赋予人的生命价值和意义，使其更加鲜活，更加可持续，更加具有生养的能力。此时，人类也开始由原初的打猎捕鱼的生存状态，开始慢慢学会了驯化自然等具有人的生命性征的各种行为，从而来对抗自然的随意散漫性。这种双向关联，也正是马克思主义哲学在实践活动中所强调的主体客体化、客体主体化的最初雏形。然而，随着人的价值和意义的凸显，人类开始慢慢地忘却了生命的本意，只剩下了意向性活动的身影，但是意向性却成了单纯的意向性，成了遮蔽生命指向的意向性，就此生命意向性的活动受到了极大的挑战。这时候主体性的膨胀，使其误以为只要满足或者合乎主体性的严格要求，这便是真理的标准，但这不是生命存在的标准。人们开始生活在完全由自己所创造的影像世界当中，通过发现、掌控世界的本质，来展现人的本质能力。那么，既然都是本质，就很难逃离本质的命运安排。人的本质力量的印证变成了人的本体性思维的确证。关于本体论思维的批判此前已经谈及过，其最为根本的问题就是以本体存在取代了生命存在。本质的生命意向性曾经极力批判直接性的感性意识，认为那里面没有存在的生机。那么在本质的世界，意向性活动创造了一个处处亢奋不已的世界，时间久了，自然而然地发觉这个世界同感性世界一样的索然乏味，它仅是遵守着"打鸡血"的节奏和行为方式，毫无自然生气的显现。一切似乎都显得矫揉造作，刻意为之。人们只是将原来那种无机物的世界改造成了有机物的世界而已，但都不是生命意向性真正显现自身的世界。人类再次体验到了一种压抑感、无聊感，与自身无关的虚无感。具体来讲，是与自身生命价值和意义无关的虚无感。一切生机看起来都要服从于一个从未确切的本体思维，成为人自身所建构的幻觉世界的奴仆。那么，这个世界最终又与人有何瓜葛？它不是为了人的存在而存在，只是为了本体的存在而存在，人再次成为了工具和中介，不是目的和归宿，因为最终结局却是生命的不断萎缩和消解，那如此的世界又有何追求的价值和意义呢？籍此，人类思维开始选择“躺平”，开始慢慢显出抗争的形态，开始谋求生命意向性的真正展现。于是，思维不再以紧张的态度要求世界的规定性存在，他要彻底地放松下来，要给与客观世界更多的自由属性，真正让其能够以纯真原初的形态开出生命之花。不仅仅包括客体世界，就连主体世界也早已厌倦了这种“打鸡血”的强力状态，仿佛进入了一个非人的精神质的世界，毫无成熟理性的温情脉脉与大度宽容，甚至有些时候总让人回忆起或者向往着原始社会的生存世界，至少在那个世界中生着总比死去强得多，可是在这样的本体构建的世界中，偶尔竟倍感活着还不如死去的好，这也是马克思极力批判的异化世界。随着生命启示的不断降临，思维日渐感到在意向性强化的同时，生命却渐渐弱化，生命意向性出现了极大的分裂。为此，思维要重新激发生命意向性的活动，重新恢复被完全否定的直接性存在，当然这种恢复可不是简单的复归，而是自觉地以生命意向性为目的的复归，不是自发的决定，而是自由的选择，是黑格尔意义上的否定之否定。正是在此意义上，生动演绎了“终点即起点，起点即终点”的实体性逻辑。存在论是实体论思维中的存在论，是生命意向性活动中的直接性。

第一节　质的现身:生命意向性最直接抽象的规定

“存在的各个规定都可以用是去指谓。”①生命意向性在实体论逻辑中，在所设定的开端中，进入到直接性的存在论域。在这个论域思维所表

① ［德］黑格尔:《小逻辑》，贺麟译，商务印书馆 1980 年版，第 187 页。

征的最为典型的特点就是生命的潜在性和意向性直接抽象的活动。思维完全放弃了自主的生命判断和选择,它现在所要做的首要任务就是能够切实地体验对象世界的节奏和脉动。“存在的特征是外在性与外在过渡。”①一旦生命的运息被潜藏,那么一切将会直接当下化,不仅包括空间的当下化,就连历史也会被当下化成为机械形式的时间而表现出来,生命的气息已经被抽离开去,力的范畴将会在存在论域中大显身手,结果必然形成一种抽象的东西,质的规定将会在如此抽象的东西中渐渐显现出来。

接下来,就要从黑格尔逻辑学存在论的开端进行生命意向性的演绎。在存在论的开端之处,就具有典型的承上启下的过渡特点。黑格尔采用纯有(纯存在)——纯无——变易的思辨结构,开始生命意向性的逻辑演绎。所谓的纯有即“没有任何进一步的规定。”②也就意味着还处于实体论逻辑的终点阶段,还没有真正地实现转化,在此阶段生命的意向性关照还存在,不过存在的样式却岌岌可危,它特别需要外在于自身的对象能够重新充实原本那个较为固执和僵化的生命体。在此意义上讲,在实体论逻辑终点处的生命意向性只是一位静坐于高山之巅的孤寡老人,除了想要摆脱孤独的抽象的意向性之外,别无他物。纯存在只是个抽象的无,抽象的无就是抽象的意向性,是最为朴素和简单的指向和向往。然而,干巴巴地望着天,又有何用处,那与最初作为纯存在的生命意向性没有任何分别,只不过前者是趋向后者是潜在基因,但实质上二者都是坐而论道、空洞不实的抽象派。此时,潜在的生命气息,发觉它自己的敌人或者说是自身的对立面规定,也就是后来黑格尔所讲的潜在的反思性规定就出现了,那就是抽象性、单纯性,它自身应是现实的存在,于是被设定起来的第一次的否定之否定就实现出来,同样也将生命意向性正式引入到具有质的内涵的规定当中,这便是变易的功劳,或者更加确切地说应是那生命还没

---

① 庄振华:《〈小逻辑〉评注》,上海人民出版社 2023 年版,第 179 页。

② [德]黑格尔:《逻辑学》上卷,杨一之译,商务印书馆 1966 年版,第 69 页。

有彻底遗忘自身时,所遗留下的最后一丁点的历史回忆和贡献,当然就这一点点的历史回忆和贡献就已经足够上演星星之火将要燎原的生命大剧,历史盛宴。从这一点来讲,变易也可称之为最为纯粹的变易,也是生命意向性最为纯粹的一次历史谢幕与终结。就这样一个较为简单纯粹的报幕,意向性就从仰望星空的旷达与博远的玄冥之境,进入了一个繁花似锦的可以直接感受得到的质的世界中。历经了在母体中的纯有(纯存在)——纯无——变易的演绎,生命意向性似乎稀里糊涂地就来到了自在之物的花园中。之所以称为稀里糊涂的样态,因为它从没有做过来到这个世间的思考和判断,也来不及做这样的思考和判断,就“被抛”入到这个花花世界当中,它还处于一种无意识的潜在状态之中,还没有真正睡醒呢?它是无论如何都无法回想得起,究竟是什么样的原因,像古希腊神话所描述的那样,参加一次天上的酒会,喝多了,在回家的路中,一不小心从马车上摔倒了人间,将自己的翅膀和脑子都摔坏了,出现了间歇性的失意,完全忘却了自己怎么就到了这个世界当中。其实关于人被抛入世界,中国古人也有自己的构思,认为也许是由于人在转世之前喝下了孟婆汤,忘掉了先在的一切所以然,结果才以糊里糊涂的样态来到了这个时空中。如此种种的玄思妙想,都无一例外涉及两个核心概念。一个是遗忘或斩断。一个是特定或当下。前者恰恰说明了生命意向性的自我超越和自我实现,是一种向死而生的澄明进程。生命意向性在实体论逻辑中,早已表明自身的绝对态度,如要彻底超越本体论思维,真正实现生命的生息不止,实现自我的价值和意义的充分涌流,唯有在彻底的、实质性的遗忘、变革、断舍离中才能真正实现自我的超越与证成。作为秉承生命意向性意志的思维来讲,它自然而然以直接性的样态,看似稀里糊涂的表征“被抛入”世间。那么它“被抛入”世间干什么呢?它要真切地体验世间存在的真切与实质。世间的人或物如何规定,如何表现自身,直接性的生命意向性,一定要秉承这种直接性的使命,将世间对象全部属性实实在在地、一点不差地反映出来,这样才能真正实现原初生命意向性的超越计划和安排,才能算是从自身中返回到对象世界中,从而充实生命存在的价值和意义。因而,在这种情况下,生命被潜化,那么思维意识将按照对象的自身实在“随波逐流”,自然而然显得极为干瘪、极为形式,仅仅是一些抽象规定的过渡而已,里面好像与思维本身,与生命意向性本身毫无任何瓜葛,但这也正是生命意向性想要在存在论中达到的核心目的。

于是,首个看起来较为有质感,但极为外在干瘪的规定就产生了,这就是定在。“在变易中,与无为一的有及与有为一的无,都只是消逝着的东西。变易由于自身的矛盾而过渡到有与无皆被扬弃于其中的统一。由此所得的结果就是定在[或限有]。”①黑格尔在这里面还专门讲授了传统哲学家们关于“矛盾”理解的不同态度,来说明定在所具有的质感。黑格尔指出传统哲学家,很多都对矛盾持有一种极力反对的态度,比如像芝诺提出运动中存在矛盾,于是直接否定运动的存在。还有些哲学家也可以通过排除矛盾的影响,来恢复命题本身的真值。如当有些人说,夜晚的太阳好晒,白天的月亮好亮,黑色的白板可以画画,白色的黑板可以写字等。人们很容易就能判断出,这些人可能在胡说八道,因为他们说的命题自相矛盾,如果把其中的矛盾彻底排除掉,如夜晚的月亮好亮,白天的太阳好晒,黑板可以写字,白板可以画画等,这样就可以恢复命题本身具有的真理性。但黑格尔认为上述这种矛盾只是形式的自相矛盾而已,不是实质性的矛盾。任何事物只有蕴含实质性的矛盾,才能体现该事物存在的合理性、必然性。黑格尔曾经讲过失败乃是成功之母,好事多磨等事例。这就如同在人类社会历史发展中诞生了职业和专业的概念。例如木匠的职业究竟是如何产生的,它不是从天而降的,更不是变戏法变出来的,而是作为主体的人与作为客体的木头之间,反复打交道,反复实践,反

---

①［德］黑格尔:《小逻辑》,贺麟译,商务印书馆 1980 年版,第 200 页。

复试错，反复矛盾的过程中，不断打造出符合要求的桌椅等家具的过程中，才真正确立下来的。如果没有历史矛盾实践的检验和证明，就绝对不会存在那种让人们感到可靠、可信任的专业或职业，所以现代人很少再有自己亲自动手来打造家具的做法，而是直接找专业的木匠即可，因为他们更加可靠、可信任。因而，现实之所以能够是合乎理性的，根本原因在于现实里面是蕴含着矛盾的，所以现实才表现出一定的“残酷性”。定在是蕴含着矛盾，并体现着矛盾的存在。定在不同于纯存在，它是生命的潜隐，意向性的具体规定，它也不同于纯无，它的目的不是要否定那个最初抽象的生命存在，而是要否定那个纯存在和纯无都具备的抽象性本身，它是切实的具体意向性的决心，它是真正摆脱困境并能够驯化矛盾的，历经了否定之否定之后所得出的，真正让原初的生命意向性可靠、可信任的概念，因为它切实地体现了生命意向性想要放弃原来的样态，真正实现对象性转化、投身他在世界的“被抛入”目的。

“定在或限有是具有一种规定性的存在，而这种规定性，作为直接的或存在着的规定性就是质。定在返回到它自己本身的这种规定性里就是在那里存在着的东西，或某物。”①定在终于在无意识当中实现了生命意向性跨越的第一步，一门心思地扑向了对象本身的存在。对象如何向它反映，它便如实地反映对象的实际，这也是感性意识的重要功能，它将以一个旁观者的体验身份登上思维的舞台，定在开始扛着它独有的摄影机着手记录它所观感的一切，此时它的摄影机里有了具体的内容，它记录着什么样的内容也就决定着它是什么身份的记者。定在因而成为了具有直接质的规定的某物。起初，定在扛着它的摄影机非常敬业地记录着它所看到的每一个画面，不敢有半点的疏忽大意。它一会儿看到花，一会儿看到草，更看到了草地中开满了无数的满天星。定在一会儿是这个，一会儿

① ［德］黑格尔：《小逻辑》，贺麟译，商务印书馆 1980 年版，第 202 页。

又是那个，那它自己究竟是什么，现在它还决定不了。就在此时，它看到了许多蜜蜂飞舞在花丛中，努力地采食花蜜，同时又将一朵花粉，送到另一朵上。定在的被给予的规定开始由非常偶然的随意反映，变得有些条理起来。它由原先只是负责如实反映对象的内容，逐渐变成了如实反映对象的运动关联。摄录的方面更加深刻，更富有内涵。它看到在自然界中，一只豹子追逐一只羚羊，那是再普通不过的现象。那么这只豹子的规定，不是由它长得如何这种简单的外表所决定的，而是由它到底能够跑多快，是否能追赶上羚羊，是真正由它所捕到多少只猎物所决定的。能拍摄到这些自然场景，说明定在成长了，它开始要从某物变成为他物的关切。正如同小孩子在学校里很喜欢给别人起一些小可爱的绰号，这些绰号往往都是根据孩子们本身所具有的直接性特点来规定的，比如长相、脾气、习惯性动作等。可是等孩子们长大成人之后，他们也会送给别人一些雅称，这些雅称可不是简单地从直接性的规定中来，而是从他的对人对物的接与对待的过程中被规定的结果。由此，黑格尔认为："作为质，必须加以区别。但是质，无论在实有的这一种或那一种规定中，都应该被认为是实在和否定。但是在这些规定性中，实有都同样是反思自身的。"①作为定在的实有，一定是作为反思性他物的实有。

具有偶然性随意规定的某物，开始转变为他物。"这种异在既然是质的自身规定，而最初又与质有差别，所以质就是为他存在，亦即定在或某物的扩展。质的存在本身，就其对他物或异在的联系而言，就是自在存在。"②当定在不再随意地被给予，而是有了特定指向的被给予时，定在就转化为了自在存在。此时，定在有了明确的界限，生命意向性也具有确切的活动指向或范围。比如像豹子这种动物，原初的定在只能从简单的外貌来记录该动物的基本特点，可是这种外在的规定，只是偶然的差别，正

① ［德］黑格尔：《逻辑学》上卷，杨一之译，商务印书馆 1966 年版，第 100—101 页。
② ［德］黑格尔：《小逻辑》，贺麟译，商务印书馆 1980 年版，第 203 页。

如古希腊人有时竟然把人定义为两足行走的无毛动物,结果有人就曾将公鸡直接拔掉羽毛看成是与人同类的高等动物,闹出了很多笑话。这就说明关于对象的规定只是停留在某物的阶段,还没有真正指向他物,转化为自在之物的规定。随着观察的深入,定在的质慢慢地成为了自在存在的质。关于豹子的规定也不仅仅局限在偶然的外表,还要深入它的生活习性,它发现豹子总是出没在羚羊进食或迁徙的具有丰茂野草的广阔地带,它总喜欢将吃不完的羚羊,拖到树杈上,这一点也是与其他大型哺乳动物相区别的地方。所以,经验丰富的老猎人一旦发觉树杈上有着羚羊的尸体,大概率会判断附近将有豹子出没,需要格外小心。这种在质的自身出现的差异性外在规定,就如同通过竹子来规定熊猫的独特性一样,使得对象的规定更加具体而又符合必然性的逻辑。定在已经开始由原初只关注某物的各种各样的规定,转到关注自在之物的天性、一般的规定性。在这里,生命意向性也无意识地发生着一种思维前提的变化,在之前的定在中,可以发现丰富的差异性,每一个都不同,花草树木,风雨雷电等,但是在自在存在中,思维发现了直接相关的对立。比如豹子与羚羊,熊猫与竹子等,这便是直接性与反思性的根本不同。也许在这里,人们可能会存在这样的误解,认为存在论不就是直接性的过渡领域吗?怎么会有间接性、反思性的存在呢?如果仅仅从形式上来理解直接性和间接性,那么不论是存在论、本质论,还是概念论都蕴含着直接性和间接性的思维范式。概念在每一个阶段都包含三个不可分割的基本环节:“(a)抽象的或知性〔理智〕的方面,(b)辩证的或否定的理性的方面,(c)思辨的或肯定理性的方面。〔说明〕这三方面并不构成逻辑学的三部分,而是每一逻辑真实体的各环节。”①然而,如果从内容上讲,存在论所强调的直接性,主要是指主体意识还没有觉醒的直接性,是生命意向性将生命意义隐藏,将意向

① [德]黑格尔:《小逻辑》,贺麟译,商务印书馆 1980 年版,第 63 页。

性直接凸显的阶段。在这个阶段,休谟的“不可知论”是无效的。休谟曾经指出,人的认识根本无法获取真理性的客观知识。人的知识都是来源于经验的总结和积累,但经验具有典型的后天性,它都是通过对以前经历的把握而已,然后人们习惯性地用这种经验去盲目地推断将来发生的事情。这种主观性的、自以为是的因果判断,根本不可能得出任何普遍必然性的规律。休谟的质疑在黑格尔所讲的存在论当中,根本没有任何效果,因为在存在论中人的主体性意识是潜藏着的,还没有真正显现出来,意识只是具有直接性的反映阶段,相当于感性的最初阶段。休谟“不可知论”的失效,恰恰说明了,黑格尔究竟是在哪种意义上来谈及直接性内涵的。所以,自在存在也显现出了质的否定性内涵和反思性特征。从此,质就不再是红黄蓝绿等颜色的差异,而形成了黑与白的直接对比,规定也变得更加具体和确切。

由定在到自在存在,生命意向性产生了一次跨越,它使得意向性的指向由原初的偶然性上升到必然性,使得思维认知的光线由散射开始不断聚焦。这一聚焦恰恰为生命的自在样态的出场,自为存在的确立提供了极为重要的前提。意向性在定在阶段,在生命性还未完全显现的时候,它还只是个靠着先天本能来生存的孩子,正如牛羊的幼崽一下生就会站立吃食等,此时它们还根本没有意识到要通过自己觅食来获取自身的营养,这时候父母便显得极为关键。父母能够使得那靠着一点点本能生存的后代,暂时维持了自己的生命。可是,仅仅靠着出生后的那一点本能过活,绝对不够用,它们要学会使用本能,训练本能。父母不仅要喂养孩子,还要训练孩子。同样的道理,定在靠着它那点原初的意向性,根本无法实现生命意向性赋予自身的任务,很快意向性的指向就会枯竭。它要学会识别并寻找到自己的猎物,要能够自己生存下来。于是,自在存在的规定就登场了。现在定在不仅会吃了,还会去寻找它所要的食物,它不再是那个饭来张口,衣来伸手的娃娃,它开始成长为要像成人那样的自在存在。意向性在生命的潜在安排中,它的指向发生着潜移默化的转变,以前只要盯着吃的本能就行,现如今还要将注意力放到会吃、能吃,会吃得到,能吃得到上面。这也是定在从诞生到现在所成长的第一步。如果从历史发展的角度来看,自在存在的形成,可以说是思维意识进步的第一个环节,也具有历史性设定的开端意义。它真正显现了思维意识或者意向性自在地以本能的样式开启筚路蓝缕、披荆斩棘的对象化征服过程。此时,豹子终于知道自己是要捕杀羚羊的,熊猫也是要吃竹子的,它们总算在具体的意向性活动中确立了自身的规定。一旦这种规定确证,那么一场十分残忍的杀戮即将上演。自在存在不断地要求他在满足自身所确定下来的具体规定,只有源源不断的他在,才能够保证自在存在的永恒规定或永久存在。于是,就出现了上文所讲的现象,豹子总会将吃不完的羚羊藏到树杈上。这说明豹子总会担心难以有充足的食物满足其存在的规定,因而它需要不断地捕猎。它总要将"他物"变成自身规定的"某物",然后它又成了自在存在,它还要将新的"他物"变成自身规定的"某物",又成了自在存在,最终进入到了生命危机的"恶无限"。豹子在捕杀羚羊的过程中,不断确证自身存在的本质性,但是这种确证的最终结果,却是本质性的消解,是生命意向性的彻底终结。豹子通过羚羊来确证自身的规定,但是随着这种自在规定的不断强化,豹群越来越庞大,但是羊群却越来越萎缩,一直要到豹群再也找不到一只羚羊的时候,大自然才使得豹子的自在规定,豹子的意向性指向,有了生命的关切,有了自为的理解。恶无限也出现了转机,开始向为了自在生命而自在存在的真无限转化。真无限不仅否定的是以自在存在的反思性规定为特征的恶无限,同样也是否定意向性最初阶段的定在指向,因为它所关注的不是意向性对象,而是生命意向性本身,虽然在此也是在直接性的意义上来讲的,是自然的本能的调节性活动,但它第一次以自然样态,标注了生命性在自然界中的自在存在。曾经在电影《狼图腾》中,就曾鲜明地表征这种自然生命存在的实然样态和必然逻辑。“因此,可以推知,当某物过渡到别物时,只是和它自身在一起罢了。而这种在过渡中、在别物中达到的自我联系,就是真无限。或者从否定方面来看,凡变化之物就是别物,它将成为别物之别物。所以存在作为否定之否定,就恢复了它的肯定性,而成为自为存在。”①在真无限的自然样态中,充分展现了豹子和羚羊的一体规定,如果豹子完全将羚羊视为外在于自身的独特规定,那么羚羊被消除,也将直接消除豹子本身,这也充分显现了对立概念的相互规定性,如果黑与白是一对相反对的范畴,那么它们一定经常会是结伴而行,比如在黑板上要用白色的粉笔写字更加清楚。黑色正是以白色来规定,只是最初的时候,黑色还不自知而已,可当生死临头的时候,它却发觉正是由于自身完全否定了它的规定性,从而导致自身生命的完结,也正是在这个时候它才大梦方醒,真正认识到原来在意向性眼中的某物与他物竟然是一物。海德格尔曾经借用这种自我消解的方式实现自我救赎,来告诫人们传统的本体论思维,基础主义将会最终为整个世界带来何等的生命危机。当然他更多时候还要从向死而生的视角,揭示出生命的在自我牺牲中实现自我救赎的根本路径。不过这两种理解方式,海德格尔是针对不同的思维对象,不同的论证语境所讲的。但共同的指向都是生命的自身救赎与澄明。这与黑格尔所讲的从恶无限中摆脱,达成真无限的主张有着异曲同工的效果。

黑格尔在这里将意向性达成真无限的结果就定义为把握到为自为存在的概念,自为存在并不是思维的一种自觉行为,这点一定要搞清楚。因为在存在论中,还是在直接性当中,还没有摆脱这种被给予的命运阶段,所以还是严格遵循着过渡的基本原则而已。那么这个自为存在与自在存在的根本区别,就在于前者是以直接自然的感知形态,首次拍摄到了生命自然流露的绚丽画面。就仿如人们从一个个干瘪的无机世界,一下子发

① ［德］黑格尔:《小逻辑》,贺麟译,商务印书馆1980年版,第63页。

现了有机生命的迹象一般。伟大的生机是永远也无法遮蔽的。黑格尔也正是在此意义上得出结论:“自为存在是完成了的质。”在自为存在当中,质不但有了具体的指向性,完成了意向性所规定的任务,而且它能够实现自为的生命规定,它完成了生命意向性的任务。能够从直接性的角度把握到自为存在的基本内涵,也就意味着思维作为旁观者,看到了自然中质的规定能够作为生机永续存在的生命,真正确立起来。这种确立不是虚假的,而是历经肯定、否定、否定之否定的矛盾历练的,是能够通过历史不断检验的规定。此时,直接性对立意识开始慢慢转向到矛盾意识。对立乃是相对而生的概念,但并未是一体的概念。黑与白是对立的概念,是相对的规定,并未发生具体的关联,是直接抽象的表征。它不同正和反的规定,后者更加倾向于矛盾内涵,是一体两面的关联,这种矛盾意识能够更加清晰地说明生命在交互关联的规定中一体呈现的普遍必然性。矛盾关系的达成也就意味着,质的规定有了自身的意识和反身关照,当然这里仍然还是在直接性的领域来谈及如此的问题。

“这就是黑格尔的自为存在的概念,即我们现已到达的阶段,并且黑格尔当然引用主观性的‘我’作为范例。因为在他面前主体作为意识具有一定的客体;主体作为意识具有一系列确定的属性,但由于这些原因,主体在下面这种意义上‘复归他自身’:主体不可能与属性相一致;客体和属性通过这同一个人的生命而发生变化。人的主体当然最终自我消亡;自为存在的最高范例是绝对主体并且绝对主体的生命通过外在实在中变化着的整个系列而存在。”①正如查尔斯·泰勒所言,黑格尔的确以“自我”的范例来诠释自为存在的基本样态。但不知这个范例是黑格尔本人提出的,还是后人整理出来的,因为这个范例从形式上看确实能够反映出自为存在所内含的矛盾关联,生命将与反映生命存在的属性形成一

① [加]查尔斯·泰勒:《黑格尔》,张国清,朱进东译,译林出版社 2012 年版,第 334 页。

体两面的矛盾关联。可这种矛盾关联,仍然是一种直接性的矛盾关联,并不同于本质论中矛盾范畴。此时,人的自我意识还没有真正地独立起来,还处于感受性的直接意识当中。因而,黑格尔的这个范例并不十分恰切地说明自为存在的基本概念。尤其,在进一步的阐释中,黑格尔更加明确了自为存在就是"一"本身,恰恰明确了自为存在的直接性内涵。"在自为之有中,有与规定性或否定之间的区别,便建立了,并且均等了。"①当人们一想到黑,白就立马跟着出场;当人们一想到豹子,羚羊就跟着出场;当人们一想到熊猫,竹子就立马跟着出场。如果人们将这些具体对象都抽象出去,就像马克思在《资本论》中所谈及的抽象劳动的样式,那么我们将会直接地把握到自为存在作为"一"的规定而存在的基本样态。如果以哲学史中的概念来把握的话,作为"一"的自为存在更为贴近于连续性与分割性之间(在量的界域,黑格尔还会提到连续性与分离性之间的关联,用以表述纯量的基本样态。这里提前用到这两个范畴,只是想要描述作为"一"的自为存在,从形式上看所具有一般形态,更多体现为一种直接的空间形态。同时,在此也能够看出量的必然出场,早就有相应的预兆)的关联,连续性恰恰因为分割而具有普遍的连续性,分割性也恰恰因为连续而具有普遍的分割性。在"一"中,生命意向性以最为抽象直接的方式来表述自为存在"一"的规定,以为内容性的关照都被潜化起来,都成了无关紧要的同质性存在,这就如同我们之前关于定在的论述一般。当婴儿刚出生的时候,他只关注一件事就是按照生存本能的方式自然吮吸,他可不关注吮吸的对象究竟是什么,虽然作为父母也不会将其他的东西随便给婴儿吃,但是这不是婴儿所关注的问题,他只负责吮吸,所以人们经常看到婴儿总是把各种东西都放到嘴里吃,在他的眼中除了好吃与不好吃之外,没有其他任何分别。对于此时的自为存在也一样,生命意向

① [德]黑格尔:《逻辑学》上卷,杨一之译,商务印书馆 1966 年版,第 158 页。

性的关注点,不在于任何一个对象本身,至于自我本身更不能成为直接关注的对象了,所以黑格尔以自我为范例来诠释自为存在的概念不太合理,仅仅能够在形式上说明问题。黑格尔本人是反对经常以事例的方式来诠释哲学概念的,事例总是有特定局限的,容易误导人的思维意向。可他自己却总喜欢举例子来说明概念的价值和意义,可见这位哲学家也希望更多的人能够读懂他的哲学,喜欢他的哲学。

当生命意向性第一次把握到了自为存在的概念时,它是那样的欣喜若狂,它不想有任何其他的内容掺杂进来,从而影响它的思绪,虽然它没有办法阻止,任何对象的涌入,但它可以选择无视。这种无视绝不是故意为之,而是潜在地无意识的无视,就如同婴儿对外在对象的具体规定一般。意向性仅仅盯着自为存在的形式化范畴,一切的其他内容仿佛如同微风袭来,日月轮转一般,顺其自然地在意识中做着无关紧要的习惯性运动而已。于是,自为存在就成了这种将连续性与分割性统一起来的“一”。连续性与分割性还仅仅是空间中的范畴,具有一定的局限性,还没有上升到时间性的领域。于是,这种抽象的单纯的“一”,远没有达到生命意向性的任务指向。如果婴儿仅仅会吮吸,按照先天的基本生存本能来过活,那么他很快就会遇到危机。他需要更多成长,需要一种能够自动寻找和获取食物的能力。这种能力或者通过父母的教导来培养起来,或者通过外在的训练逐渐塑造起来,至于怎样达成,这不是自为存在此时所关心的问题,他所关注的是能否具备这种能力。这个阶段与自在存在的阶段是根本不同的,自在存在是要直接投向它所关注的对象,因为他在才是自在存在的根本规定,他饿了他想要直接找到他所能吃的对象,吃掉对象。但在自为存在阶段,却完全不一样,对象就在他面前,他与对象完全一体,他存在,对象也存在,他已经不再担心对象在哪里,如何能够找到的问题,他需要关心的是对象就在那里,如何将对象放到自己嘴里的问题。一只成年的豹子,它已经不再考虑吃什么,去哪捕猎的问题,它需要考虑的是如何能够提升自身的速度,从而更有能力捕到羚羊。因而,哺乳动物都要教自己的孩子学会捕猎,故意抓到一些小动物,然后将它们故意放开,让自己的孩子去练习捕猎的技能,这是一种典型的能力训练,而且大自然天性赋予每一个动物打闹的习惯,不管是与父母,还是与同类,这都是最为简单直接的能力培养。于是,自为存在自身便演化出了第一个能力,作为外在规定自身的"斥力"。这是自为存在对自身的首次否定,也是首次要通过外在的能力来规定自身的试图。生命意向性也开始从空间中连续性与分割性的统一,进展到了具有否定意义的"斥力"身上。"斥力"既是物理学意义上的力的概念,因为在这里仍然还处于直接性的领域,还在以被给予的方式,直观着存在的演生。"斥力"也是个典型的时间性概念,它开始蕴含运动的基本形式。时间在物理学意义上,可以说是一段距离中运动从开始到结束的过程。"斥力"的意向性有两个极点,一个是自为存在,一个便是自为存在的否定性规定,从而促成时间概念的诞生。而在自在存在当中,在他在的规定中,仍然还不是时空性的存在,因为他在还没有真正建立起两点的空间规定和从一点到另一点的时间进程,他在还始终处于一种开放的直接性状态中。"斥力"既不同于自在存在的直接开放性,同样也不同于抽象的自为存在阶段,它开始摆脱这种两点一同呈现的空间性,而进入到了从一点追求另一点的时间性。当然这种时间性也是十分抽象的,意向性还没有将注意力集中在对象身上,只是集中在基本的否定能力上。从此,"一"就有了"多"的规定。

豹子的幼崽在母豹的教导下,开始具有了自己独立捕猎的能力,这种能力需要不断地被外在的对象所证实。正如在自在存在向自为存在转化的阶段一样,豹群的强大,需要更多羚羊的存在得以确证才行。同样,"斥力"的绝对规定要求具有更多的外在否定加以规定才行。这时作为自为存在的"一"慢慢转化为"多"。黑格尔在这里所谈及的"一"和"多"的关系,绝不是量的层面来讲的"一个""两个""多个"的含义。此时还完全没有真正到达量的领域。如果以更加明确的规定来诠释这时的“一”和“多”的关系，莫不如以“空间性”和“时间性”的关系来比拟也许更加贴切些。“多”只是要通过外在性的自身否定来实现“一”的生命意向性的根本任务。婴儿刚出生就已经会自动地吮吸，并且将乳汁作为自身规定的对象，二者直接便确立的一种原初的关联，乳汁就是婴儿的食物，婴儿所要吃的食物就是乳汁，二者完全是一体两面的矛盾关系。就是在这种关系当中，婴儿渐渐形成了“多”的生命意向性，他会自然而然地将能够获取更多鲜美乳汁作为自身明证的根本意向。因为，靠着天然流淌出来的乳汁，是根本无法填饱肚子的，就像是仅仅靠着父母的喂养，始终也无法长大一样，他要学会努力地吮吸，要具备一种积极的能力才行，如此“斥力”的规定才会产生出来，而“一”也就成了“多”。俗话说：“早起的鸟儿才有食吃。”自为存在开始体验到了一种奔波劳碌的命运，它开始意识到，这块土地不再是那种继续流淌着蜜和奶的地方，地表上的蜜和奶，早已经被吃光了，它需要靠自己的双手去挖掘深埋在土壤中的美味佳肴。可见，在此意义上讲，“多”更像是“合久必分，分久必合”中所讲到的“分”的内涵。它完全是对原初自为存在的那种幼稚而又单纯的生命意向性状态的根本否定，它是通过排斥的方式展现出来。也许刚开始的时候，这种排斥和分异的状态还是能够维持下来，但是到了一定程度，自为存在慢慢发现这种斥力居然无法长久地持续下去。越加挖掘地下的资源，土地将会越加的贫瘠，越加贫瘠的土地，生长出来的生命，也越加地干瘪。此时，自为存在似乎体验到了一种息息相关的生命经验。越是在否定性中徘徊，反而不是澄明自身存在的价值，却是在不断地瓦解生命意向性本身。思维意识到否定性的意向否定的不是看起来不断给自身设定障碍的对象世界，而否定的是自己生命存在。于是，这种通过斥力来实现的“多”，即将转化为通过引力来表现的“一”。

历经斥力的时间考验，自为存在有了更加深度的实践体验，它重新实现了否定之否定的逻辑转换，从单纯否定的斥力，变成了更加宽容的引力，实现了自身历史性的变革。此前在论述形式运动与生命运动的根本区别时，曾讲过后者乃是一种实质性的变革。无论对于原初的自为存在来讲，还是作为否定性斥力的自为存在来说，都是抽象的自为存在，就如同纯存在和纯无的同等意义一般。原初的自为存在满足于原始的生态而不进取，对于这种直接的对象性没有直接的关涉，而作为斥力所表征的自为存在，虽然有了进取心，但它所关注的也不是具体的对象性指向，而只是它自己本身，它只是顾及着能否真正在这块土地中，再次发现流淌着蜜和奶的地方，而从不思考这个地方如何能够存在，或者这个地方也是自己的家乡，如何能够让自己的家乡充满活力，更富有生机如此的问题。可见，前两者都没有真正将对象性放到自身中去考虑，而是将对象性规定视为一种应然而又必然的存在方式，从不予以考虑。但不去考虑究竟会吃下漠视的后果，由此自然地报复，匮乏的生命体验将会一股脑地袭来，使得自为存在不得不重新将生命意向性的指向进行彻底的迁移，迁移到一直都被完全忽略的对象性本身，从此一种将对象性关系放到自为存在中考虑的历史性的“一”就诞生了，原初的“一”和“多”都有了实质性的进步和发展。这种历史性的“一”，不单单是相对于自为存在来讲的历史性变革，同样也是相对于纯存在、定在来讲的实质性变革，是一次真正地将意向性投入到对象本身的变革。此前的意向性从没有对对象给予重点关注，只是在纪录片中处于辅位的角色。就如同动物世界中，当人们拍摄豹子的生活习惯时，羚羊总是以辅位的身份在摄影机中显现出来。然而，当自为存在由“斥力”的意向性转变为“引力”的关注，情况发生了根本性的转变，原来辅位的角色，此时要成为主角。这也正是由直接的自为存在到否定的“斥力”再到否定之否定的“引力”，所发生的空间性到时间性再到历史性的根本变革。于是，量的概念开始登场。

第二节　量的规定:生命意向性最直接外在的规定

进入到量的世界,生命才在真正意义上进入到了一个直接的外在世界当中。在此前的概念中,虽然也涉及对象本身,但是生命意向性绝没有真正将对象、将其视为一个可以正视的存在来对待。在纯存在与纯无当中,对象性还没有出现,它只是单纯的一种趋向,只有在变易当中,对象才探出头来。不过,这种探出极为短暂和轻描。意向性首次接触到了对象的规定,而规定只是极为模糊的,不可持久的偶然性的规定而已,于是沉浸在这种偶然性的求索中,突然从恶无限中超拔出来,看到了真无限的存在,同时也第一次发现了自身普遍必然的规定。可见,从定在到自为存在的过程,都是意向性在发现自身,定义自身的过程。自为存在使得生命意向性出场,因为意向性开始意识到自身的基本规定,并能够与这个基本规定牢固地绑在一起。可是即便在自为存在当中,生命意向性也并未完全赋予对象以足够的客观化重视。在自为存在中,生命意向性明知对象与其固有的关联,它开始在这种固有的关联中任性撒泼。它以为只要它自身有足够的能力,它就能够将对象完全掌控在自己的范围内,而且它的能力越大就越能够实现自身的生命规定,展现自为存在应有的权力。如果这里面要是存在主客意识的分野,那么一切都以主观意识为主导,当然这也只是为了理解起见,才如此地比附。因为主客意识在存在论中还远没有觉醒。但是,这时候作为直接表征的生命意向性,已经开始发觉不是自己决定了自己的存在,而是自在与他在的共在,才能决定自身的生命存在。由此,一场以意向对象为核心的意向性活动开始上演。这种历经空间性——时间性——历史性的自为存在,它的否定之否定的意义不仅仅在于实现了自我的丰满,更主要的是实现了生命意向性的根本性转变。将注意力真正开始集中在外在对象的规定上,它现在完全意识到外在对象决定了它自身能否长久地存在下去,这是一场由质向量的根本过渡。这种实现历史性变革的自为存在,也确实实现了由单纯的质的关注立场,向量的关注立场的根本迁移。这也算是人类思维重大的历史革命。

其实关于量的理解最大的难题在于,真正做到从直接性的维度去把握量的概念。“量是纯粹的存在,不过这种纯粹存在的规定性不再被认作与存在本身相同一,而是被认作扬弃了的或无关轻重的。”①“我们观察事物首先从质的观点去看,而质就是我们认为与事物的存在相同一的规定性。如果我们进一步去观察量,我们立刻就会得到一个中立的外在的规定性的观念。按照这个观念,一物虽然在量的方面有了变化,变成了更大或更小,但此物却仍然保持其原有的存在。”②从这两段的论述中,可以清晰地看到,所谓的量就是质的中立的外在规定。那么如何理解这个质的中立的外在规定呢?首先,需要从生命意向的直接性关切入手。在存在论域中,作为生命的意向性总是具有一种“事不关己高高挂起”的基本态度,它是作为一个旁观者而登场的,这是生命意向性进入“轮回”的基本前提,之前已经论证分析过相关的问题。那么,在这场旁观者的盛宴中,生命意向性就如同一位摄影师,它将会按照感性直观的意识方式,来实实在在地记录下,它所能够观感到的一切存在。可这一工作并非出自于它自己的本性,那只是一项为了自己直接生存下来的简单职业而已,可它真正的兴趣指向或者它真正所要干的一项事业,还没有个着落。这就像一位心不在焉的小学生,在课堂上听课的状态。他的人是在场的,他的耳朵也是在场的,这就已经向老师表示他是一位在课堂里听课的合格的小学生。不过,他究竟听到了什么,对他来讲是不重要的,因为他根本不

① ［德］黑格尔:《小逻辑》,贺麟译,商务印书馆 1980 年版,第 218 页。
② ［德］黑格尔:《小逻辑》,贺麟译,商务印书馆 1980 年版,第 217—218 页。

在乎老师讲些什么，这些东西跟他一点关系都没有，此时老师所讲授的知识，在他的耳朵里都成了一个个简单的音符，就像外面的汽车噪音或者像他睡眠前听的助眠音乐，没有实质差别，只是外在形式的不同，或者声音大些或者小些，或者有的声调较为有些节奏感，或者有些较为杂乱无章，不过都没关系，目前来看，他都能听得下去，就当是耳朵的一次不情愿的外出旅行，只要不发生太大的变故，那么这一次的旅行和上一次以及将来的某一次都不会有什么两样，麻木和无聊是最能体现这种无所考量的直接性态度。在这种态度的关切下，对象一定都成了同质性的存在，就如同耳朵对于声音的理解一样，因而也就成了黑格尔所讲的中立的规定，成为了一个没有任何价值和意义的麻木而又无聊的规定。其次，即便是麻木而又无聊的规定那也是规定。那个心不在焉的小学生，虽然听不懂，也没有心思听老师究竟在讲些什么，但是他一定能够听到每一个声响，并且能够直接地区别开每一个声音的大小高低等。这就是量的对象性的规定。这又回到自为存在向量的范畴转化的那个阶段。这次转化的意义非常重要，生命意向性不再像以前那样漠视对象的存在，在拍摄记录时总将对象，放到意向性的左边，以起到辅佐的功能，但这次它要把对象放到右边，放到主位上。那位心不在焉的小学生，不管你如何的心不在焉，都会听到老师在讲课，而不会像耳聋一样，一点声音都没听到。不管你如何的心不在焉，都会感受到声音强弱高低的变化。不管你如何的心不在焉，都能体验到节奏与非节奏的基本差别。量的出现的确是一个向生命意向性正式宣告到场的洪亮声响。它要向生命意向性表明自身是一个绝不能被忽略，即便生命意向性经常会有所忽略的重要规定。基于这两个解释维度，我们才能够真正把握黑格尔所讲量就是质的中立的外在规定的基本内涵。

在量的界域中，第一个范畴就是纯量的概念。“假如要求更明确的纯量的例子，那么，空间和时间，以及一般的物质、光等等，甚至自我都是；

只要如前面说过的,所指的量不是定量。"[①]黑格尔曾经多次试图将纯量的概念说得更加明确,但是仍然很难,从这段话语中就可以发现,一旦我们试图对存量进行具体的规定,很容易就成了定量。就像在纯存在中,如果用具体的事例来比喻纯存在的概念,一下子它就变成了定在或者自在存在。关于纯量的把握也需要一定的思辨力。就如同在把握纯存在时一样,千万不能从纯存在本身出发将其完全视为一个没有经过实体性"轮回"的原初概念,那么将会永远无法理解纯存在的纯粹性。纯粹性乃是一种潜在性,它只是将一些逻辑隐匿起来,当然最初这种隐匿还是无意识的,不是故意为之。我们只有将这种隐匿的内涵挖掘出来,但不是要将其添加到存在的概念上,只是要理解它所从出的基因或命运。就像我们在识别一堆种子一样,如果仅仅从外表来看,根本无法区别哪个是白菜的种子,哪个是萝卜的种子,这时候我们需要从种子的内在潜化的基因中去挖掘,当然这种挖掘绝不是意味着这粒种子就成了白菜,就成了萝卜,有这种基因只能意味着它的命运和目的,但至于能够实现这种命运,如何实现这种命运,还需要进一步的规定,这就进入到定在或者定量的视野里。因而,在阐述黑格尔纯量的内涵时,需要挖掘一下它的内在基因,需要追溯一下它究竟从哪里来,又要到哪里去的一般规定。

纯量的概念虽然是从历史形态的自为存在中演化过来,但是如果从形式上来把握的话,它则更接近于作为时空形态来理解的自为存在,也就是刚刚从那个自在存在的恶无限中超拔出来的真无限的自为存在。在这里面它体现了生命意向性的最为直接而又简单的空间关联。在此关联中,连续性与分离性同时在场,而且二者之间并没有任何可以展开的关联,二者将如同现象学所讲的一体两面的性质一样地呈现出来,比如当我们看到桌子的一个正面时,我们一定可以猜到桌子还有一个反面的规定。

① [德]黑格尔:《逻辑学》上卷,杨一之译,商务印书馆 1966 年版,第 197 页。

那么为什么会有如此的判断，不需要直观地看，就一下子能够断定出正确的结论。因为正面的规定正是反面，反面的规定也正是正面。就如同我们一想到豹子肯定就会想羚羊，一想到熊猫就想到竹子一样。这种关于对象的本身的规定也正是规定本身。意识一定是关于对象的意识，对象一定是被意识到的对象。那么对于蔬菜种子的规定也是一样，只要是白菜的种子就一定要和白菜直接关联起来，它可不管这粒种子能否真正长成白菜，生物学将这种最直接的样态，称为基因。它看起来是潜在的，但却是最为抽象直接的现实。就如同刚出生的动物幼崽，它一出生就会吮吸，一旦吮吸就有美味的乳汁流入到它的口中，那么在这样的阶段，绝不会出现吮吸与乳汁之间的否定关联，而是最为直接的肯定关系，因为吮吸就代表着乳汁，乳汁也直接代表着吮吸的过程。此时，没有任何人能够怀疑二者之间的一一对应的关联，更不可能预料到后面还会出现一些对立、矛盾的交互影响。因而，有人也将这种直接的一一对应的关联称之为是一种“理想性”。“在‘自为存在’即‘真正的无限’中，已经有‘理想性’的特性，所谓‘理想性’，是与第 91 节所说的‘现实性’相对待的。有限的东西（‘定在’）都具有‘现实性’，对有限的东西，‘最初’只有正面地、肯定地去说它‘是此’；但进一步来看，有限的东西却同时是‘非彼’，因而是要被扬弃的，而‘自为存在’就是对‘定在’的扬弃。所以，有限事物本身不是真理，它的‘真理’在于把否定性包含在自身内的统一性之中，这种包含否定性的统一性就是‘理想性’。也可以说，否定性就是有限事物的‘理想性’。同样，把无限和有限‘并列’，则这种无限也只是一种非真实的东西，一种理想性的东西。”①包括黑格尔本人也曾通过“理想性”的事例来解读这种纯粹的直接关联，但是中文语境中的“理想性”与西语语境中的“理想性”概念有些不同。中文语境中的“理想性”总要与“现实性”

① 张世英：《黑格尔〈小逻辑〉绎注》，吉林人民出版社 1982 年版，第 256 页。

相对来理解,才好把握其具体的意义。但是这种解读直接就将“理想性”划归到“定在”的语境中去理解,结果“理想性”一下子就变成了最为空洞的“现实性”,结果又成了“定在”。这种方式很难清晰地把握黑格尔所讲的纯粹概念。纯粹概念不是没有任何内涵的形式概念,只是它的内涵通过直接的关联表征出来。例如吮吸和乳汁的直接关联,对于刚刚出生的幼崽来讲,吮吸就直接表征乳汁,乳汁也直接表征吮吸。但这种直接性不一定完全等同于理想性,因为它不是空洞的现实性,它也不是一种不可实现的理想状态,它只是最为直接的现实性。然而,随着幼崽不断成长,它慢慢发现吮吸并不意味着一定有乳汁的到来。生命意向性开始有了自身否定的意识,它要将目光投向于外,它要把乳汁当作一个外在的对象来把握,而不是直接的规定来理解。此时,纯存在就要转变为定在,纯量也要变为定量。纯存在、纯量就开始有了具体的可以拿捏的丰富规定了。黑格尔也常用一些命题来例举这种规定的关联。比如在分析判断中最能体现这种直接关联、纯粹的关系,当我们说圆桌是圆形的,这就是典型的直接关联,圆桌和圆形是完全一体的,有圆桌就一定有圆形,这根本不同于我们一般所讲的理想性概念。当我们讲这个圆桌上面放了许多书时,这个圆桌就有了具体的规定,它就成了书桌。因为,对桌子来讲书是一个外在的规定,是一个否定性的存在。这个否定性的存在将会使得原本直接透明的桌子概念变得更加有内容,更加具体,更加可以拿捏把握,可以更为深刻地体现出桌子的能力和现实。正如一个人的手臂究竟有多大力量,这不是手臂本身有多粗能直接说明清楚的,它需要通过它所提起来的重物进行规定才行。在提重物的过程中,手臂的自我确证将会更加真实可靠,更具有说服力,让人信服。这正是综合判断存在的重要意义。自说自话总不是合适的办法。这也是生命意向性实现自身生命指向的必然选择。生命总不能老待在自己的襁褓中,坐吃山空,它需要跳出来跑到那看似躁乱的世间,来汲取继续存在下去的能量源泉。于是,它亲手切断了与过往的一切关联开始投向新的对象世界当中。这时就出现了一种割断，一种不同于分析命题的综合判断。开始从圆形是圆形的同语反复，向圆形是在一个平面内，一动点以一定点为中心，以一定长度为距离旋转一周所形成的封闭曲线。这时人们关于圆的规定才有了较为满意的答案，因为它得到了它的生命意向性所要的规定，比如无论在任何时候，只要在一个平面内，一动点以一定点为中心，以一定长度为距离旋转一周，那得到的肯定是圆。就不再像圆形是圆形的定义那样干瘪无意义。此时，圆的概念有相关对象的承载，那么它就可以直接进行内在的有机的新陈代谢，而不会失去生命意向性的指向。同时，这也正是人们普遍追求综合判断规定的最根本的价值和意义所在。

通过这样的比照，我们就能够较好地把握纯量概念的基本形态。它是一个直接而又单纯的范畴，还没有被外在的对象所沾染，或者说它还没有将自身的生命意向性投向于外。在其自身当中肯定性和否定性的东西，都是以一一对应的关系表征出来。那么在纯量当中，这种肯定性和否定性的东西都是什么呢？这需要到历史性的自为存在中去探寻。在自为存在中是通过"一"和"多"的关联，来达成质的内在统一，是一种转向直接对象本身的一次重要变革。此时的"一"和"多"，在经历了历史性的生命演绎之后，就不再是一种原初的单纯力的展现，而成为了一种带有质感的"一"和"多"的统一。这种统一使得原初作为质来存在的"点"（"点"也是质量过渡的关键范畴），开始渐渐演变成一条"线"。"1. 点是没有部分的东西。2. 线是没有宽的长。3. 线之端是点。4. 直线是其上均匀放置着点的线。"①在欧几里得看来，所谓的点正是无量有质的存在。也就是说，对于点来讲，它只是个规定，但关于它是什么的规定，怎么展现它的规定，并没有做出更加明晰的划分。作为"点"的生命意向性任务就是要在

① ［古希腊］欧几里得：《几何原本》，张卜天译，商务印书馆 2020 年版，第 1 页。

一篇透明无痕的画卷上留下一丝印痕,就是想要向那无声的世界中宣告它的到来,除此而外,它一概不做。于是,那画卷上便有了一目了然的笔触,一下子就让人们看到这是一幅即将写绘的生动图景。因而,很难用确切的限定来规定“点”的存在,因为它只是规定本身。然而,纯量不同于“点”,它更像是一种关于线的规定,因为它有质感,而且这种质感是能够直接展开的。点只是没有展开的质感,因为关于展开的功能,并不是直接性规定所要达到的意向性任务。但是,“线”与“点”不同,它是均匀放置着点的线。它将点的展开作为自身直接存在的生命意向性任务。它不是将它的意向性放在规定本身,而是放在了点上,放在了质的展开上。于是,点便发展成为了线(这里面所使用的关于点和线的解释方式,只是一种比附的方式,是为了能够使得人们更加可视化地理解纯量概念的基本样态和它的生命意向性关切而已)。在此样态中,思维清晰地记录了由点到线,由自为存在到线的基本进程。纯量是与点的关切和展开、与质的关切和展开直接一体的存在。于是,可以把握到存量的根本特点即连续性和分离性相统一。连续性主要是指直接的生命意向性与外在否定的对象规定是一体的,分离性是指生命意向性开始将重心由自身的规定转移到对象性的规定中,它是一个外在性的思维存在。连续性和分离性就是在这样意向指向中,达成自身的直接规定。这与欧几里得所讲的线的存在形态很相近。线是均匀放置着点的线,说明在线上存在的都是直接意向性态度所关切的对象,是其中一个点存在同时也意味着其他点都存在的分割而又连续的线。这就好比,起初豹子总是以为只要能够发挥自己最大的潜力去捕猎,就一定能够维持豹子一族的生息存在,但结果它发现,它越是努力捕猎,它们能够捕到的羚羊就越少,结果它们的数量也随之不断减少。于是,它们将注意力便从自身转移到羚羊身上,转移到自身的否定的方面,这就是历史性自为存在的生命意向性的转向,在这个转向中豹子开始认识到它与羚羊本是一体性的存在,只不过这种一体性要通过辩证的方式表现出来，就如同波动曲线的运动关联。此时，自为存在转变为了纯量的关联。当豹子捕猎能力极大提升，豹群不断强大时，羚羊的种群数量将会急剧下降，但随之豹群数量也开始急剧下滑，豹群意识到羚羊与豹群是一体的规定，这就是二者谁也离不开谁的连续性关联，羚羊已经完全成为豹群的规定。此时，豹群必须要学会放弃，学会克制，不能无节制地去捕杀羚羊，它需要像呵护自身一样去保护自己领地的羚羊，不让其他猎手靠近，要恢复羚羊本身的规定，而不再是豹子口中猎物的规定。于是，豹子与羚羊之间又出现了相应的段隔，这便是分离性。而在纯量的范畴中，这种波动曲线的规律是直接存在的，是以平面的样式表现出来的，也就是连续性和分离性是一同出场的。然而，即便如此，豹子还是难以保证羚羊的种群不断增加。因为，不仅豹子要以羚羊为食，其他大型的动物如狮子、老虎等也要捕杀羚羊，同时羚羊自身内部也经常发生一些冲突，使其不断减少，并且豹子的种群也经常受到内外因素的干扰，从而潜移默化地影响羚羊种群的变化。为了能够进一步解决在纯量范围内所遇到的各种风险，当然这些风险的出现，也恰恰说明纯量的概念，并不是生命意向性所要指向的最终概念，它也只不过是概念发展中的必要环节而已。这种波动曲线的延展，还只局限在一定的范围内才有一定的效果。如果放到更大界域中，很可能就失去效用。就如同牛顿万有引力的观念，如果放到外太空恐怕就需要用相对论的观念替代。于是，生命意向性就从纯量直接转向关注对象本身延展的定量。

定量就是纯量发展到了定在的阶段，就是关于量的具体规定，有限度的量。此时，生命意向性的活动进入到了一个更加富有活力的阶段。在此时，生命意向性不再像以前豹子一样的通过捕猎过活，它开始寻求通过放牧的方式来维持自身的生命存在。也就说生命意向性看到了另一番不同的先进文明，这也是人类思维的又一大进步。此前人们只能到处通过追捕猎物，像其他动物一样在自然中四处奔波，而且总要按照严格的自然规律而生存。眼下有了不一样的改观,虽然仍要按照自然的属性来生存,不过这次是将猎物放到与自己更近的地方,完全能够直接观察得到的地方,放到一个没有别的天敌,只有为生命意向性自身所规定的地方。生命意向性也从未有过,像眼前这么真实地贴近对象,饲养对象,放牧的阶段来临了。放牧就是将对象放到生命意向性跟前进行看护和规定的过程,正是定量开启的规定性过程。定量不同于纯量阶段,时时刻刻都要历经直接的波动规律控制。它迈出了以自然方式摆脱直接规律限定的一步(这一步正是本质论中所要实现的,这里只是为了能够更加清晰描述定量,才形象化地借用了反思性逻辑)。它只需要将羊群看护好,使它们远离其他的猛兽,并且为它们寻求丰沃的草场和水源地,不要将刚出生的小羊羔肆意宰杀,也要好好地保护带崽的母羊。然而,这些基本原则在之前的自然关联中,都是颠覆性的。在自然中,豹子总是会向那些老弱病残的对象下手,以此能够保证捕猎成功的几率,但现在已经完全变了。在放牧的过程中,生命意向性最初对于羊群的基本规定就是只要让羊群吃到丰美的水草,那么羊群就一定能够持续地存在,同样也能够满足生命意向性的所需所求,当然此时生命意向性并没有将羊群视为同主体对应的客体性存在,因为此时还处于直接性的存在界域,在生命意向性眼中,羊群仍是一个个同质性的存在者而已。于是,数的概念便出现了。数就相当于还没有真正转化为自在存在的定在范畴。在数中,生命意向性终于感受到了羊群的最初规定,当然并非是必然规定,这种规定是很偶然的存在。它既不同于纯量的直接性共在,就像是桌子的正反面那样,也不同于后面所将要演绎的程度那样的历史性规定。此时,生命意向性第一次看到了羊群是与水草的规定相对应的,即便这种观察和记录,还是十分幼稚的想法,但正是这种幼稚的想法,将要开启一个新的意向性旅程。不过,很快残酷的现实就将立马打破生命意向性关于羊群的最初规定,也就是关于数的基本认识。因为,每当生命意向性将羊群赶到水草肥美的地方,总会发现在那里不仅会有羊群的出现，同时还经常会有大型的猛兽出没，它们也要饮水和捕猎，此时便出现了这样的困境，将羊群赶到水草肥美的地方并不一定能够使得羊群更加壮大，反而会招惹到更多的危机。这时生命意向性关于数的单纯理解，就渐渐演变为关于自在之数的理解。羊群不单单等于水草的丰美，还要防止各种野兽的偷食，还要注意天气的变化等，数渐渐具有了数目的内涵，具有自在存在的内涵。"一"仅仅作为单纯的"一"来把握，它也就代表了数的全部内涵，但如果出现的"二"，那么恐怕它就无法完全能够说明数的全部意义，它就成了一个数目而已，也就是说，它只是数本身的一个很偶然的规定而已，如同盲人摸象一般，它的意向性还处于"瞎"的阶段，完全没有看到数本身是什么。只是最原初的时候，当还没有其他规定现身的时候，它在直接性意识中看到了数的最初模型即定量的概念。

一旦数目的概念出场，那么单位的概念也即将登场。二者完全是相生相成的关联。数本身就一直体现了连续性与分离性的统一。"数包含着'一'，作为它的要素，因而就包含着两个质的环节在自身内：从它的分离的环节来看为数目，从它的连续的环节来看为单位。"①数目的形成就意味着单位的确立。在数目的规定中，实质上很难真正诠释数本身的真正内涵。其实，在黑格尔那里，数的概念更接近于纯粹圆的范畴。整个数的演绎过程都充分说明生命意向性是要从圆出发，来如何论证圆本身的合理性存在的过程，为了真正将这个圆画得更加的圆润，黑格尔也运用了微积分的论证方式，想要千方百计地将任何可能在圆身上出现的不和谐的要素统统清除干净，真正实现圆的连续性和分离性、质感与量化的历史性统一。"在这里极详细地研究了微分和积分，引证了牛顿、拉格朗日、卡诺、欧拉、莱布尼茨等人的话，这些引证表明黑格尔对于无限小的这种

① [德]黑格尔：《小逻辑》，贺麟译，商务印书馆1980年版，第223页。

‘消失’、这种‘存在和非存在的中间物’是多么感兴趣。不研究高等数学,是无从理解这一切的。”①在生命意向性看来,数就如同那同质性的圆。这个原初的圆不是通过后人画出来的,它是意向性直接观察到的。如看到天上的太阳,水中的月亮,人的晶莹剔透的双眼等。生命意向性对于这个圆非常感兴趣,它也要学着画下这个圆。不过这个过程并不是十分容易的。万事都要有开端,它直接探出一支笔,在画卷上点上一点,开始从这一点画着这个圆。在最初的阶段,生命意向性最能够把握的就是那一点的起笔,可是起笔后再往下绘画时,就容易走偏,因为之前它擅长画点和线,它没有画过圆,结果一下子将这个圆就画成立了水滴形。这便是第一个定数的诞生,或者第一个数目的诞生。第一个定数就如同这种水滴形,它可以直接代表着生命意向性画圆的初始形态。所以,在一些古老的文字中也能够看到人类在学习模仿绘画圆形时,留下的水滴形图案,那是思维启蒙的原初暗语,也是生命意向性的萌芽生机。起初,人们对于这种水滴形是比较满意的,因为此时生命意向性还很单纯。它认为它已经很好地解决了圆的连续性和分离性、质感和量化的问题。分离性就是那个很明显的开端,水滴形的顶端,连续性就是水滴的下方鼓肚的形态,质感就是那一开端的点,量化就是那一首尾相连的形式。然而,这种水滴形的圆,很是脆弱,除了那一个端点处,有了较为明显的印记,其他的位置,微风轻轻一吹就消失了。就如同那吹爆的气球,几乎没有从吹口处爆裂的,都是在气球的其他表面出现破绽的,主要原因在于气球的其他地方并不像那个吹口的地方同样结实而已。

于是,定数便进入到他数(以自在存在阶段的他在相对照,得出的一个比附性的概念,只是为了理解的便利而已)的谋划阶段。这时候生命意向性才发现数本身所存在的根本局限。当各种各样的他数展现时,平

① 《列宁全集》第55卷,人民出版社2017年版,第100页。

面几何的多样性真正显现出来。与定数同时产生的第一个他数，就直接将原来的水滴形的圆变成了两锥圆。此次类推，圆越来越不像圆，但又越来越接近于圆，接近于那个更加有质感、有量化的圆。可是，接近永远都代表着不是。此时，定数与他数就出现了芝诺困境。比如将一条线段进行二分，其实二分的过程就是不断产生定数的过程。一分为二，然后再进行二分，将二分的进程贯彻到底，居然发现这个过程是无限的。无限意味着什么？意味着线段不是有限的结果，而是无限的。但是，意识所二分的线段就是极为有限的，它就摆在那，没有伸长也没有缩短，怎么会出现如此的效果呢？这个问题也为后来康德二律背反命题的提出做了铺垫。或者这个问题也可以换个说法，即一分为二为何就不等于合二为一了呢？为了解决这个问题，生命意向性创立了加减法的规则，形成了单位的概念。在任何一个加减法的算式当中，最为关键的不是那一个个的数目，而是加减号和等于号。在孩子们的数学教育当中，有时人们只是注重关于孩子计算能力的培养，而不是去关注孩子们关于数学逻辑的理解，只有真正理解了数学逻辑，才能真正地看到数字的生命性，它们就如同一个个丰富多彩的小精灵，别以为它们只不过是一个个抽象的符号，那只是人们还没有真正把握它们的逻辑，或者也可以说，人们只是把属于它们的逻辑，放到它们之外去理解，也就是将它们的灵性抽离它们本身，而放到它们之外，所以才会显得如此的机械而又干瘪。所以，黑格尔强调："在算术里各种计算方法常被引用来作为处理数的偶然方式，如果这些计算方法也具有必然性，且具有可理解的意义的话，则必须基于一个原则，而这原则只能在数的概念本身所含的规定中去寻求。"①大多数的计算方法都体现在它的运算符号当中。在加法中，加号所要说明的问题不是简单地将一个数目放到另一个数目身上，就可以实现它们的任务。加号真正反映的

① ［德］黑格尔：《小逻辑》，贺麟译，商务印书馆1980年版，第223页。

实质性逻辑关联在于生命意向性把握到了连续性与分离性、质感与量化的关键问题。在加号看来,这种连续性与分离性的统一是直接存在的,有连续性就一定有分离性,二者必然同时出场,这种任性就如同纯存在、定在、纯量、定量等概念关于直接性的把握一般。一加二必然要等于三,因为数目一和数目二直接关联在一起,二者之间没有任何可以将其分割的要素。也就是说生命意向性在画圆的过程中,两个质点之间没有任何的间隔,直接将两个质点连接起来就可以。因而,有人也把圆看成是由无数个极小的线段所构成的图形。因为,在此时,生命意向性的指向还是在于直接性的统一关联中。也就是还处于有间隔性就一定有连续性的直接意识当中。这就如同在幼崽阶段,只要它能吮吸就一定能够吃到乳汁,是同样的道理。对于孩童来讲,加减法并不难以理解,因为在孩子看来,只要有两个数就一定能将二者直接地加连起来,没有任何难度。当生命意向性完成了当下数目的加法后,还要对另外一个数目进行加连的操作时,减法就会出现。减法乃是对加法的直接否定。当加法实现自身的运作之后,如果还要维持自身的生命意向,它必须要学会放弃自身的架子,完全否定自身,从而投身到另一个数目的世界中去,那么此时的自身否定就是将自身从那个原来的数目中减去,于是减法就在加法的自身否定和成长中现身。但不管是加法还是减法,最后都要在等于号的连接中实现自身的规定,也就是说要在等于号中明确连续性与分离性、质感与量化的直接统一。

在生命意向性看来,加减法直接统一的结果就产生了最基本的单位概念。单位概念的出现,使得生命意向性在画圆的时候,又多了一种方法。它可以把圆看成是由一个单位或者多个单位构成的图形。顺着加减法的逻辑来走,生命意向性只可能画到圆上的一小段距离,如果一直按照这种方法进行下去就会将圆直接化成了直线,虽然有人曾经将圆看成是由无限条极小的线段构成,但是如果一门心思地画线段,也绝对不会画出真正的圆来。此时,在加减法的运作下,圆已经具有了一段实质性的内涵,但这还远远不够,其他的部分仍然还没有得到更加准确的描绘和写实。不过,此时的生命意向性任务就是要通过这种无限的加减法的直接简单的运作,来达成圆的实体性认知。它开始认为之所以还没有将其他部分的圆描绘和写实,主要原因在于还没有将这种单位的画法贯彻下去,只要它有能力画更多的线段,就一定能够画出实质性的圆。这就如同豹子捕猎,最初的时候,食物还很充足,豹子只需要到羚羊迁徙或者水草丰足的地方,不费吹灰之力就能够捕到猎物,但现在不可以了,随着其他大型野兽的增多,羚羊的数目也日益变少,如果豹子不够努力,跑得不够快,那么它是绝对吃不到羊肉的。于是,它一个劲地奔跑,它意识到只要它的速度足够快,一定会有不错的收获。在动物世界的纪录片中经常会看到豹子追捕羚羊上演速度比拼的激烈场面。在这里,生命意向性也有如此的关切。它通过加减法的操作,实现了一定的目标,但离最终的任务,还差得很远,它需要更多的努力。它要把之前所取得的成果看成一个新的开始,看成是一个基础单位。它认为不是这个基础单位的问题,而是它自身不够努力,才导致这个圆的其他部分没有画成。于是,生命意向性将它的指向性放到了自身的努力上,而将此前加减法所取得的成果视为理所当然的必然结果,不再加以细致的考量。也就是说,这种结果居然成了直接性的默认的必然性成果,被打包起来。它的关注点放到了自身的努力推进上。对于豹子来讲,最初它清醒地认识到它吃羚羊来充饥是没有任何问题的,它完全还没有想过,它也是可以捕杀一些小野兔、小鬣狗等,它已经把它自身同羚羊直接地捆绑在一起,目光死死地盯着羚羊的一举一动,甚至有些时候,就连小兔子在它身边跑过,它都无动于衷,甚至那些小兔子在它的领地可以自由地挖洞筑窝,它也会视而不见。豹子完全陷入到了一种定性思维中,陷入了如何提升自身奔跑能力以至于可以抓到更多羚羊的困惑中,而不是考虑能否抓到其他动物的选择中。在数量的演绎中，单位的出现，完全意味着生命意向性同豹子一样，也完全陷入了只有通过这种直接性的加减运算才能实现圆的写实的困境中。它在无意识中已经将圆和这种画线段的方式直接地捆绑在一起了。就像豹子认准了它只能吃羚羊，其他动物和它无关的这种定势中。在这种定势中，它要想实现画圆的任务，那么它只需要更加努力地画着各种线段，并且将这些线段连接起来就可以了。事实证明，生命意向性正是这样做的，于是乘除法则、方幂运算就诞生了。

在乘除法则、方幂运算的进程中，生命意向性的确进入到了一个恶无限的量的规定中。它以数目和单位的关系为中介，不断演化出新的内涵。比如在乘法运算中，它要将已绑定的单位推广到更远的地方。就像豹子一直要把羚羊追到更远的地方。推广一个单位就是就有一个乘数，如果推广两个单位就有两个乘数，一直到很远，N 个单位就有 N 个乘数。其实，在乘除法则和方幂运算中，渐渐地未知数的概念也出现在人们的视野中。未知数可不是一个简单的数，它是一个变动的数，这个变动的数将会在未来生命意向性从恶无限中超拔出来提供重要的基础。对于乘法自身的否定就是除法，这与加减法的运作是一致的。就在乘除法的操作中，生命意向性实现了它那努力奔跑的趋向。可是努力的结果，仍然没有画出圆满的圆，画的还是圆的一段，其他大部分还是没有写实。于是，更加任性的生命意向性表现出了极大兴奋度，仿若打了鸡血一般，再次将原本已经有的努力再次升级，成为高阶版本的奔跑。此时，由乘除法则便转换成了方幂运算。在方幂运算中数目成了单位，单位也成了数目。生命意向性总要将一定数目的单位进行打包，此时它最为直接的想法就是如果能够将所有的数目和单位都一切打包，那么圆的概念也就形成了。一只豹子的努力总是有限的，那就将豹子变成狼，成群结队地去追捕羚羊。但是，结果并不十分理想，它发现它越是努力，圆就越圆不起来。能捕到的羚羊的数量就越少。芝诺的困境也越来越明晰起来。越是想将线段的每一个部分搞清楚,可是最后线段的概念越是模糊。根本原因在于这种直接的打包方式本身出现了问题。在圆身上的每一条可以分割的线段都不是简单同一的线段,正如一个从树上掉落的苹果,它在离地距离的每一个时空内,它的速度都是不同的,它不是在做着匀速运动,而是加速运动,只有我们考虑到每一个不同的点的速度,我们才能真正把握苹果落地的基本情况。如此而来,高等数学中的微积分便产生了。在圆上的每一点都是独特的存在,自由的存在,不能直接通过打包的方式将其赋予同质性的逻辑。正如并不是每一只豹子都只吃羚羊或者只喜欢吃羚羊的,有的还喜欢吃兔子、鬣狗等。只有将每一个圆上的点,作为独特的存在来看,并将这些独特的点进行统一,那么就可以得出一个不同于直线的圆满的圆,这便是微分和积分的过程。

正是在微积分的过程中,量变成了内涵的量和外延的量相统一的程度。之前曾经谈到过未知数的规定,它是一个典型的变量。变量就意味着区别之前的不变量。如果按照简单的四则运算的范式去描绘圆,那么永远得到的都只是圆身上的部分规定。因为,在四则运算中没有考虑到变量的因素,只是一直在一种认为豹子只能吃羚羊的简单思维定势中打转。根本没有看到,一个数目的单位,与下一个数目的单位是截然不同的两种数。这种变量使得数具有直接的质的规定。也就是说,不再像四则运算当中,数字只是被四种运算法则赋予的外在逻辑,其实每个数字本身都是具有它自己独特的逻辑规定的。比如,在自由落体运动中,A 点的速度与 B 点的速度是根本不同的,可是在简单的匀速运动中,两点的速度完全一样。我们只需要按照固定的公式求出个平均值,那么这个平均值就可以直接拿来代表 A 点和 B 点的速度,至于 A 点和 B 点本身根本就没有符合自身规定的速度。但实质上,在现实生活中,这种匀速运动很难出现。于是,量的规定就有自身的独特性,有了内涵的规定。当然,在这里黑格尔反复强调不能将内涵的量完全用外延的量,外在的逻辑规则去理解。“例如当时持机械观点的物理学家便是如此。他们单用物质部分的数目解释比重:大小相等的物质部分的数目相等,则重量相等;大小相等的物质部分的数目如果甲物体为乙物体的两倍,那就表明甲的比重两倍于乙。他们根本不懂得力的因素的重要性。”①如果还用这种外在的逻辑去套用内涵的规定,那么将立马瓦解内涵的实质存在。然而,仅仅局限在内涵的规定中,还是没办法将整个圆呈现出来。因为,此时圆上的每一个点都成为了独立存在,每个点都有自己的运动规则,比如一个点是自上而下的运动,另一点是从左到右的运动等,按照如此的方式,根本就无法形成一个统一的圆。正如有些豹子喜欢吃肉,有些喜欢吃素,如果那样的话,根本就无法得出一个关于豹子的统一性规定了。此时,就需要有一个外在的逻辑规则,严格规范着所有点无论怎样的自在存在,都必须要按照圆的形成逻辑来规定,这便是外延的量。曾经网络教学中有一段关于圆形成的动态画面,最为生动形象地说明了内涵的量与外延的量的统一关联。视频最开始的阶段,画面上出现了一个小球,它按照一定方向和速度运动,过了一会儿又出现了第二个小球,它又按照不同的方向和速度运动,按此节奏接连出现了不同的小球按照不同的方向和速度运动,可是最后这些小球竟然巧妙地构成了一个圆形的同频共振的组合,它们按照一定圆周的轨迹共同画着完满的圆。这一画面清晰地说明了黑格尔想要表达的关于内涵的量和外延的量的统一关联。

那么这种同频共振的组合是什么呢?这就是黑格尔在程度中所讲的比例关系。也是量通过恶无限的旅途,经由变量的方式,终于超拔出来的真无限的规定。在小球的运动中,不管它选择什么样的方向和速度,只要它始终能够与其他小球保持同频共振,与外延的量保持统一节奏就行,就能够展现出标准的圆形规定来。在解释比例关系时,黑格尔也试图通过

① 张世英:《黑格尔〈小逻辑〉绎注》,吉林人民出版社 1982 年版,第 275 页。

整体和部分的关系来说明。对于机械的整体和部分来讲,二者的关系是很外在的,一块木头当它切掉了一块,它还是木头,就是你把它最后的那一部分彻底切掉,也改变不了它是木头的事实。因为,在这种机械的关系中部分总是被整体赋予价值和意义。部分是没有任何存在体验的。还有一种机械论的情况,就是整体的价值和意义完全是由部分所赋予。如在堆积木的过程中,每一栋房子都要因为其中的每一块积木而变得有意义,如果缺少一块都成不了建筑。然而,在比例的关系中却完全不同,那里所表征的是一个有机整体与部分之间的协调关系。身体是一个有机的生命体,身体中的每一个器官都因为这个生命体而具有了相应的生命意义。一旦某一器官脱离开身体,就成为了一堆肉,完全失去了它的官能。因而,每一器官都有它自身的符合生命运演的基本规则,它是自由的存在,但不是任性的存在。而身体正因为每一器官的正常运行,而具有生机不息的动力、生命力。因而,当某一器官受到伤害时,生命不是坐视不管,它会指导其他器官来辅助相应官能发挥作用。如左手受伤了,右手、腿脚等器官都会辅助。这与人类社会扶助弱小,助人为乐是一样的道理。同时,整个身体也不会为了自己的风光,而不顾受伤器官的死活,身体本身也会更加谦和、更加注重保护伤弱之处。这些改变都是为了一个初心使命即保证生命本身不变质。对于量本身来讲就是要保证比例关系不变质。一旦比例关系变化了,那么量的规定就立马出现变化。如同一种事物的密度比。可见,只要使得具有独立性的内涵的量与外在整体性规定的外延的量保持在一定的比例关系中,那么就一定能够画出一个圆满的圆,不管这个圆是大还是小,它的圆的规定性始终不变,都是个可视化的圆(这种内涵的量和外延的量的比例关系,如果放在圆中,进行具体的规定的话,就是圆周率的概念。就是圆的周长与它的直径之间的比例关系。直径就是圆上每一点的独特运动,而周长就是一个外在规定的范围。这个比例关系是一个常量,虽然这个量还在努力地精确中,但这并不影响它对于圆本身的规定)。

通过画圆的方式,基本上可以清晰地看清楚生命意向性关于量的基本规定。同时也能够看出几何学对于代数学的始源性关联。在古希腊哲学家眼中,不管是毕达哥拉斯学派,还是柏拉图学派,都对几何学有着深刻的论述。毕达哥拉斯学派所强调的数,可不是我们今天所见到的直观数字,而是一种带有节奏和旋律的一串符号。比如在音乐世界中,音符的高低变奏可以产生美妙的旋律。如果这些数只是一个个僵死的符号或者单个的数目,那么音乐也将变成杂乱无章的声响而已。当然,这里所讲的几何学,也不是那种直接性的几何图形,而是符合时空节奏和比例的几何样态。关于圆的理解,如果仅仅从感性直观的角度去审视,并不能够看出圆究竟有什么特点,更不会看出圆与其他图形又有何种独特性的关联,而且古希腊哲学家为何总将圆视为圆满的象征,比如巴门尼德就曾经将存在比附成一个圆球,那么圆形的完满性究竟体现在哪里?这些东西仅仅以直观的方式是无法把握到的。别看这只不过是一场“数学的游戏”,但几千年来,人们一直专注于这种游戏,而不能自拔,关键它是一种真实的游戏,是一种关乎生命意向性存在的游戏。圆形与其他平面图形根本不同之处,在于它有稳固的比例关系。而这种比例关系将所有图形的形式规定都内含其中,无论是点、线、三角形、多边形、弧形等,所有的平面图形几乎都可以在圆形的逻辑运演中,找到自身存在的相应位置。只不过这种位置还是偶然的规定,因为这些平面图形,还没有真正建立其如同圆形一般的比例关联。具体来讲,也就是说没有像圆形那样,形成一个生命有机的系统关联。这就导致其他图形都会或多或少地具有一定的机械性,而缺乏生命性,如果缺乏生命性就一定无法形成圆的规定,就一定会成为其他的图形。在圆的比例中或者在圆的具体规定中,量实现了自身的自为存在。量找到了一个可以完全规定自身、说服自身的直接存在。从这一方面也可看出,实体性逻辑为什么会表现为一种圆圈式的逻辑。黑格尔为何总是以圆圈的方式来比附他的思辨逻辑，根本原因在于这种圆圈从逻辑上讲，里面蕴含着生命的逻辑。在这个起点就是终点，终点就是起点的形式中，至于人们把哪个部分看作是起点，哪个部分看作是终点，都是无所谓的。关键在于终点能够回到起点，起点也能够回到终点。不管这个圆圈有多大的范围，只要它能够始终保持圆圈的结构，那它就是完满的存在。在这种结构中，圆上的每一点都将因为是这个圆的一部分而具有存在的价值和意义，它不会出现断裂和坍塌。而圆本身也恰恰因为每一点的有节奏的自我变动，使得圆成为一种可持续的存在。一句话来概括，点即圆，圆即点。此时的点就不再是欧几里得所讲的有质无量的存在了，而成为了生命之点，是有质有量的存在了，只是你将其任意缩小便看到了不可分割的、没有部分的点，如果将其放大，同样将会看到一个不可分的圆，是质量直接统一的圆，是按生命逻辑来讲绝对不可分割的点。所以，在此逻辑意义上讲，几何学乃是代数学的始基。每一个数字它的存在价值和意义都要在生机不息的圆中去寻求，否则它的存在就是不可持续的。在解析几何当中，人们试图将几何图形代数化。在代数化的过程中，经常会用到坐标系和变量的规定，这充分说明代数的意义是有限的，是被给予的规定，是需要圆的逻辑来赋予其中数的内涵而已，此时的圆已经不再是简单的几何图形，而是一种生命的逻辑。因而几何学要比代数更接近于逻辑本身、生命本身。如此一来，生命意向性即便在那看似极为干瘪、极为外在的规定中，也能够兜上一圈。

生命意向性依附于质的外在规定，将这种量的存在，彻底地从头到尾观察了一番，并且细致地记录了量整个成长的生命历程。作为不同于质的放牧人来讲，生命意向性的这次放牧历程很是精彩。它在质的规定中，看到了羊就是它所要找的食物，它的规定。它千方百计地在草原上捕食羊群，可是不管它采用如何的捕猎方法，从总体上来看，可以捕到的猎物就是那些，是很有局限的，因为如果捕食太多，羊群就会急剧下降，直接导致以羊群为食的豹子、人类等也会急剧下降,于是就处于一种极为有限的生存时空中。于是,人们开始学会了饲养和放牧,成为了游牧民族。生命意向性开始将自身的注意力转移到质的外在规定上,也就是转移到了羊群身上,当然由于还处于直接性的存在论域,所以羊群的规定也只不过是一些同质化的存在,是一个个的量。如果能够将这些量搞得很多,那么人们将突破之前的质的直接性规定。此时,人们由捕猎状态转移到了放牧状态,人们不是急着要杀死羊群,而是要保护羊群,这时生命意向性的重心不是在自身,而在于自身的外在规定上,在量的规定上。然而,在深入对象的过程中,生命意向性突然发现,最初的时候,的确羊群的数量有了极大的提升,使其立马对先前的直接质的生存样态有了显著改观。但是随着放牧活动的不断展开,生命意向性越来越发觉,这种放牧的状态也是极为有限的。因为,羊群在放牧的过程中,也要受到一些不可控的要素干涉,比如天气的变化、外来猛兽的袭击、水草的限定等等。生命意向性发现,不管它自己如何努力地放牧,照顾羊群,可是最后剩下的羊群总是一致的,总会到达一定的限度。最初的时候,随着自己的付出,羊群的数量是直线上升的,可是再往后随着自己努力的增加,反而羊群的数量竟有所减少,尤其受到水草等食物的限定,加之各种猛兽和敌人的关注,使得最终羊群的数量总是在一个波动的自为存在的量的规定中保持平稳下来,于是作为放牧人的生命意向性关于它的外在规定终于有了最为深切的理解和把握,它确切地知道了,羊群的规定就是如此,对象的实质就是如此。它开始要发生质变,因为它要想能够更加具有生命力,能够更加生生不息地存在下去,它必须寻找其他的质的规定。而不能仅仅将自身的质的规定就与羊群捆绑在一起,如果那样的话,生命意向性的生命存在将会受到极大的威胁,所以它要试着去选择以其他的食物为规定,不能把自己靠在一棵树上,那样太不安全了,从此生命意向性进入到了尺度的界域。

第三节　尺度的确立:生命意向性成为直接过渡本身

生命意向性在尺度的界域中,实现了质量的统一。“抽象地说,在尺度中质量是统一的。”①黑格尔为什么在《逻辑学》论述尺度时开篇第一句话就用到“抽象地说”。在黑格尔看来,最初的尺度乃是质与量的直接抽象的统一。抽象是一种剥离和割断,如果将质量的内在丰富的关联,抽离出来看,这时所表征的统一就是最为直接的尺度概念。假如继续将生命意向性比附成为放牧者的话,仅仅靠着放羊,恐怕难以维持不断庞大家族的需要。在这里它需要寻求其他的规定,它可以通过养一些家禽,或者通过种植一些粮食,来获取更多的家族性的成果。在这里,我们可以清晰地看到生命意向性直接过渡的实质内涵。如当生命意向性意识到了通过放羊维持生命的有限意义时,立马它就会过渡到其他的规定上来,而不会继续停留在放羊的圈子里打转。它更不会想到,通过控制自身家族的生命成长,而实现与有限羊群的步调一致。它的头脑中始终还是一个向度的思维空间,而后来在本质论中,反思的双重向度才真正展现出来。当然,在存在论中,也有反思性的规定,比如量的范畴,但这种反思性还不是有意为之,只是无意识地,潜在地直接地表现出来,还没有真正使得反思性与存在性以共在的形态表现出来。也就是说,在存在论中,生命意向性内部没有遇到各种干涉,它只是一根筋地按照存在的逻辑运演。就如同,刚出生的婴儿,他绝对无须考虑能否有鲜美的乳汁喝,他只需要履行他吮吸的本能即可。甚至当乳汁很有限的时候,他也不会过多考虑,乳汁是否会枯竭的问题,他只要努力地去吮吸就行。那么,突然有一天乳汁完全没

① ［德］黑格尔:《逻辑学》上卷,杨一之译,商务印书馆 1966 年版,第 354 页。

有了,他也不会去思考自己能不能吃点别的东西以填饱肚子,他还是要想怎样能够弄到其他更多的乳汁喝,以此类推。这便是生命意向性在存在论域中所表征的直接过渡的本性。此时,生命意向性总是被当下牵着走,表现出十分被动的形态,它还不太懂得将过去、未来与当下一同展现。因为,在直接的生命意向性中,还没有真正自我意识。它是完全投入到对象中的自我隔离的意识,是表现为感性直观的意识,是一种旁观者的意识。仿佛在拍摄一部自然世界的纪录片,在这些镜头中,经常会出现弱肉强食,优胜劣汰的现象,经常会看到一只小羚羊就被大猛兽直接捕杀的场景。作为有自我意识的人来讲,这也许是很残忍的举动,但对于感性意识来讲,这与人们在餐馆吃着生牛肉没有什么太多差异。在这种对象的自然世界中,到处流行着通过直接否定的逻辑,来确立自身的规定。比如羚羊只有被豹子吃了才能够体现出自身的价值和规定来。同样,水草只有被羚羊彻底地消化掉才能被称为水草。这种生物链的自在运演,正是自然存在的基本法则。这是生命意向性确立自身存在最为直接而又粗暴的方式。在直接的生命意向性看来,存在者的直接存在就是通过对自身的直接否定来实现的。就如同作为放羊人的生命意向性来讲,它要是觉得放羊并不能真正实现它所要的生命价值和意义,那么它的做法很可能就是直接将羊完全杀掉,来饲养更加具有生命力的物种,来进行规定性的把握。或者即便不是杀掉羊群,它也有可能选择让其自生自灭,而不会像以前那样投入过多的精力。因为,对于它来讲,本身的精力就十分有限,它还没有将自身的精力作为一个对象来经营。但如果同样的情形,对于作为本质论规定的生命意向性来讲,它会选择放牧与捕鱼一同进行。因为,此时的生命意向性看到了自身的存在,看到了自身规定与对象规定的一同共在,看到了自身绝对有这个能力既能够实现放牧,也能够实现捕鱼的活动,这才是基本的现实。然而,在存在论中,生命意向性缺少自我意识的生命维度,它以为只是这种原初的简单直接的否定,这种按照简单直接的否定方式把握对象,才是生命的根本实质,即自然本质。

在存在论中,生命意向性一直认为,只有彻底地否定自身才是成就自身的唯一方式。这一执念从纯存在的开端,就已经注定。这是生命从自身再次回到与自身彻底无关的对象世界必然使命任务。由此,直接的生命意向性继承了这种意志,只有彻底的否定才能达成彻底的肯定。在最远古的时候,人类也是完全符合这种自然的生物链规则的物种。即便在最古老的宗教仪式中,也能够看到通过活祭的方式实现这种原初肯定性规定的痕迹。因而,在自然界中往往都会看到这种直接性的选择法则。不过,在本质论域中却有所不同,生命意向性会追求狮子、老虎、羚羊、水草共存的世界,在这种多样性的世界中,不再是弱肉强食,优胜劣汰自然法则一统天下,而是一种自为的法则将在另一种生机形态中展现出来。在这种形态中,人类不再以捕杀为主要的存在方式和手段,同样其他动物也不再是完全以捕杀羚羊为主要的食物来源。它们甚至在人类的驯化中,开始捕食成年的羚羊,而不是弱小的,羚羊也不再是仅仅啃食那一片草场,它要自由地流动,绝不会将所有的草根都吃得干干净净地再去寻找其他水草。在本质论中,生命意向性出现了反自在自然的现象,出现了一种共在的现象。不是像以前那样,只要豹子一出现,一切小动物都消失得无影无踪,此时能够看到各种物种都出现在自然的大舞台中,各自扮演着不同的角色,一片生机盎然的景致尽收眼底。但是,此时生命意向性还处于存在论域中,还要继续按照这种直接过渡性的存在实质进行演进,直到它真正意识到了直接过渡本身时,也就是完全达成了存在论的自身规定时,生命意向性就开始了对这种直接过渡性的否定,便进入到了本质论域。

尺度乃是本质的潜在概念。生命意向性在关注本质之前,还要历经尺度的中介。在生命意向性完成了量的任务和规定之后。它认识到了作为一个牧羊人,仅仅靠着放羊,是很难实现它的抱负的。于是,它转向了另一个规定,它开始寻求比放羊更加有效益的路径。它要去开荒,要去耕种土地,从土地上获取更多的粮食。大型的猛兽绝不会吃这些粮食,小型的食草动物可以很容易地被赶走,而且耕种粮食,只需要像风儿那样将植物的种子播撒在土地上,也不需要费多少心思,也不用到处像放牧一样奔波。于是,生命意向性又有了新的质的规定。它不再认为自己只是吃羊的动物。它要改变它的习性它要吃粮食了。据说熊猫这种动物,原初时也是吃肉的,但后来由于多种原因的影响,现在居然成了专门吃竹子的动物了。这时,纯粹的尺度就产生了,在纯粹尺度的范畴内无意识地发生了第一次的质量变换。而且这种质量变换很容易地就被满足和实现了。这次直接性的变换,意义十分重大,它不仅挽救了生命意向性的直接存在,同时也挽救了整个自然物种的普遍存在。生命意向性发现只要具备这种质量变换的意识,只要能够把握到尺度的基本样态,就可以完全解决目前它所欲求的生命指向。慢慢地生命意向性不再关注于每一个具体的量的规定或者质的规定,它只需要注意质量转化的基本规定,就可以满足自身的需要。比如,以前它总要操劳会不会有猎物吃,当捕到了猎物,它又要担心能不能吃到更多的猎物,当更多的猎物出现了,它又担心其他的猎物也会过来抢食它的猎物。但现如今,有了尺度的观念,生命意向性就不需要有太多的顾虑。它只需要一天吃上三顿餐就可以解决所有问题。它直接拿捏到了尺度的概念,看到了有特定质的量的存在。其实,在完全直接性的存在界域,对于生命意向性也是有一定的优势的,那就是它从来都不用为对象本身而操心,当它有了关于什么对象的意识时,这已经说明在这个直接性的存在中已经存在了。所以,当生命意向性指向定在的偶然规定时,那个具体的而又简单的规定立马就会在眼前呈现。当它指向了和自身一一对应的自为存在时,立马自为存在也当下立在。因而,在存在论域中,生命意向性从来不必操心对象的承载,内容的丰满性,对象指向永远都在当下存在,这样可以保证它安心地作为一个旁观者而存在。旁观者的心态将一切具体的对象都同质化与同量化，使得这种直接过渡更加顺畅，而在本质论域，就不会那样简单，因为在本质论中将会不断遇到具体对象的阻碍。但这也并非完全意味着本质论域就没有直接性和过渡性，只是这种直接过渡并不是主要的显现方式。

当作为放牧人的生命意向性开始意识到自己通过播种粮食也能够很好地生活，它已经开始发生质变，它此前的规定一直都是肉食动物，这时它居然成了素食动物。但是，吃了一段时间的素食，粮食也是有一定的局限性。从耕种到收获的时间太长。它在细心的经营中，很好地研究了粮食作物的生长的量的规定，实现了由量变到质变的过程。当它发觉粮食作物的量的局限时，它也看到了粮食的实质规定，这种实质规定并不能满足于生命意向性的生命指向，这只会让其再次陷入到之前放牧时段中所面临的同样结局。因而，新的探索，寻求新的质的规定又开始启程。也许这次它又可能学着养鱼，通过捕鱼的方式，再次实现自身的质变……接而连续地展开质量互变，正是在这样的基本过程中，生命意向性看到了尺度的概念。从这个质量互变的进程中，我们也可以清晰地看见，生命意向性在存在论域中，始终都没有摆脱生存问题的根本限定。它的最为根本性的意向任务就是如何存在下来的问题。它虽然只是个旁观者，但旁观者也是一个潜在的参与者，只是它自己还没有真正意识到自己也是参与其中的，否则的话，它就不会老是为了自身的生存问题而四处奔波了，尽量实现质量的互变了。在本质论域，生命意向性更多要解决如何生存的问题，它已经解决了眼下生存的关键的直接性问题了。它要解决的是未来间接性的生存问题。如果用最为形象的比喻来看，在存在论域，生命意向性要解决如何考试能够及格的问题。而在本质论域，生命意向性要解决的是如何能够达到更高分数的问题。正是在这种情况下，生命意向性需要不断地超越，不断地逃离和躲避各种危险可能的存在，对于之前的质的规定一旦出现了局限性，那么它必须选择放弃，立马要去寻求新的规定。

如同原始的洞穴,一旦发现原来的洞穴被猛兽占领,它必须选择逃离,要去寻找新的住所。它此时还是一个自然中的自在存在,它与其他捕食和被捕食的动物没有任何分别。如果以生物学的概念来比附在存在论域中的生命意向性的基本形态,可以说正处于自然选择的阶段。可见,最后能够在自然中留存下来的一定是能够充分反映自然规律的存在。有人将本质等同于规律来理解,这也是有一定的合理性的。因为,在存在论域,生命意向性关于自然对象的把握是同质的,如果严格意义上讲,也不能称之为同质的,它关于对象的具体质的内容是不感兴趣的,包括之前曾经借用豹子、羚羊、牧羊人等的例子来说明纯存在、定在、自为存在等的概念,严格地说也是不太合理的。此时,生命意向性在乎或者反映的是这些具体对象的逻辑演绎的基本规律,所以当人们在理解事例本身的意义时,包括在理解黑格尔逻辑学中所例举的相关事例时,一定要从逻辑演绎的基本规定去把握,不要钻在具体的事物规定上。对于这个旁观者来讲,它不会太在意对象本身究竟出现了哪些独特性的变化。

然而,为了进一步地深入理解,还得需要相应的事例进行逻辑上的比附,就如同为了能够清晰地解决一道数学难题,还得需要通过数形转化的方式更容易把握。当生命意向性在质量变化的多种选择中不断进行着生命力的考验与磨砺时,它渐渐地发现每一天它只需要吃饱三顿饭,就能够保证它的生命存在。它首次脱离开了各种具体规定的局限,比如要通过吃肉才行,后来发现也不可,那么就改变原有的规定,吃粮食,结果还是不行。最后,经历了一大圈的实验,结果发现不是哪个具体的对象决定了自身的存在,而是那个自身存在比例才是发挥关键的要素。这里又提到了在量的规定中所讲的比例关系。比如圆的圆周率,就直接决定着圆的规定本身,同时也清晰地揭示出圆本身与自身上面的任何一个点,包括任何一个点的具体运动都没有实质性的关系。此时,生命意向性也发现,它在存在论域能否实现它自身生命直接存在的任务,根本不取决于它能吃些什么以及什么动物能吃掉它，关键在于它能不能保证一天能够吃上三顿饱餐。也许这个事例不太准确，但是它只想要说明是尺度的概念解释了生命意向性在存在论域的最终规定。只要生命意向性能够保证这样的尺度，它就一定能够在自然界中生存下来，就如同圆的周长与直径如果始终都能够保持在一定比例中，那么圆就是存在的。其实，从这个角度来讲，在量的规定中就早已潜藏着质变和量变的基因，至少这里面已经有了内涵的量与外延的量之间的变化，最终形成了两种量的内在统一。但是，量本身还不是必然的质，量的完成只是偶然的质的完成或否定。如牧羊人始终都以为通过吃掉羊肉就可以实现自身的规定和存在，但是量的概念告诉了他，再多的羊肉也未必能够保证他的存在，因为有各种因素决定了羊肉的归属。量的规定只能告诫它去选择其他的规定，但其他的规定也只是偶性的规定。一天，他突然发现了一个有质的量的规定时，他终于看到了希望。此时，他开始意识到，不是某一个单一的质决定了他的存在，而是所有的质决定了他的存在。所有的质可不是混乱不堪的质，而是具有律动节奏的质的组合，按照一定的运转速度，不断展开所形成的规定，才是生命意向性所要在存在论中意向的最终规定。不管什么样的质，也不管什么样的量，只要质和量能够形成生命的韵律就行。比如水在标准大气压下，它的沸点是100度，这就是它的尺度。但是如果气压出现了变化，那么水的沸点一定会出现相应的变化，但是它绝对不改变水由液态上升到气态的基本规定，这就是尺度。其实，这种例子我们在以前的教科书中经常会例举一些，可从严格意义上讲，这种例子很难说明尺度的内涵。尺度乃是质变和量变的统一。但在水的沸腾过程中，根本没有发生任何实质性的规定，水分子还是水分子，只是量的形态有一些变化而已。这就是举例子的局限，但它形象地说明了有一个核心的东西始终没有变，这个核心的东西在一定的实体性逻辑运演中一直保存下来，形成了一个极为坚实的规定，这就是存在。这就如同胡塞尔在讲到本质还原问题时，经常会讲到的例子,如一个三角形的几何图形,你可以尽情地想象它的任意变形,在这个随心所欲的想象中,我们的思维就在进行着黑格尔所讲的质量互变,那么这种随意的变更,最终想要得到什么样的结果呢? 这就是尺度的概念。也就是胡塞尔所讲的超验本质的概念。

因而,至于说是一日三餐还是一日两餐都没问题,只要人们能够把握到了生命的质量比例,那么一日三餐就可以一顿吃些羊肉,其他两顿吃些粮食。如果是一日两餐的话,那么就可以两顿都来些羊肉。只要能够保证一天的生命营养的基本规律就行。在存在论里,就可以清晰地看到,自然规律绝不以人的意志为转移。因为,它不受任何质的变化或量的变化直接干涉。此时,人们才发现规律才是生命存在的本质,即生命之谓生命的根据和原则。生命意向性关于纯粹尺度,形成了基本的认识。可是,纯粹尺度只能是关于尺度的纯粹意向,缺乏关于尺度的质的内涵实质性把握。于是,作为定在的尺度便产生了。“尺度被规定为诸尺度的关系,这些尺度构成有区别的、独立的某物的质”。① 起初,作为定在的尺度是与他在的尺度没有直接的关联。只是自身关于自身的内在规定。在生命意向性中,定在的尺度更倾向于关于点的理解。点既不同于无质的存在,也不同于后面的量的存在,它是最为典型的定在规定。然而,点是十分抽象的。当人们仅仅认识到水在 100 度达到沸点这是水的基本规律,还远远不够。水只是在标准气压下,才能够实现 100 度的沸点。于是,作为定在的尺度,还要向作为他在的尺度运演。在他在尺度的运演中,生命意向性开始指向作为量化的尺度。为了实现对于水的真正认识和把握,生命意向性开启了实验模式,想要实验各种气压下水的沸点度数,进入到了一个无限量化的规定模式中。这种无限尺度,是生命意向性全身心投入尺度量化的过程,它对这个度数是非常敏感的,但是关于尺度本身,还是没有

① ［德］黑格尔:《逻辑学》上卷,杨一之译,商务印书馆 1966 年版,第 379 页。

彻底的了解。水本身还是水,没有发生实质性的变化。突然有一天,生命意向性发觉通过电解的方式,水居然变成了气体而不是气态的时候,它才发现了水的真正尺度和规律。水只有在这个尺度范围内,才能保证水的实质性存在,超过了这种限度,水就变成了其他物质。当水变成了其他物质,生命意向性也要寻求其他物质的尺度和界限。

正如在量的规定中所发生的情况,不过这时与量的规定还存在着根本性区别,这时候任何对象的规定出现了彼此之间的有序关联,正如自然界中的生物链结构一般,不是随意地今天想吃羚羊就吃羚羊,想吃粮食就吃粮食,而是非常规律性地延展开来,是吃完了羊肉再喝汤的逻辑过程,生命意向性在尺度那里,有了规律性的展现。但是到最后,生命意向性发现,不管怎样演绎,都逃脱不了自然规律的演化过程。这个过程是个典型的实体性逻辑,是个大鱼吃小鱼,小鱼吃虾米,虾米吃泥沙中的微生物,微生物再吃掉慢慢老化的大鱼。形成了一个生息不止的逻辑系统,这就是生命意向性最后在存在论中所意向到的真尺度,它认识到不管这些生命如何狂妄、如何的有力量,始终都逃脱不掉自然命运的基本安排,这就是自然规律,就是数学中的那个经常用来比附存在本身的圆的基本逻辑形式,就是生命体想要实现生命之谓生命的必然规则。这时,生命意向性也完全意识到它就是这个不断"轮回"的直接性过渡本身。黑格尔的逻辑学有一个非常重要的特点,总是通过后面发展起来的规定,才能够清楚地看到先前经历的那些环节的必然性。在存在论的最后一个概念中,生命意向性深刻地发现,之前它所遇到的所有环节都是注定要经历的,包括它本身的直接过渡的实质,也是早就设定好的必然命运。这就如同此前关于用画圆的方式比附量的基本规定一般,直到最后量的比例实现出来,圆的圆周率概念真正呈现出来时,才能够发现最初的点,无非是圆的最为直接的规定而已,那么其他的几何图形,也都是在形成大大小小不同圆的过程中,所出现的不同具体规定而已,当圆在经历了这种现象学的本质变更之后,它就会自觉地确立自身的圆周率,自觉地进行圆的规划和设计,从而实现圆本身规定的自洽和“轮回”。在这个最后的“轮回”确证中,生命意向性充分感知到直接过渡的生命体验,因为在那里没有任何东西能够改变这种“轮回”的秩序,这也正是最初的时候,生命意向性所秉持的历史使命——完全以一个“旁观者”的身份关照世界,而不是去打扰这个世界。

可见,在这个过渡中,没有任何生命能够阻止这个命运的齿轮运转的方向和节奏,当然这种改变还需要在本质论中去进一步实现,但在存在论中,生命意向性还没有这个能力,也没有这个必要,它的使命任务只是投身于对象世界,而不是改变这个世界的实质,它只是扛着一台摄影机想要以一个旁观者的身份,看看这个世界,如实地反映这个世界的存在而已。也就说,在存在论中始终都是单极的。还没有出现一种生命来反思或者来改变这样的自然规定。自然世界是较为沉闷的世界,需要更加伟大的生机。正如一个心不在焉的小学生,他早已厌倦课堂上老师那絮絮叨叨的平庸讲授,但是此时他还没有勇气去打断这无聊的一切常规,他只能扮演着听话筒的角色。当然,这种局面的造成也有小学生自己的原因,如果他能够细心聆听老师的课程内容,里面也一定能够获取足够的知识,也能够获得相应的乐趣。这种心不在焉已经过滤掉了任何可以打动他的多姿多彩的内容,剩下的只是那些干巴巴的声音,这种声音只有在一起一落,一断一续时,才能真正引起小学生的注意。结果,这个世界就被小学生看作了一个弱肉强食、优胜劣汰的生物世界,不过在后来的领悟中,他也在慢慢改变这种心不在焉的态度,改变了对老师的看法和态度,因为他也正在渐渐地成为父母,成为一位老师。当下,生命意向性通过这样的方式完成了整个直接过渡的演绎,同时也向最初的生命指向交付了自己的阶段性使命任务。黑格尔在设定纯存在开端之时,就已经表明了这种投身对象的直接性指向。那么如何投身呢? 需要一种彻底的自我否定,将一切带有主观性的或者能动性的属性全部悬置起来。于是,便有了一种旁观者的心态和意识,这种心态和意识既不能对外在的对象抱有任何的同情和怜悯,完全被对象打动,将自身主动地送到对象之中。同时,也不能对外在的对象视而不见,摆出一副不管不顾的姿态,它需要一种没有任何主观任意的客观情绪,才能完成此次的任务。基于如此的考虑,生命意向性以一种“心不在焉”的直接性方式出场现身,这种方式使其将对象看作同质性可量化的存在,在这种质量的彼此关联中去把握对象的直接规定。结果,将存在论的世界编织成了一个缺乏生机的较为干瘪的自然世界。仿若在这个世界当中,没有任何具体的规定值得尊重,没有任何存在的样式得到了充分发挥,一切似乎都在一张自然之网中被给予、被编织、被安排。它没想到原初的设定,居然产生了一个让它自身不满意的结果,它需要继续上路,继续实现自我的超越,它要赋予自然世界以鲜活的生命性。

第三章　生命意向性的间接反思阶段：本质是设定起来的相对概念

经由尺度，生命意向性开始出现分裂的状况。在它自身内它看到了两种存在，一是它作为直接性的存在，二是作为直接性存在的间接本质。就如同在自然界当中，各种生物从来都没有真正见到过大自然长什么样，但是当有些动物有自然之物成为人的宠物时，它突然发现在它面前还有一位主人，拿着绳子拴着它。并且当遇到其他动物时，只要主人在跟前，那么就没有什么不敢冲上前的，可是一旦主人不在了，那么便吓破胆也不敢上前一步。这充分说明它意识到了两种存在，而且意识到了那个最为重要的本质性存在。两种存在必然具备两种逻辑。生命意向性在这两种逻辑中的展开，就是本质论域最为关切的现实。这两种逻辑一方面是作为直接性存在的逻辑。一方面是作为间接性本质的逻辑。在本质论最为开始的地方，二者是一个逻辑，是从尺度当中，演化出来的直接性的统一。在尺度中生命意向性看到了它的直接性存在的必然局限，这个局限是它的基础规定，是它能够存在于自然界当中的必然遵循。这是它必须要取得的合格成绩和资格证。然而，这种逻辑又显得十分有限。如果每个人都以及格线为目的，那还怎么能够推进知识的增长，如何选拔更加优秀的人才呢？于是，两种逻辑便出现了分野。前种逻辑需要更具有生命性的活力,要能够不断地冲破及格线的束缚,实现更高的目标。此时,直接性的存在就不是当前逻辑的主要依据了,反而冲破当前的限定,变成了直接性存在的重要目标。分异与竞争成为了这个阶段的主要运行征兆。可是,分异与竞争也是有限度的。直接性存在再如何突破,再如何绞尽脑汁,它也有自身活动的底线和原则。如同市场经济提倡竞争,可是竞争并不是无序的、野蛮的,它需要在法制的轨道上,开展公平合理的竞争,否则的话,竞争将会摧毁整个社会的基本价值选择。这时,生命意向性就发现直接性存在就有了与其直接不同的间接的本质。后种逻辑自身存在着思辨的矛盾,一方面它要时刻规定着直接性存在的本质,另一方面还需要鼓励直接性存在不断突破这种规定,因为在它看来这种直接存在的本质既是对直接性存在的限定,同时也是对自身的限定。自身的限定使其无法进一步成长,只能慢慢老化,这种老化恰恰为直接性存在的再次超越提供了可能和条件。不仅如此,这种老化也是一种潜移默化的更新。生命意向性将会在这种更新中看到新的希望,生命又多了几分活力。正是基于这种双重逻辑,才使得生命意向性进入到反思的相对规定中。

黑格尔在论述本质论时,也曾明确表示其中的复杂难度。因为,在本质论域中总是涉及双重身份的概念,映现与本质、形式与内容等,都是相对规定的范畴。它不同于存在论域,所有的概念只是按照自身的本性自然而然地推演即可,但是在本质论域,每一个概念都要看与之相对应概念的规定如何,才能够决定它是否真正进入到下一个逻辑环节当中。如同刚出生的婴孩,最初他并没有关于这个世界的清晰认识,甚至关于他的父母究竟是谁也是很难判断的,最初也许连眼睛都无法识别对象,不过这不是他当下要考虑的问题,当下他只需要履行基本的吃喝本能即可。但当他一天天长大,他发现在他的周围对他进行直接规定的就是他的父母,这是一种基本的保护。父母总会让他做这些该做的,而要阻止他做那些不该做的，即便他从来都没有做那些父母禁止做的事情，比如吃些小零食、买些小玩具等。然而，生命的成长总要掀起一些波澜，孩子并不能总在父母的呵护下成长，他需要有自己的生活方式，演绎自己的生命样态。孩子们总要出现一些叛逆，这些叛逆是有针对性的，不是无的放矢，不像是自然世界当中对于生存挑战的一次叛逆，如果对于生存的叛逆那一定是不可想象的，那意味着逝去和放弃。叛逆更倾向于一种"富贵病"，是能够关照到自身规定，或者可以说是完全掌握到自身规定基础上的一次自我超越。也就是说，达到了基本的及格线之后的一次跳跃。在纯粹的自然界当中，任何一次冒险的跳跃，都可能是在自寻死路。不过，自从有了更高理性的出现，人化自然便成为了普遍的形式，自然的选择和进化，也具有了理性的一面，不过这个自然演绎的过程还需进一步在自然哲学中探讨。生命意向性发觉在尺度中所形成的直接性存在与本质的关联，只是最为直接的关系而已，这种直接性的程度，已经到了只要本质规定存在，直接性存在就能存在的地步，二者形成了同一的关联，就像对于一个桌面来讲，只要正面存在，那么反面一定存在。可实质上，二者之间的关系并非如此地简单。并不是像豹子只能吃羚羊，才能生存下来那样直接，豹子在抓不到羚羊的时候，他也能去抓一些其他的小动物来充饥，并不是完全就依照那一原初的直接性的本质，就能够决定一切。本质论域也是指生命意向性进入到了一个间接性的论域，因为他所针对的正是这种直接性的关系。间接性关系必然确立起这种相互设定的相对范畴。所以，黑格尔也曾借用光的反射来说明反思的基本内涵。反射本身就需要在至少两种对象中完成，经过一个对象的规定之后，才能投射到另一个对象上，在另一个对象上再经历一次规定才能反射回来，每一次反射都是有具体的指向性，是两个方面的呼应。"本质的观点一般地讲来即是反思的观点。……在这个现象里有两方面，第一方面是一个直接的存在，第二方面同一存在是作为一间接性的或设定起来的东西。当我们反映或（像大家通常说的）反思一个对象时，情形亦复如此。”[①]作为表现出来的现象和被反映出来的本质，这两个方面之间的逻辑演绎，也就成为了生命意向性在本质论域的主要活动。

因而，在本质论中，有些学者包括黑格尔本人也曾将这个阶段比附成知性思维展开的阶段。这里面是有些道理的。用康德的观念来讲，知性就是判断。“知性一般来说可以被表现为一种作判断的能力。”“一切判断都是我们诸表象中的统一性的机能，因为被运用于对象的知识的不是一个直接的对象，而是一个更高的，包括这个直接表象和更多表象于自身内的表象，而许多可能的知识由此就被集合在一个知识里面了。”[②]在知性的判断中可以明显地看出有两种对象的存在，一种是表象，一种是基于表象的必然性判断。前者是直接性的存在，后者更倾向于间接性的本质。但是，康德所讲的知性与黑格尔讲的知性还是有所不同的。众所周知，近代哲学提出了一个十分重要的哲学主题即未经认识论反省的本体论无效。从此，开启了认识论哲学的天下。不管是唯理论还是经验论，都要从人的主体性认识出发，探讨知识的普遍客观性问题。这就完全打破了此前本体论先入为主的基本境遇。人们开始从意向性的角度，来考量真理的科学性。不过在进一步的考察中，不免都出现了以认识论替代新本体论的倾向。在古希腊哲学中，哲学家们只是无前提地设定了那个最为根本性的本体。但在近代哲学中，哲学家们竟然将那些他们认可的本体放到了新的形而上学的王座上，取代旧有的本体论对象，这只不过是一种新瓶装旧酒的把戏而已。包括康德哲学在内也具有如此的倾向。康德是最为彻底的认识论革命的哲学家。在分析知性机能时，我们可以清晰地看到他将原有的亚里士多德的逻辑学体系，运用到知性范畴的先验演绎当

① ［德］黑格尔：《小逻辑》，贺麟译，商务印书馆 1980 年版，第 243 页。

② ［德］康德：《纯粹理性批判》，邓晓芒译，杨祖陶校，人民出版社 2004 年版，第 63 页。

中,虽然实现了从对象中心到认识中心的迁移,可实质的状况并没有改变,人们还是要按照以前把握知识的根本方式来处理以前被称为对象现在只是被称为现象的东西,并期望在那里面获取更多有价值的判断。直到康德直观到了具有统摄性能力的自我时,他才陷入了矛盾之中。他总在这种主观性的自我和客观普遍性的知识之间不断地徘徊。康德成功地揭示了意向性活动的价值和意义,但是关于自我的意向性活动,关于生命的意向性活动,他还没有涉足太多。他缺少现象学所主张的描述环节,没有从现象学的搁置与还原当中,看到那个自我的意向性内涵。这就导致康德所讲的知性具有单一的指向性,他只是要命令知性不断地从无限的直接对象中获取那个最为稳固的知性概念,他很少看到知性本身包括对象本身都是鲜活的存在,不管是直接性的还是间接性的都是生命的存在,它们从不满足于所设定的那几个被总结出来的逻辑范畴,它们要经历无限的范畴演绎,直到生命的完成。如果以康德范畴观来看的话,其中可分析的逻辑演绎也就仅仅四个阶段而已,而且最终的目的就是要达成这最后的阶段为止。但在黑格尔看来,每个范畴都只是一个通达实体性逻辑的环节而已,只要有一天没有真正实现该逻辑,那么进展将会继续下去,而且即便实现了这种逻辑,那么进展也会继续,因为在实体性逻辑中每一终点也是起点。所以,康德与黑格尔二人关于知性理解的关注点是根本不同的。前者始终都要把握知性之谓对象的知性,能否在对象中展现出它应有的必然性规则和能力。后者始终都要描述知性之谓生命的知性,能否在对象的规定中演绎出无限的生命气息来。

因而,在黑格尔的本质论中,生命意向性不再是以一个旁观者的身份出场,它不仅要承担拍摄的任务,同样也要承担演绎的角色。生命意向性不仅关照到了一个时刻规定着它的一举一动的间接性的本质存在,同时也看到了这个本质存在的老去和无奈,并且随着这种老去和无奈,也在慢慢地成长。即便是主要体现为知性的能力,不过这种能力可不是只盯着直接对象存在的知性,而是能够自主成长的知性。这个过程如同教育孩子成长的进程。父母生养自己的孩子,他也不想自己的孩子像个机器人一样,你给他什么指令,他就执行什么样的指令,他们也希望自己的孩子能够有些主见,有些自己的判断和选择,这在以后的生活中非常重要。因而,父母鼓励孩子能够进行多样性的思考,如当让孩子们干些家务,在没有抹布时,也可以让他们选择用纸巾等工具,只要能够把那些脏渍的地方,擦洗干净即可。孩子们有了多样性的想法,然而这些想法都是在本质的直接规定中实现的。本质规定并没有发生一些实质性的变革,于是一次注定的叛逆便发生了。当父母直接要求孩子去修理家具时,孩子直接选择了拒绝,因为对于他来讲,这个任务超出了他的能力范围,他不得不采取否定的态度。黑格尔也曾明确,在本质论中,有和无的规定,被肯定和否定的规定所取代,被赞同或者不赞同的态度所取代。此时,孩子们采取了拒绝的态度。父母第一次感受到了被孩子拒绝的体验。但孩子的父母并没有生气,他们知道这并不是孩子们本身不想去做,而是他们真正没有这个能力去做这件事,这既是孩子的局限,也是父母的局限。从而,本质首次也体验到了对立的基本规定,这种对立不再是正面和反面的对立,而是肯定与否定的对立。首次的对立,只能被看作是偶然的矛盾。父母让孩子修理家具,孩子拒绝了,父母还以为他是不能修理这一套家具,如果换作另一套也许他就能够完成了,于是便有了下一个修理的任务,然而下一个他也无法完成,如此等等。慢慢地父母就发现不是孩子不能修理这一个或者那一个家具,而是他根本就不会修理的工作,此时父母发现了根本的矛盾所在。只要孩子能做些家务,那么修理的活计就要远离他。父母对此也感到很自责,因为在孩子小的时候,他总是不让孩子拆卸或者组装一些小玩具,结果导致他不善于修理的工作。这种先在的规定,使孩子被牢牢地圈在一个被规定了的范围内活动,一旦踏出圈外半步,他就无法自行存在下去了,这种圈外和圈内的困境,构成了孩子的最初的本质性规定。同时,也是身为父母对孩子规定的一种局限,也恰恰说明最初的本质虽然在内容上是间接性的,可形式上还是直接规定性的,缺乏一定的灵活性。为了改变这种有限的本质,生命意向性决定要放开直接性存在的手脚,就像父母要放开孩子们的手脚一样,让他们大胆地去闯荡。

在闯荡世界的进程中,生命意向性第一个针对的对象就是自身的本质性规定。父母越是不让孩子们干什么,他们越加喜欢探索什么,这是最为典型的打破常规的现象,也是真正的叛逆开始阶段。这种叛逆可不是由于先天能力的匮乏导致的而是由于故意想要拒绝而导致的,是对先前的本质性规定的赤裸裸的对抗。此时,本质不再是仅仅以潜行的方式影响着那个直接性的存在,这次他与直接性存在都要上升到台面上来进行力量上的分殊博弈。在这个过程中,直接性的存在不断地否定本质性规定,同时又在确立自身的本质性规定,实质上他在突破自己的同时,也是在实现自身,在实现自身的同时也是在突破自己。直到有一天,生命意向性突然发现,突破自身本质也就是在消解自身的时候,他发觉到了自身的局限,此时的当头棒喝,使它终于明白了直接性存在与本质的内在关联,是谁也离不开谁的交互关联,一种自觉的本质便实现了出来,现实也就展现在眼前,此时的现实那是实存的自在自为的必然性规定。存在即本质,本质即存在,二者达成了最终的统一。这种关联仿若人与自然的关系一般。人从自然界中突显出来的标志,就在于人对自身的自然规定的否定。在自然界中,万物都要遵守着基本的自然法则,而人的存在就是要打破这些常规式的规定,来做出拟人化的修订。在自然界中,人类是被捕食的动物,但在人化的自然中人却成了安排自然序列的主人。在自然界中,万物可能都要按照最为直接的形式化运动,开展自身的活动,但在人类的社会却是要不断展开这种实质性的变革,甚至首先要把自然放到要加以变革的最为关键的对象。这个过程虽然很漫长,但就在眼前,一切的景象发生的根深蒂固的变化。以前在食物链顶端的大型食肉动物几乎要绝迹,原始森林仿若成为了人们经常在童话世界中才能被谈及的对象，各种稍微有点姿色的自然地带，都已经被规划得井然有序，如果不用些人类发明的通行货币，恐怕我们早已忘记我们的祖先就曾经生活在这片土地上。人类的本质力量在工业革命当中得到了充分的显现，同时也使得自然的本质规定逐渐隐化，甚至连半点的自然生气都看不出来，仿若就从其他地外文明突然降临到地球上，重新创造了一个新的地外文明一般，可见这种生命意向性对于自身的本质性规定的否定，做得是如何的彻底，几乎要将其完全取代和剔除。但是命运总会在人类过于自大的时候，给予那颗躁动而又火热的心，浇上一盆冰水。

取代自然的妄想是不可能的，丧失自我规定的突破就会变成放纵。人类在突破自然规定的过程中，逐渐形成了一种狭隘的人类中心主义，完全忘却了自我的本质规定。这种忘却是在不断地将本质作为突破对象的过程中渐渐达成的。不过也没关系，本质规定的忘却也是自我的忘却，自我的忘却也是自我的迷失和放弃。但这种情况是生命意向性绝对不可容忍的，他的目的是绝对的生命存在，而不是非存在。人类在把自然当成自己的对象的同时，忘记了自己也是在自然这块土地上成长起来的，虽然现如今人类的头脑已经深入到了外太空，可是他的脚跟还深深地埋在这片自然的土地中，不断地挖掘自然，就如同自掘坟墓一般。当人类一点点地挖到了自己脚下的那一片自然之地时，那股深入骨髓的刺痛，让人类明白了他在什么程度上是无法摆脱自然的。人类见识到了自身不断突破不断超越的真正尺度，一旦跨越这个尺度，受伤的不仅是自然也是人类自身，人与自然的关系成为了眼下普遍关注的现实问题。正如恩格斯认为，人在对自然的每一次索取当中，都将要付出相应的代价。在人与自然的几度交锋当中，生命意向性看到了人与自然之间尺度，也就是二者之间的逻辑关系。这种逻辑关系才是真正的本质，是将本质和现象融为一体的现实关联。这种现实关联，就如同量的规定中的圆周率，就如同尺度范畴中的过渡本身,现实才是真正的本质规定。因为,在现实当中生命意向性才真正意识到真正的本质或者说自身的明确界限在哪里,而正是在这个阶段生命意向性关于自身的逻辑规定,也越来越清晰。一旦人类与自然的尺度被发觉,那么人类与自然的矛盾将会和解。人类总会在一定的尺度中,去实现自身的自然规定,同样自然也会在一定的尺度中,具有人化了的规定。自然不再是僵化的没有生气的自在自然,人类也不是那个毫无教养的肆意发牢骚使性子的人类主体。“因此,社会是人同自然界的完成了的本质的统一,是自然界的真正复活,是人的实现了的自然主义和自然界的实现了的人道主义。”①当然在现实的范畴中,生命意向性只是关照到了这种作为现实本质的形式化规定或者可以说是较为抽象的规定。这个阶段也是十分耐人寻味的阶段。我们在学习自然科学知识的时候,总不会仅仅局限在一些抽象的理论公式的学习上,更重要的是要进行实验的操作。黑格尔在逻辑学中也论证过认识与实践的重要关联。那么这种形式化的把握就像是仅在理论方面的公式化教导,从纯粹形式逻辑推断中得出相应的证明。但这种方式对于生命意向性来讲是远远不够的。它不仅需要形式化的推导,还必须经历有质感的实验验证。常言道,书到用时方恨少,事非经过不知难。在存在论的开端,黑格尔专门强调纯存在与纯无的抽象性,纯无只是在形式上实现了对于纯存在的否定而已,但这种否定并不是实质上的,因而需要进入下一阶段的变易中。在变易中,生命意向性真正实现了一次对纯存在与纯无的彻底否定即否定之否定。这种彻底性就体现在生命意向性对于对象的吸收和包容。正如自己的父母总会对自己的孩子进行有力的教导,但他绝对不许别的家长对自己的孩子指手画脚地有力教导。但否定之否定的意向性就是要让别的家长来教导自己的孩子,只不过这个别的家长是以教师的身份出现在孩子面前,这

① 《马克思恩格斯文集》第1卷,人民出版社2009年版,第187页。

便是定在的意义。在现实中,生命意向性绝不想通过简单的形式来体验本质的尺度关联,它要从质的联系中,清晰地体验这样的运演过程,这时它才能真正地理解人与自然的和谐关联。也就是说,生命意向性还要亲历一次从同一到差别、对立、矛盾的过程。要亲历一次从彼此外在的偶然性的分异,一直到内在的不可分离的交互关联的过程,依此它才真正体验到了生命的伟大和高尚。从而,人与自然形成了只有在最初直接同一关联中,才能看到的实实在在和谐关联。当然,这个过程也是十分婉转的过程,这也充分证明黑格尔认可矛盾存在的基本观念。黑格尔一直都坚持唯有矛盾存在,才能够支撑起事物存在的合理性与现实性。从他关于本质的论述中,就可以清楚地发现,他为什么会支持矛盾的存在,为什么要将矛盾作为真理性本质的重要内涵。矛盾是黑格尔逻辑学能够展现出生命力的关键要素。通过交互矛盾,生命才能以生生不息的样态表征出来,人与自然的这种矛盾尺度直接地将生命意向性的本质规定彰显出来,真正实现了直接性与间接性的统一。

第一节　本质的生命逻辑:作为实存的根据

当生命意向性通过直观和感受体验到了尺度时,他便把握到了本质。可最初所把握到的本质是较为直接的方式。他意向到了有一更为根本性的本质与他一同存在,并且他能够清晰地看到这个根本性的本质直接规定了他的存在。此时,生命意向性便不再是那个在存在论域中独自奔波的毛头小子,他看到了他的普遍必然性,他的命运使然,他开始成长为有厚度、有广度的存在。在他的意向性中有了更加丰富的内涵,关注的焦点也由原先的一个增加到了两个。生命意向性要处理一些更为复杂的关系问题。就如同一对父母最初只有一个孩子,后来又诞生了第二个孩子,之前身为父母可以将所有的关爱都给予那一个孩子,但现在不同了,他们要学会公平合理地分配他们的关爱，要使得两个孩子都能得到同样的待遇。然而，这种工作是非常困难的。因为，第一个孩子总觉得以前的关爱更多，现在要少了一些，少了一些，在他的眼中很容易就变成了一种忽视或者偏心。而第二个孩子也会因为自身的弱小，不断地吸引父母更多的照顾和关注。长时间下去，这种分配方式就出现了问题，家庭中的冲突会产生。然而，生命意向性不同于公平秤，他不是按照严格形式的平等原则进行分配，他要按照生命的责任和义务进行分配。生命是鲜活的存在，而不是存在者。生命总要在自身成长中来获取他所应配得上的尊严和意义。他不是死死盯着当下，将当下的财富占为己有。有了第二个孩子，家庭的生命延续更加具有保障，更为牢靠，将会比一个孩子所能承担能力更为强大。两个孩子之间的相互关联，可以使得彼此更为深刻地理解，身为父母的不易，身为兄长的职责，身为晚辈的谦逊。孩子们将会体验到人与人之间的社会关联的多样性。这就是在本质论中的生命意向性与传统哲学中所讲的知性的根本区别。基于此，生命意向性体验到了本质论域中的第一个范畴。他看到了同一的规定——直接性存在与本质共在的一种场景。之所以称为共在，原因很简单，就是生命意向性看到了两个既相同又不同的范畴一同存在的情形。二者的相同之处在于，直接性存在所反映就是他存在所依据的本质，而本质也是关于直接性存在的本质。二者的不同之处在于，看似本质更加具有决定意义更为突出，而直接性存在却成了同质性的规定，成为了可替代的被给予的被使唤的被动性存在。二者相统一的关键就在于二者都具有生命的意向性，才使得二者融为一体，成为彼此互为依靠的“一家人”。

在传统哲学中，关于知性的理解，关于本质的把握，很多时候局限在本质的决定意义上来诠释同一的内涵。此前，也曾谈论过分析命题与综合命题的区别。分析命题的主要特征就是从主词中直接蕴含着谓词的规定。比如圆桌是圆形的。分析命题具有严格的规定性，它要求它的谓词必须要严格执行它所设定好的程序,一旦出现了差错,整个命题都将成为伪命题。如当我们设定圆桌是方的或者是其他图形等,这些命题都是虚假的表现样式。分析命题就如同一架按照科学原理设计的机械,每一个环节都是事前规定好的,稍有一点点失误,整个的运行就难以为继。这种分析命题仅仅表现了形式上的抽象同一。那么在内容中也会出现抽象同一的情况。比如近代哲学中的经验主义。他们最为典型的思维方式,被休谟揭示得一清二楚。经验主义总要试图通过后天经验的不断总结,从而形成较为稳固的思维惯性,以这种思维惯性来取代真理的客观普遍性。这一派喜欢以空间形态的观念来换取时间性的规律。比如经验论的哲学家通过感性直观,看到了基本的现象要素,通过对这种现象要素的整理,形成基本的经验判断,以此判断为推演的最初前提,然后进行大量的实验,在实验中论证前提性预判的真理性,或者修正,或者推翻原有判断,形成新的经验性知识。这种依照培根"三表法"确立的观念,就具有直接的真理性,以后一经出现相应的命题或对象,就可以直接做出相应的论断。这种经验论思维,就像是常年进行数学运算形成的算术思维。有些孩子们为了应付考试的要求,需要不断地刷题,甚至刷到只要见到题,立马就能够说出答案,至少能够说出计算的基本思路,而不至于卡在半路。不管是经验论还是唯理论都有这种一下子就锁定真理的倾向,都有一种思维功利主义的态度,以为把握到了他们所得出的原理和原则,就可以一劳永逸,以不变应万变,但殊不知这只是一种拿空间换时间的思维策略而已。当人们通过经验的方式,看到了天鹅都是白色的,那么便以此推断出所有的天鹅都是白色的判断。因而,在以后的经验中,只要看到黑色的飞禽都不是天鹅。可是后来的多次经验验证,天鹅居然也有黑色的,自己实现了证伪。经验论的一些命题也是抽象同一的,虽然看起来是一种综合的样式,但背后的思维态度仍然是抽象的。它总想让经验的对象完全按照它所事先设计好的规定延展。它没有看到经验对象之所以能够按照思维的规定演绎，根本原因在于思维的规定符合了经验对象的生命逻辑。一旦违背了这种生命逻辑，那么不管多么有势力的权威，都无法成为一成不变的绝对真理，都将在生命的演绎中被更高级的逻辑所取代。因而，黑格尔所讲的同一，更具有一种包容性，他允许直接性存在与本质之间具有一定的距离和差别，他们之间绝对不是说一不二的对应关系，而是随时都有可能进行更易的间接关联。只不过这种间接性目前还没有完全地展开，还是以一种潜在的趋势正要出场。因而，只从外观的角度来看，并不能看出黑格尔的同一观念与其他哲学家的同一观念有什么不同，可是从内容自身的角度讲，二者是存有一定的距离的。此时，一方面作为直接存在的生命意向性能够体验到这种存在跃跃欲试的趋向，另一方面他还能看到一切尽在本质性规定的掌控之中，所以才能做出同一的规定。

正是基于完全不同于知性思维的同一规定，差别的范畴自然而然地登上演绎的舞台。"首先，差别是直接的差别或差异。"①在本质看来，作为直接存在的生命意向性就如同自己的孩子，他不是自己的工具，他是自己生命的延续。而作为直观的生命意向性也看到了这一点，此时，他不是把本质看作自己的枷锁，而是看作自身所从出的家园。本质从没有对直接性的存在下达过严格的命令，他只是按照规范性的要求，为直接性存在画了一个圈。在这个圈里他是绝对允许直接性存在的多样性展现的。比如身为父母，他可以要求孩子去打扫自己的卧室。但至于他怎么去打扫，是用抹布还是用纸巾，这都是无关紧要的，只要孩子用着方便顺手即可。正是在生命意向性的本质规定中，生命意向性可以尽情地展现着自己丰富的多样性。这种多样性，必然带来各种外在的差异。之所以称之为外在的差异，根本原因在于这些不同，并没有关涉到本质规定自身，只是在本质规定当中来展现出的差别。这种外在的规定，就如同之前在质和量

① ［德］黑格尔：《小逻辑》，贺麟译，商务印书馆 1980 年版，第 252 页。

的范畴中所谈及的规定是一致的。量无非是在质不变的基础上,所展现的质的外在规定。那么,直接的差异也是在不触及到本质规定的基础上,所产生的外在的多样性。关于这种外在的不同,对于作为直接性存在的生命意向性来讲,却是非常重要的。他把与自身直接相关的叫作相等,与自身不相符的就是不相等。比如,孩子在打扫房间的过程中,发现还是使用抹布更适于他自己的能力要求,而用纸巾来擦拭则更加地费时费力。这便是一种相符和不相符的观念。在这里黑格尔曾经批判了传统知性思维中的相异律。这种相异律就是主张外在差异的一种知性思维。这也是沿着抽象的同一律而推导出来的一条知性运演的基本规律。既然桌子只能是桌子,那么桌子就一定不是椅子。黑格尔还引证了当年莱布尼茨的相异律,来对比知性思维中的外在相异的关联。莱布尼茨所讲的相异律绝对不是几位宫女到庭院中寻不到那两片一模一样的树叶,那样简单。他所强调的相异一定是本质性变革中的相异,而不是表象中的不同,是在自身发生的实质性改观的相异,是在生命平台上生命意向性所展现的多姿多彩的规律性演绎的相异。如同在圆周率的规定中,按照逻辑生成的从点到球的圆形世界。在尺度的关联比例中,按照逻辑演生的从直接规定到间接规定的过渡环节。

这种外在的差异并不能够一直维持下去,作为直接性存在的生命意向性是非常好动的存在。他总要突破现有的具体规定。抹布还是太费劲了,孩子们想到了打扫房间的更好的办法,使用吸尘器。这下既省时又省力地完成了本质性规定交办的任务。可这时本质又下达了新的指示。让孩子们去喂一下饥肠辘辘的小宠物,这点工作对于孩子们来讲是力所能及的,也顺利地完成了。可是其他的一些任务就比较有难度,比如让孩子们去完成额外的一些家庭作业等,这些任务就比较令其为难,可是碍于压力也只能无奈地去完成,但效果却不太理想。此时,本质规定又下达了个致命的任务,让孩子们去修理家具。这个任务可把早已按捺不住自己的孩子们惹恼了。因为,他们根本就不会修理家具,而且家具的体积和重量早已超出他们力所能及的范围,他们知道了这不是任务本身的问题,而是下达任务的本质规定出现了问题。于是,对立的范畴便从外在的差异中突显出来。对立可不是在本质身上的外在规定,而是生命意向性直接指向本质。“在对立中,有差别之物并不是一般的他物,而是与他正相反对的他物。”①也就是说,生命意向性看到了本质为他规定的那个圈、那个界限、那个尺度。这可不同于之前所讲的外在差异,这些差异是无伤大雅的,可以有自己的选择自由。但是在对立当中,是没有那么多选择自由的,要不他只能遵守这种本质的规定,老老实实地待在本质为其画下的圆圈中,或者他要突破这种本质规定,来否定这种本质规定,同时也实现自身的彻底否定。这就如同一个桌子的正反两面,每一面都是对对方的限制规定,每一面同时也是对自己的限制规定,如果有一面崩塌了,那么另一面也将随之消散。在这里黑格尔又分析了知性思维中的排中律。在知性思维中,排中律总会陷入非此即彼的模式中,比如一个几何图形不是圆的,就一定是带角的。不是等于 A,就是等于非 A。黑格尔认为,这种两极的分析观念是十分有限的。当他提出两极观念时,就已经意味着第三极的出现,是真正能够包容两极于自身的观念。在黑格尔所论述的对立中,生命意向性看到本质给与直接性存在的指令,是具有一定的不合理性,暂时超出了直接性规定的能力范围。可这种能力范围,只是当前直接性的现存能力规定,他还有潜在的能力规定没有真正地释放出来。的确,父母最初的时候并没有教给孩子们修理家具的技术,但是小时候孩子们经常在父母的眼皮子底下偷偷摸摸地干些拆卸和组装各种小零件的勾当。这为他们实现自身的内在潜能,提供了重要的基础。于是,在本质的督导下,生命意向性见证了一次突破自我,从而实现自我的伟大创举。在

① [德]黑格尔:《小逻辑》,贺麟译,商务印书馆 1980 年版,第 256 页。

这一次次的突破自我和实现自我中,生命意向性终于发现了自身的现实规定或者现实本质。一旦突破这个现实规定或本质,生命意向性不是在继续成长,而是相反不断萎蔫。一直萎蔫到他所开始的那个地方,也就是作为直接性存在,最初在本质中出现的那一幕。

在这种几度“轮回”中,矛盾的概念终于显露出来。矛盾更像是生命意向性所看到的直接性存在与间接性本质之间的比例关联,虽然比例更多用在量的范围中,但它的逻辑意义却是十分重要的,它最为鲜明地展现了关于一个规定较为成熟的形态。矛盾与对立概念存在着重大区别,矛盾是一体两面的,是将对立的两个方面,融为一体的那个实质中的对立。正如同人类从自然界当中超越出来,真正表现出与其他自然生命不同的形态出现在世界当中。最初,人类还需要听天由命,需要从自然中直接获取他的生存物资,就如同其他动物一样。他可以捕猎吃一些羊肉,也可以打鱼吃一些鱼肉,甚至也可以爬到树上,采摘一些野果子等,这些都是自然所赋予他的一些先天规定,是被自然的本质直接规定的。然而,在这个过程,人类慢慢发现,他在捕食其他的猎物的同时,其他的猎物也把他当成猎物,在自然当中只有弱肉强食,优胜劣汰的自然法则,除此而外一切都是偶然的。只有改变这种自然法则,才能改变这种人类的有限规定。此时,人与自然开始形成了一种对立的关系。人也慢慢地要从自然中突显出来。人对自然的超越,是一个极其漫长的过程,首先他要突破作为自然存在的直接显现。人类要观察自然,观察他周遭的一切自然对象,他要处理对人类来讲最为直接的自然威胁。以前,还是遵守自然法则的“乖孩子”,现当下已经开始将自然视为一种“威胁”,这是人类对自然的一次叛逆。他开始寻找具有安全位置的可以长期居住的洞穴,开始群体性地追赶各种猎物,开始使用自己徒手制造的各种工具。更显著的是,人类学会了驯化动物和植物,开始有了耕种和放牧的意识,他懂得将自然所有的东西,划归到自己的名下。其次,又发明了机械,发明了各种智能的设备和工具。在人类的社会,现在几乎很难再找到一些原始自然留下来的痕迹,正如原初的时候,人类也是很难在自然当中留下自己的足迹。人类对自然的索取,原本只是基本需要的满足,但现在每一次对自然的胜利几乎都成为了人类欲望能力的显现,是一次次关于自身本质力量的确证。基本的本能需要,是很容易被满足的,但是无尽的欲求却是填不满的。因为,它已经完全超出了原初本质的限定,它把本质当作了突破的对象,它远不是那个还在被本质划界,乖乖听话的小孩子了。在无尽的欲求中,生命意向性开始将本质作为自身的敌人和攻关的唯一对象,能够对本质规定突破多少,也就能重新确立起自身新的规定和界限,他认为如果这个界限被通达到无限之境,那么生命意向性将会在人间展现出神的力量,建立起他所幻想的天堂。幻想始终都是幻想,是不可能实现的,生命意向性终于突破到了极限,遇到了难以解决的生命瓶颈。这个瓶颈也是一个生命的悖论即生命越加拓展,越加展现他对自然的占有,他就越加失去生命的价值和意义,越加成为非生命的东西,而渐渐地失去原有的呼吸。从这一刻起,人类对于自然的每一次胜利都在诡异地宣告人类的失败,人类每一次的本质力量的自由展现都是他自身力量削弱的必然。此时,生命意向性看到了一个更为现实的"尺度"。在这个"尺度"中所展现的对立两方面,就是矛盾。

这个尺度非常倔强,远比他第一次碰到本质性规定的界限不知顽固多少倍。就像小孩子在父母的呵护下成长,他可以在合适的时候,违抗父母的指令,父母可能由于关爱也能够原谅他,或者责骂两句或者踢上两脚也就完事了。但是,一旦孩子们长大了走向了社会,社会的规矩可不是简单的责骂两句或者踢上两脚就完事了,他要付出更多的代价,才能理解社会的规矩,不是轻而易举能够改变的,不是可以随意触碰的。他会发现这种社会的规矩才是他的本质性规定,这个规定更加现实和真切,不像父母的那种规定那样的主观随性。这种现实的规定会跟随他一辈子,他要时时刻刻按照如此的规矩行事,才能保证他自身的安然无恙。但是即便如此,还是有很多人不顾多次经验的劝告,一次次冒天下之大不韪,去践行自己的理想和抱负,但结果也是很残酷的,生命也会被渐渐地削弱,一直削弱为最初的形态,才能“轮回”新的开启。正是在这种不断的“轮回”中,这种社会的规定便以矛盾的形态与生命意向性成为了一体,一方面他是保护生命意向性能够自由演绎的根本原则,另一方面它也是一条硬性的法规,一旦遭受到无理的侵犯,它必将侵犯者绳之以法。生命意向性在那一次次痛苦的经历中,终于发现了那个始终未变的“尺度”,那个直接性存在与间接性本质的具体关联,形成了永固不变的“比例”。这个“比例”时刻告诫着生命意向性他究竟是什么又不是什么。基于这两方面的意义,排中律也要上升为一种矛盾律。一事物既是 A 也是非 A。生命意向性发现了直接性存在与间接性本质的内在关联。他看到了从最开始他就是严格遵守着这样的比例关联来展开自身的。比如小到孩子与父母之间的逻辑关联,大到个人与社会之间的逻辑关联都是如此。而且这种从小到大的历史进程也是按照如此的比例安排展开的。这里面也鲜明地展现了黑格尔多次强调的历史性与逻辑性的内在统一。当生命意向性发现直接性存在与间接性本质的内在“比例”时,其实他就发现了根据的概念。“根据是同一与差别的统一,是同一与差别得出来的真理,——自身反映正同样反映对方,反过来说,反映对方也同样反映自身。根据就是被设定为全体的本质。”①

根据可以说是本质经历了变易的整个过程,开始要向本质的定在阶段转化的过程。在这里生命意向性第一次看到了本质的全部的抽象形式。之所以称为全部的抽象形式,因为他发现他还是处于一个本质的逻辑规定之中,始终没有真正地走出去。此前的每一次在本质中的跳跃,无

① [德]黑格尔:《小逻辑》,贺麟译,商务印书馆 1980 年版,第 260 页。

非都是在本质更加成熟的规律当中进行演绎而已，就如同盗梦空间一般，原本以为跳出最初的梦境，但实质上只是进入到了一个更大的梦境之中，始终都未曾走出去。不过还好，他终于领略到了那个更大的梦境，同时也看到了他只不过是那个更大的梦境中的一个不起眼的存在而已。在这里黑格尔还着重阐述了莱布尼茨的充足理由律。由此来分辨知性思维关于根据的外在理解和把握。如果按照理智思维的方式，它会将根据理解为同一与差别抽象的统一。即关于根据的一种形式主义。“根据和根据所证明的东西乃是同一的内容，两者的区别仅是单纯的自我关系和中介性或被设定的存在的形式区别。……我们总想同时看见事物的双面性，一方面要看见它的直接性，一方面又要看见它的根据，在这里根据已不复是直接的了。这也就是所谓充足理由律的简单意义，这一思维规律宣称事物本质上必须认作中介性的。”①黑格尔的这段话看似晦涩，但在他所列举的事例中，清晰地解释他所要表述的核心思想。如一位法学家在答复为什么一个犯法的人须受到处罚这个问题，他答复道，市民社会碰巧是那样构成，犯罪的人不可不惩处。这种答复正如它所表明的那样，根据已经在结果中直接表达出来，直接性与中介性只是单纯形式上的差别。当被问及什么是根据时，理智思维便直接回应，“根据即是有一个后果的东西”。但接着问及后果是什么时，它又直接回应，“后果是有一个根据的东西”。根据与后果仅仅形成了一种形式上的简单关联。这种认识方式，无论是理论还是实践层面，都无法满足人们关于事物的正确理解。正如当我们看见电流的现象，而追问其根据时，绝不会满意于，电正是电流这一现象的根据，这样的答复。再则，按照理智思维的理解，根据也并非单纯的自身同一，它也是有差别的外在的东西。比如关于盗窃行为，有人能够列举出很多根据或理由。或者因为他觊觎别人的财产，或者因为他

① ［德］黑格尔：《小逻辑》，贺麟译，商务印书馆 1980 年版，第 261 页。

太饿了,或被盗者没有很好地运用他的财产等。可这些根据都称不上充足理由(都不是莱布尼茨所提出的充足理由),所谓的充足根据就是那与结果完全统一的根据,唯一的根据,是通过结果来说明根据自身内涵,结果也正是根据内涵的完全体现。根据与结果之间并非外在偶然的关联,通过过渡的样式确立起来的关联。还有一点需要注意,就是在法律和道德领域,理智思维还容易导致诡辩论的观点和原则。一提到诡辩,有人认为就是一种歪曲真理和正义的胡说八道,可这并非诡辩的直接倾向。最初,诡辩论的观念只是合理化论辩的观念。诡辩论的产生,是基于古希腊人不满意于传统宗教和权威的压抑。古希腊人觉得有必要对那些日常认为可靠的事物进行思想上的证明,于是他们开始为现成的事物寻求各种根据。可这种根据只是无本身规定的形式根据,抽象的差异性根据,导致不道德的违法行为的根据,并不比道德的合法行为的根据缺乏说服力,要决定哪个根据更可靠,只能靠着主观自行抉择,客观真理的基础就被摧毁,这就是诡辩论的诞生。苏格拉底正是在这个意义上,想要指明诡辩论的根本缺陷——对根据的形式化理解,从而重新确立起正义与善等普遍概念的客观真理。即便在现时,这种形式化的理解也是很普遍的,比如在宗教演讲中,为了吸引听众,牧师们不惜找各种理由说服听众,不过这些理由也同样可以拿来作为反对他们观点的理由。"在我们这富于抽象反思和合理化的论辩的时代,假如一个人不能对于任何事物,即使最坏或最无理的事物说出些好的理由,那么真可说他的教养还不够高明。世界上一切腐败的事物都可以为它的腐败说出好的理由。当一个人自诩为能说出理由或提出根据时,最初你或不免虚怀领受,肃然起敬。但到了你体验到所谓说出理由究竟是怎么一回事之后,你就会对它不加理睬,不为强词夺理的理由所欺骗。"①

① [德]黑格尔:《小逻辑》,贺麟译,商务印书馆 1980 年版,第 265—266 页。

黑格尔表明这些所谓的根据,都不是莱布尼茨所讲的充足理由律,也不是黑格尔自己所谈论的根据范畴。在知性思维看来所谓的根据只是较为充分的致动因,只是很偶然地能够引起运动的机械性要素。各要素彼此之间的关系便不是十分紧密,或者也可以说相互间的逻辑关系并没有充分地展现出来。人们还没有真正发现它们之间必不可少的牵连。如滋养植物成长的水、空气、阳光等要素,虽说都是植物生长的前提条件,但它们还没有真正上升到本质的规定。比如之前曾经例举的事实,孩子们被要求打扫房间,当然他需要各种工具,可这些工具并不是本质性的规定,本质性的规定在于孩子们所具有的能力本身,在于父母按照这种能力所给予他们的规定。当孩子们真正拒绝这种规定时,也就是拒绝成为一个能够打扫房间的孩子时,他的本质规定就要出现变化。而不是说,当他不会使用扫除工具或者说不知道扫除用具时,他就丧失了他的本质性规定,有些孩子即便不会使用扫除工具,他也会选择用手来擦拭桌椅。有些植物即便没有阳光雨露,它也要成长,即便长得不怎样,甚至很快就夭折了,但不影响它是它自身,它的本质规定并没有发生实质性的改变。从这里我们可以清楚地看到,黑格尔多次强调目的因的重要意义。因为,目的因直接关涉的是事物自身的本质,是与本质内涵直接关联的规定。这就需要再次回到根据概念本身。其实,在直接性存在进入到本质论域时,就已经注定了具有根据的命运。根据的命运齿轮早已经开始转动,只是刚开始时,作为直接性存在的生命意向性并没有真正地意识到,当然作为这种规定直接性存在的间接本质的意向性也没有看到,二者都是以较为抽象的样态展现出来,就像是几何学中的点,最初的时候,没有人能够看出它的具体的质量规定,当量的规定真正确立起来之后,生命意向性才能够真正把握到点原来只是圆的概念的最为抽象的样态而已。所以,黑格尔的概念逻辑与一般的逻辑是根本不同的,他总是要求最成熟的概念,往往都是从思维演绎的最后阶段向着前面的阶段进行逻辑规定,最初的概念都要在最后的概念中，才能够真正看到自身存在的普遍必然性。从这一点，也能够清楚地看到，黑格尔所讲的逻辑开端和终点都是设定起来的概念，是相对的概念而已，也是具有逻辑本质的概念。莱布尼茨看到了作为根据的本质。也就是说，他看到了那个直接性存在与间接性本质之间的那个实质性的"比例"。那个"比例"从一开始就被种在了任何一个直接性存在的身体中，成为了他们每一个生命运演的最终规定。最初，成为了生命意向性的潜在基因，潜移默化生命意向性的指向与活动。就好像陌生的人们之间彼此相见并不会像是见到外来物种那样惊奇而又恐惧，因为首先人们彼此之间都会相互进行基本的判断，而这个判断不会离开人本身的基本内涵，虽然彼此都没有关于人的内涵较为清晰的判断，可潜意识却时刻告诉着彼此，他们都是同类而非是异类，这便是那种根深蒂固的类意识。当人们真正把握到了现实的类意识时，人们就会自觉地形成具有丰富内涵的类概念。

然而，关于根据的总体性把握，并不能令生命意向性感到满意，因为他发现他并没有真正摆脱本质规律的限定，还是处在一种被规定和被给予的背景下，只不过他现在更加清晰地看到了这个被规定和被给予的本质方的切实存在，不像是在存在论中，关于这种本质性规定还很陌生。但是，在最初的本质阶段关于本质的把握也是十分有限的，比如在同一的规定中，生命意向性所意向到的本质，只是抽象规定的本质，如同几何图形中的点，还根本看不清楚他的具体存在样态。直到在差异、对立、矛盾中，生命意向性终于意向到了那个本质的基本样态。这个过程就像黑格尔在阐述纯存在——纯无——变易的过程。直到在变易的环节，生命意向性才真正意向到了那个最为成熟的本质形态，也就是直接性存在与间接性本质的"比例"关联。通过这样的关照，生命意向性也充分认识到自身并没有完全摆脱本质的限定，从而本质也没有完全超越自身，整个的过程还是在一个早就设定好的本质限定中来进行的。这就如同一场梦，在做梦的过程中,没有人会告诉自己的思维意识,那就是一场梦,他会从一开始就把这场梦当作真实的故事来演绎,但梦总是有醒着的一天,只有当思维意识真正从梦中醒来的时候,他才能自觉地意识到,他原来是睡着了,做了一场真实的梦。但是,为什么会产生这种梦境而不是其他的梦境呢?这里面还是存有一定根据的。比如人们会在梦中梦到自己在到处寻找卫生间,那实际中他可能真是内急。梦与现实画着一个同心圆,反映了相同的圆周率,这是不变的最终依据。那么,生命意向性为什么深深地陷入了本质的抽象规定之中,因为他受着直接性存在与间接性本质的"比例"规定才如此地表现出来。一旦生命意向性看到这个本质的真身呈现出来,那么它就有了下一个意向的任务。要在实际中真正地看到、体验到这种本质的"比例"如何真实地演绎着它的必然性的生命运动。这是生命意向性从梦中醒来开始面对真实世界的一段旅程。他总是不断地受到这种本质观念的冲击,可是他却从未从本质的视角真实的体验一次身为本质的内在感受,它要突破梦境的限定,开始感悟这个不断刺激他头脑的本质规定。生命意向性要掌控根据,从而突破根据的界限,根据要成为实存。

黑格尔关于实存的论述是很有限的。"实存和物这两个范畴在《大逻辑》和《小逻辑》中的位置安排有重大差异。……简言之,这个问题还需存疑。"①不过,在两部逻辑学著作中,都表明了实存所具有的普遍特征:实存是自身反映与他物反映的直接统一。实存即是无定限的许多实际存在着的事物,反映在自身内,同时又映现于他物中,所以它们是相对的,它们形成一个根据与后果互相依存、无限联系的世界。这些根据自身就是实存,而这些实际存在着的事物同样从各方面看来,既是根据复是依赖根据的后果。对于生命意向性来讲,实存是他关于根据的切实体验,这种体验乃是在他感悟到了根据概念之后,一次在实际中把握根据的阅历。

① 庄振华:《〈小逻辑〉评注》,上海人民出版社 2023 年版,第 269 页。

这就如同孩子的学习一样。孩子们要学习课本上的知识,可仅仅学习教科书中的那点东西是远远不够的,他们虽然理解了教科书中的原理公式,但还要学会如何应用这些原理公式,甚至还要将这些原理公式运用到实际的生活当中,因而孩子们在学习的时候,还要做各种练习册,进行各种实践体验。生命意向性在领悟到了根据的基本原理后,同样也要进行各种训练,要能够真切地看到根据,不仅是说说而已,还在各种实际存在中显示着它的威力。然而,这种实践体验不是一蹴而就的,而是一个从偶然慢慢上升到必然的过程。一个事物总会有一个根据,这也许是最初的认识。然而,生命意向性绝不仅仅局限在这种有限的范围内,他还要追问这个根据的根据又是什么,于是一系列不断回溯的根据链条就产生了。但最后他发现这个链条不是一直延展下去的,它不是一条直线,而是一个圆。生命意向性又回到了实体性的逻辑体系之中,他发现作为实际存在着事物的根据,绝不是一个他物,就是他自身。此时,实存就完全摆脱它自身所具有的外在偶然性,它实现了对自身的全面把握,它变成了抽象的物。

物是实存与根据的统一。在实存中,根据总是偶然地、外在地表现出来,但在物中根据将会是有条理地、有逻辑地展开。如同孩子在举一反三的不断练习中,完全理解的这个数学的知识点。此时,他能够将这个知识点的来龙去脉说得一清二楚。当根据这个知识点,已经历了反复的检验和应用,生命意向性对此已经了然于胸,接下来他要把这个根据本身的整个逻辑进程系统地演绎出来,这既是一种重构,又是一种确证。现代科学有一条非常客观的标准,但凡能够称得上科学的真理,都要能经得起反复的验证,如果每一次验证的结果都一致,那么才能被认定为科学。在物的概念中,生命意向性也要执行这种反复验证的过程,只是这个过程不同于直接的经验科学的验证。他不需要将一套科学实验的材料,放到实验室中进行精确化的操作,然后得出和其他实验验证一致的结果即可。生命意向性的验证乃是一种确证,他要从头到尾、从尾到头将整个根据的进程完全演绎一番,在这种反复的“轮回”中,他要确证那个直接性存在与间接性本质的内在尺度,只要那个内在尺度还在,那么物就是自身。所以,此时物具有了各种样态的特质。这里面,黑格尔还专门解释了存在论中的“是”与本质论中的“有”的根本区别。前者说明的只是一种直接关联,后者反映的恰恰是一种间接关联。接下来,物就开始了他的演绎进程,这时它就具有特质的规定。这就如同一粒种子,仅仅从表面上看,根本不知道它是什么的种子,但是它是它本身,它是一物本身,也就是说它自身具备实现它自身的内在基因。不管它外观如何,只要它是蔬菜的种子,它就是要长成蔬菜,它要是水果的种子它就是要结出水果。紧接着,它要突破这种抽象的基因形态,它在各种具体的样式中来表征它的实质。比如它要从一粒种子,发出枝叶,然后从枝叶长成树干等,这些形态无一例外地表征了物的特质。所以,以“有”的方式来说明物的运动变化发展,充分展现了本质性规定的重要意义。这里面仍需注意的问题是,并非所有的种子都能够长成参天大树,这里面还涉及一些偶然性的因素,这种偶然性集中表现在直接性存在的否定关联中。比如在画圆的过程中,有些点的运动轨迹较小,那么它画出的圆形就比较小,有些点的运动轨迹较大,那么它画出的圆形就比较大。有些点的延展运动被阻碍,那么它就在原地转圈,形成一个有深度的点。这些偶然性的表现,都将在现象领域被再次提及。在现象领域直接性存在将会更加主动地与间接性本质发生激烈的互动关联。在抽象的本质规定中,一切还是有条不紊地被本质严格规定着。一旦进入现象领域,可就不那么简单了。此时,物有了各种特质的形态(黑格尔也将其称之为物的质料),但生命意向性知道,这各样的形态,并不是物本身,也不是根据本身,它们都只不过是反映本质而已,真身还是那个蕴含在每一形态中,并且严格规定每一形态具体运演,以至于运演到下一个逻辑形态的必然“尺度”(黑格尔也将其称之为物的形式），这才是本质的真身，物的本身。其实，这里黑格尔反复强调的物本身，与现象学派所讲的本质直观有着相近的内涵。在这样的过程中，最终物将会以质料（特质）和形式（必然“尺度”）内在统一的方式展现出来。

第二节　本质的生命显现：实际存在着的现象

在物的概念中，生命意向性深刻地意识到，本质仍然是一个捆绑自身的逻辑规定。在本质中，他原以为可以实现更大的自由，可以展现更为丰满的生命价值和意义，但是到头来，还是没有真正摆脱有限的规定。他要进行再一次的抗争，如此一来，整个现象域就成了生命意向性同他所意向到了的本质性规定之间相互博弈的一场好戏。黑格尔指出：“本质必定要表现出来”。但怎么表现，是否还能够像在根据中那样顺其自然地表现出来，就未必如此了。“本质在表现出来以前，则只是映现于自身内。映现和假象原来是一个字：作名词用，译为假象；作为动词或动名词用，译为映现。当本质还只在自身之内映现，而尚未表现出来时，则作为质料与形式之统一的物（就物之为自身反思，言为质料，就物之为他物反思，言为形式）只是直接性的东西，是假象，是没有本质的东西。所以，本质在自身内映现，实际上就是扬弃本质自身，使自己成为没有本质的直接性的东西，——亦即使自己成为假象的过程。”①这个过程更加确切地讲应是本质让位给假象的过程，并不是本质完全放弃自身的过程。以前一直都是本质起着关键性的决定作用，但现当下这种决定性作用受到了质疑，它的决定性地位开始发生迁移，以前本质是绝对的主角，但现在谁是主角不是由本质说了算，而是要由二者之间的相互博弈说了算。“被视为现象

① 张世英：《黑格尔〈小逻辑〉绎注》，吉林人民出版社 1982 年版，第 341 页。

的实在,是高于直接的、独立的存在的某物。这使普通意识感到惊奇,但这是因为它把现象理解为实在面前的帷幕。实际上现象之后无物存在。说本质是现象,就是说它必然显露,本质不在现象之后,或现象之外,而是返回到实存。"①就像有些人在理解马克思的唯物史观时,总是将马克思的理论归结为是一种典型的经济决定论。这是对马克思观点的误解。马克思从来没有具体论证谁掌握了经济命脉,谁就有了主动权、决定权,马克思更加强调的是一种经济关系的矛盾运动才能真正起着关键性作用。因而,这里面就涉及如何理解现象或者映现的基本内涵。在康德那里,现象是人的认识的唯一对象。那么现象是哪里来的呢?它是通过物自身刺激人的感官,直接形成的印象,以及关于这些混杂印象的整理得到的。现象与物本身有着严格的界限,这条界限绝对不允许人的认识跨越一步。但在黑格尔那里却有些不同,现象一定是物本身的现象,现象在展现自身的同时,更重要的是展现物本身的逻辑演绎。在物的概念中,已经说明了这个问题。因而,在黑格尔看来,现象即本质。马克思主义哲学多次强调要透过现象看本质,也并不是要全部否定了现象,才能把握到现象背后的本质,它所主张的恰恰是在现象的演绎中能够看到演绎本身的内在逻辑和本质。或者更为通俗地讲,就是要找到现象运演的基本规律。而绝不是将所有的现象堆积在一起,然后从中抽离出那个理智的规则,这种规则正是黑格尔所严厉批判的对象。在逻辑学中,现象总是与物本身一同显现。只不过这种显现方式或者有些和缓,或者有些激荡,但都要充分展现生命意向性关于现象与本质内在逻辑关联的生动体验。

生命意向性在现象界首先感受到了现象的杂乱。这种杂乱是一种抗争,是对间接性的有序本质的一种反叛。就如同青少年的叛逆期一般,他

① [加]查尔斯·泰勒:《黑格尔》,张国清、朱进东译,译林出版社 2012 年版,第 373 页。

总算看到了那个束缚自身的本质规定是什么,他要针对这种本质规定进行反叛。不过刚开始的叛逆还很微弱,仅仅局限在口头上或者言语中。比如父母总让孩子先洗手再吃饭,生气时孩子总会一口回绝,斩钉截铁地否定父母的指令,但是没过多久,他又得乖乖地去洗手,因为如果他不那么做,可能就要挨饿。在这个过程中,已经看到了对本质性规定产生了一些不满的反响。甚至还有些情况,孩子们不仅在言语中彻底地否定,就在实际行动中,也采取直接否定的方式。比如老师经常吩咐孩子们要在放学后写完作业再去玩耍,可有些孩子早就把老师的话当作耳旁风,不仅没有记心上,而且干脆就不去做。惹得老师极为生气,那么没办法只好选择惩戒的方式,如果没有完成作业,那么孩子也许就要被罚站,或者直接告知家长,通过家长和老师的双重教导,孩子们最后也得妥协了,还要乖乖地听老师的话,完成学校布置的任务。但是,在这个过程中,也会遇到些脾气极为倔强的学生。他不仅不听老师的话,连家长的话也不听,就是不写作业,就想玩游戏。无论如何地严厉管教都无法使其听话,那么这时候就需要一些"软硬兼施"的方法。一方面可以让大一点的孩子体验一下烈日下搬砖头的痛苦,体验一下父母辛苦加班赚钱养家的不易,使其产生一种情感的共鸣和思维的同化。另一方面还要对孩子多施加一些鼓励和奖励,让他在取得一定成绩之后,能够获得真实的成就感,要比游戏中所取得的成就感更加真切而又厚重。在这样的几番教导中,越发顽皮的孩子,往往更加能够被激发出强大的学习能力,后劲更足,成绩更加优秀,最后却都成了父母和老师眼中的"好孩子"。也许这种例子放在这里来比附现象最初的躁动,有些不合适,但是其中的演绎逻辑却是十分相近的。这里既然只是谈及逻辑本身,就不涉及好坏善恶的价值判断。只是在这种逻辑当中,"凡现象界的事物,都是以这样的方式存在着的:它的持存直接即被扬弃,这种持存只是形式本身的一个环节;……这种无限的中介,同时也是一种自身联系的统一,而实际存在便因此发展成为一个现象的整体和世界,为一个自身回复了的有限性的整体和世界。”①生命意向性发现在现象世界中,根本没有持存的地位,因为根本也无法持存,一旦持存了,总要有非持存的各种手段方法,让其成为偶然的持存。可见,在纯粹的现象领域,生命意向性的叛逆,又一次宣告失败了。

但这种失败也不是毫无价值和意义的。黑格尔经常引证,失败乃是成功之母的道理。在这一次现象界的旅程中,生命意向性也看到间接性本质的关注点。比如父母和老师都将教育的关注点放在了学习和写作业上。孩子们虽然年龄较小,但是他们的心灵却是十分的敏锐,哪怕是一片枫树叶的抖动,在他们的心里都会扇起一阵狂风来,同样也正因如此,孩子的心灵又是十分脆弱的,需要被认真地呵护才行,当然这点也是很难做到的。这么敏锐的心灵一下子就能够抓住父母和老师的关切点,虽然目前他还没有足够的能力去改变这种关切点,这种实质性规定,但并不代表他们没有发觉这种关切之处,并不代表他们在未来不会加以改变。他们很敏锐地发现,只要他们考了一个好成绩,立马将会产生欢天喜地的过大年场景。一旦成绩一塌糊涂,立马将会出现一片压抑的氛围。迫于天天想着过大年的期望,孩子们也只好暂时地投入到一场学习知识的奋战当中。正是在这场奋战中,一场悄无声息的变革即将上演。生命意向性开始准备进行有理有力有节的抗争。比如经过家长和老师教导的孩子开始懂得了学习的重要意义和乐趣,全身心地投入到了知识的海洋中,在学习的进程中,他渐渐发觉老师所讲的一些知识是极为有限的,如最为基础的数学公式中,老师仅仅讲授了一加一等于二的运算法则,可是关于加号和等于号本身又是什么,老师却没有谈及。可孩子们在读书的过程中认识到,只有充分理解了加号和等于号的意义,才能真正把握结果的科学性。老师对于学生的这种质疑和探索,也在内心中引起了一丝波澜。不仅如

① [德]黑格尔:《小逻辑》,贺麟译,商务印书馆 1980 年版,第 279 页。

此,包括一些重要而又简便的运算方法,孩子们也在自己的努力中找到了最为前沿的应对策略,远远要比上课时老师讲授得更清晰更透彻更简便。此时,原本作为本质的具有决定意义的形式,开始有了些自卑,开始慢慢走下讲坛,反而要让他的学生走上教坛,来为大家分享那最新的思维成果。形式和内容之间的关系,不再像以前那样主动和被动分辨得那样明显,反而以前作为被动性存在的现象和内容,开始慢慢显现出主动的一面。形式开始要游离出内容之外。甚至出现了这样尴尬局面,老师讲课时没有人听,反而下课时都要去找那位新奇灵动的学生来咨询。黑格尔曾经多次批判形而上学思维的形式逻辑,总是无视内容,但这次不是它想无视内容,而是它被内容所无视。

黑格尔也曾多次例举内容与形式出现不一致的基本情况。有时形式要大于内容,比如在家里,父母太过于强势,几乎不去理会孩子的感受,直接规定孩子的一言一行,结果管得孩子古板僵化。有时内容又大于形式,出现了相反的情况,父母显得很弱势,孩子却成了强势的一方,父母完全按照孩子的性子来,结果造成一种溺爱任性。因而,总是让形式处于内容之外,总是失去形式的规定也是存在问题的。老师对于学生来讲,经常被视为一种外在的形式规定,但是如果没有这种形式的规定,内容还能够存在吗?当年在西南联大的课堂上,就曾经有几位老师被学生赶下了讲坛,可最终的结果并不十分理想。且不论对尊师重道的违背,哪怕对于知识的学习和掌握也是不利的,没有老师的约束,虽然那些自学能力很强的人,能够通过自己的努力取得一定的成绩,可是他努力的方向在哪里,谁来帮他指明考试的知识点呢?如果没有老师的管教,那些自学能力较差的学生怎么办?他们如果学不好,反而会严重影响那些学习优秀的学生。经过学生和老师的反复博弈,最终形成了一个共识性的结论,没有老师就没有学生,没有学生也就没有老师。在这里黑格尔也曾用事例来说明内容与形式之间的具体关联。抽象的理智最为擅长将内容视为“重要的独立的一面,而认形式为不重要的无独立的一面”,将二者割裂起来,对立地看待。其实两者都重要,谁也离不开谁。不应用对立的眼光看待二者关联,而应采用矛盾的态度。正如没有无形式的质料一样(质料与形式的关系是外在的,是在本质的持存性中,是在物自身当中,而内容与形式的关联是内在的,是在现象界中,如同下面将要例举的事例,一本书的内容于它的装订形式便是外在的,但于它的思想形式便是内在的),内容是将成熟的形式包含于自身内。比如,就一本书而言,不管是精装的还是手抄的,这都不会影响书的实在内容。不过这不能说我们忽视它的形式,说它没有形式。虽然有些书很正当地说没有任何形式,这话的意思是指它没有好的形式,没有正当的形式表述它的内容,并非是指没有任何形式。这正当的形式并不与内容漠不相关,它就是内容本身(二者之间的关联由对立转变为矛盾)。如一件艺术品,正因为它的内容与形式恰切的统一,才成为真正的艺术品。像荷马史诗《伊利亚特》的内容就是特洛伊战争,一般人以为或许说出内容就足够了,但其实很空疏,《伊利亚特》之所以成名,乃是由于它史诗的形式,它的内容是按照此形式塑造出来。哲学与其他科学的区别,也可通过内容与形式的关联表现出来。科学的有限性在于运用单纯形式的思维活动,外在地作用于从外界取来的被给予的材料。形式与内容并没有相互浸透。反之,在哲学里就没有这种分裂,“可被称为无限的认识”。哲学以思想本身为内容,探究思想本身运动的形式,揭示思想内容与形式的有机统一。思想本身并非仅仅局限在可感知的对象,正如一本书的内容,可并不局限在有字的一张张白纸上,而在于它所表述的思想。思想本身是不能看作与内容不相干抽象形式的,“内容的真理性和扎实性,主要基于内容证明其自身与形式的同一方面”。

内容与形式之间开始由对抗性的关系慢慢转变成一种矛盾关系。此时,生命意向性关注到了内容与形式的内在“比例”关系。当然,这个关注也不是一下子,就能把捉到的,也是在多个往复交替的进程中才发现的。并且这个往复交替的进程也不是连续发生的。这一方面需要生命意向性自身独有的敏锐性,另一方面这也是生命逻辑的必然规定。在后面关系概念的逻辑演绎中,生命意向性就会清晰地发现,其实当他看到内容与形式的博弈进程时,也已经看到了一种"天然的尺度"降临在二者的身上。就如同在现象界一样,各种现象都是不连贯的持存,但为什么生命意向性就能够一下子把他们都称之为现象,根本原因在于,已进入到现象界,持存与非持存的内在"尺度",早已经在现象自身中显现出来了。即便各种现象也会出现中断的情况,但也绝对不妨碍它成为现象家族中的一员。可是,在内容与形式的矛盾中,生命意向性所关照的"尺度",与在实存中所关照的"尺度",有着根本不同的意义。前者是主动自觉把握到的"尺度",后者乃是被动的由潜在到现存把握到的被给予的"尺度"。在前者的矛盾运演中,生命意向性并不需要展开这种由潜在到现存的进程,因为在上一个阶段本质的成熟形态已经完全显现出来了,已经能够被生命意向性完全锁定了。在这里,生命意向性所关注到了的"尺度"或者"本质",黑格尔将其称为关系。当关系概念呈现时,就已经说明内容和形式之间的地位开始平起平坐,不再像在实存那样,实存总要受到背后的根据所决定,在关系中一定是二者共同展现,相互决定。相互决定的结果只是要把那个稳固的"比例"表征出来,这就意味着二者之间是一种你中有我,我中有你的矛盾关联。这就是关系的基本内涵。

关系的第一种表现样式就是整体与部分的直接关联。直接性的概念较为抽象,它里面的很多具体联系还没有完全展开,生命意向性很难通过直接的观察发现其中的丰富内涵。就像之前所讲过的例子,婴孩一出生就知道吮吸,而且他一吮吸就能够吃到乳汁,在这里吮吸和乳汁就是最为典型的直接关联。我们既无法追问为什么婴孩一出生就具有吮吸的能力,我们暂且将其称之为本能,我们也不明白为什么母亲即便饿着自己,也要把自己的孩子先喂饱,我们暂且将其称之为天性。但不管是本能也好,还是天性也罢,无非想要表述这种直接性的关联而已。也就是说,在直接性关联中,无需内容和形式做出什么自觉的举动,他们就直接地表现出一定的矛盾关系。这个矛盾关联就像是注定的先天安排,不管具体实际如何变革,它都要保持这样的关系,因而关于具体的对象,就显得有些多余,不管它如何表现,都表现关系本身。因而,生命意向性认识到这种直接性的关联也是很僵化的。它要始终严格地按照直接的矛盾关系来规定自身,这是唯一的命令。就像刚出生的婴儿,一定要喝到乳汁类的东西才能存活下来,否则就会面临生命危险。整体与部分就是这样的一种直接性关联。部分如果没有整体的包容,那么部分立马丧失其为部分的意义,反之整体如果没有部分构成,那么整体也就变成了无。二者是最为简单抽象的一一对应的关系。在整体与部分中,生命意向性看到了关系概念只用固定"比例"来表现。而且它目前只认定这一种方式,从不考虑对象本身也能产生"比例"关联。比如某家饭庄它就只做这一种菜品,其他的都不做,而恰好就有这一类客人专门喜欢吃这家酒店做的这种菜品,其他地方他们也不去。因而,这家饭庄就成了专门面向某类人,专门制作某类菜的专有饭庄。那么在这种固执的直接关联中,一定的比例也要专门由整体和部分来表现,其他的还没有得到它的认可,也没有进入它的眼帘。整体和部分的关联显得很僵化。其实,从这个角度也能够清晰地看到,整体和部分实质是没有任何自主性的,它们只是要严格按照一种外在的规定,而彼此结合在一起的,这个规定就是它们之间的"尺度"关联。这就像人类的建筑师在设计建构一幢大楼一样,在建筑师眼中,可能每一块砖石都只是这栋大楼的一部分而已,它的最终意义都要到这栋大楼中去寻找。这栋大楼也恰恰因为每一块砖石的堆积,成为了一幢雄伟的建筑,它的意义也正是每一块砖石所赋予的。在外在的建筑师眼中,这就是整体与部分的关系。在他眼中无论是每一块砖石还是整幢大楼还没有成为具有自主性的生命。因而,在某种意义上来讲,虽然整体和部分的关系较为固化,但是也显得十分的不稳定。只能从外观上来看,才能保持一定的完整性,可一进入到具体的内涵中,整体和部分的关系很可能就面临着瓦解的风险。在这里,黑格尔也专门谈到了知性思维关于整体和部分的把握,还列举了解剖学的事例。人体的各种器官之所以能够称为器官,在于它们是活的机体的组成部分,一旦将它们从机体中解剖下来,它们就成了零部件失去了活力,成了尸体。这是抽象的理智思维很容易陷入的困境。包括在心理学和精神科学中也同样。然而,这也并非说分解工作不应当有,只是说如果要想真正理解生命活动,单靠外在的机械关联是很难达成的。整体中的部分如果具有了一定的生命力,它们自觉地成为整体,并且整体同样具有充分的生机,能够促进每一个有机的部分,发挥出它们自身的生命潜力,维护整体的安全和发展,那么这样的关系就从一种外在成长为了内在。

为了克服整体和部分直接关联的外在性,生命意向性自然要求一种内在的能动性,力和力的表现就出场了。关系的概念也从这种直接外在,转向到了间接的内在。对于一个正在装修的房屋来讲,其中的每一个空间都是整体和部分之间的关系,如果对于其中的一个部分不满意,也可以直接地将间隔的墙面凿开,使得两个部分变成一个部分,或者也可以直接划分成更多的部分。但若整个房屋装修之后,开始入住的时候,情况可能就没有那么简单了。两个卧室,其中一个做了书屋,客厅也要养一些花草,柜台上也要摆放各种小物件。这下麻烦又来了,原本装修刚刚好的空间安排,让人很是满意,可现在摆进了这么多的东西,反而有些地方显得极不舒适,而有些地方又是那样的温馨惬意。比如宽大的电视柜上如果什么也不摆放,就仅仅放着一块光秃秃的屏幕,看起来非常单调,于是便在左边放置了一个日历盘,可是左边放了,右边若不放些东西,心里又总觉得不对称,没有空间的美感。生命意向性发现原本只是外在的关系决定了整体和部分的协调关系,但现在这种关系已经开始变得并不那么显著。因为,即便装修的时候,某个空间没有改装得更加适宜,但是经过主人的有意安排,上面错综有致地摆放了一些绿萝,绿萝那浓密的枝叶瞬间将原本不太如意的空间,变成了巧夺天工的小花园。生命意向性看到了形式化的空间关系,并不是决定意义的关键要素,还要从对象本身去寻求本质的规定。这时候力和力的表现就成为了生命意向性关注的焦点。力的概念在黑格尔逻辑学中多次出现,在最初的自为存在里面,黑格尔就曾借用斥力和引力的范畴演绎一和多的关系。那时候所谈及的力,还是单向度的,同质化的力。自为存在将所有的自在存在统摄在一起,对它们进行同一的发号施令。然而,在本质论域中的力和力的表现却是双向度的。力是多样的,有重力、摩擦力、量子力等,那么力的表现也是多样的,有相互作用的、有彼此协调的等。那么力和力的表现,为什么会展现出多种多样的方式。根本原因在于,力的对象起到了关键性的作用。它不再是以前那个听命于整体和部分关联的对象,可以将其搬来搬去都无所谓。现在对象有了具体的规定,它只能摆放在这个地方才是最为适宜的存在,放到别的地方它就立马失去了生机,那么整体和部分也将丧失存在的意义。生命意向性有了多样性的关照,这也是一种多样性运演方式的不同展现。在花中,花有花的生命力和生命展现,在草中,草也有草的生命展现。但是不管它们怎么样的力以及怎样的力的表现,它们都要遵循生命的“比例”关系,即力和力的表现的“尺度”。这也是花草之为花草的根本所在。所以,我们看到花无论怎样绽放都不会直接变成蜜蜂,正所谓种瓜得瓜、种豆得豆,就是根本的根据没有发生实质性的变化,这正是花草的生命底线。这种底线无形中也是一条界线。对于生命意向性来讲,界线就意味着规定,规定就是一种束缚,他要扩展他的生命,直到达成一种真正生息不止的新陈代谢稳定形态。

于是,力和力的表现就进展到了新的逻辑关系之中。内与外的逻辑关系,相对于力和力的表现来讲,是非常稳固的关系,这种稳固不是僵化。之所以它能够保持一种相对稳固的形态,就在于它实现了一种有序的生长进程,这一进程是更为必然的进程,不是断断续续十分偶然的进程。比如在花草的成长过程中,偶然性一直起着重要的作用。像花草的种子,真正能够实现生根发芽,最后开出艳丽的花朵,是十分困难的。所以,大自然想让更多的花草结出更多的种子,以此来保证它们有限的生命力,从而才能显出它们的顽强性。然而,在内外的关联,似乎偶然性已经被必然性所取代,一切都将是被规定和安排好的,但不是机械性,而是自觉地实现了的规定和安排。就像人类的这个群体,他们在自身内部就已经达成了一种自我生长的必然机制和规律,他们甚至不再像动物那样完全听从自然的安排和左右,他们能够自觉地按照自己的尺度和关系来展开自身的生命。人类知道要保护和教育自己的后代,让他们也能够按照人的尺度进行繁衍生息。人类懂得付出和回报的意义并非在于对象的价值大小,而在于生命本身是否真正达成。但是这种生命的体验,对于知性思维是难以理解和把握的。狭隘的工具理性,总是把当前交办的工作视为一项一旦完成了就无须多虑的任务。就如同一条生产线,一个环节只需负责一个环节的工作,一旦进入下个环节,那么一切都与上个环节无关。他不需要思考整条生产线所生产的产品才是维持每一个机械环节存在的根据,如果生产的商品卖不出去,那么很快整条生产线将会停工,工人也将面临着下岗的风险。崇高的人性,总要在思考如何培育自己后代的同时,还要不断思索培养什么样的后代,才能真正延续人类的生命价值和意义。这就是内与外之间的关系。在这种关系当中,生命意向性看到了有一种生命,能够亲自担负起生命运演的逻辑必然,或者也可以说把握到了内与外相统一的根据。这个根据也是内与外相互关联的最终"尺度"。生命意向性可绝不仅仅是这种"尺度"的旁观者,也是实现这种"尺度"的亲历者。他深刻地体验到了一种生命如何从一个种子的阶段,不断成长,历经各种挑战和磨难,终于结成硕果的整个过程。他在这个过程中,领略到了这种必然性的“尺度”或“本质”,如何在一种本质的规定中逐渐地显现出来。就像人在人的生老病死当中,所领悟到的关于人的普遍命运。生命意向性正是在人的普遍历程中,得到了关于人的实质概念。然而,在内与外的普遍关联中,生命意向性也体验到了一种相对的偶然性。他意识到,内与外的关系也是从整体和部分,力与力的表现中,逐渐形成的。如果没有一定的前提条件,那么这种看似必然的内外统一关系,也会变成偶然性的存在。古生物学家通过现代的技术,发现过去也曾在地球上出现过像人类一样强大的恐龙物种,但是由于各种各样的原因,这个物种灭绝了。那么当下的人类看到了自身的生息运演,那么是否能够保证未来的某一天,人类真正能够顶得住多重自然的考验,成为永远都会存在的唯一物种呢? 至少在今天,现代的人类还无法做到这一点,因为现代的人类还要有所依赖,虽然对于自然已经获取了一定的主动权,但人类仍然只是自然中的一员,还是很偶然的存在。这也充分说明,处在内外统一中的生命意向性也是极为有限的存在,是偶然性的存在。虽然他看到了也亲历了这种“轮回”之中的必然“尺度”,不过还是不能完全把握这一存在,它还是处于现象界。为了真正超越现象界,生命意向性进行开拓性探索,进入到了现实概念中。

第三节　本质与现象的生命统一:表现自身的现实

在西方的哲学史中,有许多哲学家对现实概念进行了不同阐释,为黑格尔进一步从思辨的角度演绎现实,提供了重要的思想前提。西方最早论说“现实”的哲学家,可溯至亚里士多德。他用两个不同的希腊词εαεργεια(埃奈季亚)和εντελεχεια(隐得来希)来表达“现实”。前者译为“正在动作”,后者译为“实现目的”。依照亚里士多德的论述,“现实”

具体含义有两层:一是实实在在的质料即潜在的“现实”。二是赋予质料以形式、目的,使之成为“现实”的活动。例如形象各异的蜡块,蜡质本身便是可触摸的实在质料,具体形象则需要通过操作将形式赋予质料即成。这种关于“现实”的双重理解,开启了后世哲人探考“现实”的睿智历程。传统本体论哲学和神学,远离彼岸,徒具形式的架构,不仅使人们对其独断的结论产生怀疑,更是让其失掉了真理的资格。近代哲人开始扬弃与传统相关的原则和态度,将视角转向“自我”以及与“自我”相关的认知。近代哲人提出的任务和口号即探求“真理”。以笛卡尔为代表的哲学家认为,“真理”乃是先天存在于人们头脑中的理智观念,是天赋的。为了获得真实可靠的“真理”,笛卡尔首先对一切对象进行普遍怀疑,最终得出一条坚实原则:“我思”是确凿无疑的存在。由此原则推引出,凡属真实的存在,必须在“我思”中得到清晰确切的认知,“我思”是先天的,“真理”也是先天的。以洛克为代表的哲学家则认为,“真理”乃是人们后天经验总结所形成的实在观念。人们从个别知觉中抽象出普遍经验共相,也就是说,个别知觉是第一位的,经验共相是后起的,“真理”也是后天形成的,这种“真理”才称之为“现实”的“真理”,才是真实。于是,“现实”成了与“理智”相对立的概念。在洛克看来,“现实”只不过是些可感知的,简单或复杂的经验,是些如亚里士多德所论及的可观感的实际存在。这种实际存在不同于冥想玄思的构造,即便是严谨的逻辑推演,也要以此为前提。法国哲人拉美特利和爱尔维修,承继洛克上述论点,曾明确指出,抽象的思想,只不过是关于对象的知觉的应用,是感觉的变相。一切观念包括道德在内,只有被理解为感觉和物质性的时候,才有意义,才能够成为“现实”。英国哲人贝克莱,更加彻底地提出:“存在即被感知”,认为所有被人们理解和称为“现实”存在着的东西,其实都是被人们所感知的东西。这些可感知的东西,或者是从外部感官印象发生的,或者从内心的知觉活动产生的,再或者是借助于记忆和想象把前两种观念分离改组所构成。各种各样的感觉结合起来,就是我们所说的“现实”对象。可见,贝克莱与洛克、拉美特利、爱尔维修一样,从感知层面出发,将“现实”归结为可摸得到、看得见的经验存在。但这种理解并不尽如人意。另一位经验派代表休谟提出了他的疑虑:既然整个现实世界都是我们所感知的经验世界,都是一些感觉的复合,那么在我们感知之外的世界是否现实存在着?若现实世界无法脱离感知而存在,那么真理何求?我们可否完全信赖变化莫测的感知抑或屈服于远离真实的震慑?

居住于哥尼斯堡的哲人康德,听闻休谟的疑虑,立即从之前的独断论迷梦中惊醒。在折服于休谟锐利慧眼的同时,更加担忧于形而上学岌岌可危的处境。休谟的怀疑足可将之前的形而上学瞬间摧垮。为了挽救形而上学,开辟科学形而上学道路,康德创立先验哲学,赋予“现实”先验内涵。康德认为形而上学之所以陷于困境,源于人类没有真正做到理性的批判和反思。向来人们都以为,认识必须依照经验,通过概念、范畴后天的构成,获取知识。此路已证明难以行得通。不妨试试,反向行之,能否奏效?人们的认识能力、形式、手段是先于经验而存在,认识与经验之间具有先验固有的关联,经验必须要完全符合人们的认识。这一哲学史上的“哥白尼革命”,使人成为自然的立法者,成为“真理”的立法者,成为“现实”的立法者。康德认为,人的认识能力分为感性、知性、理性三种。感性所认知的是“物自体”刺激感官形成的印象。这些印象是“被给予”的杂乱粗糙的材料。此类材料经过先天感性形式——空间和时间的排列整合之后,成为规整的表象。但表象并非知识,它需要进行再一次的加工,需要先验运作,才能够形成具有稳定性的知识。在深入探究人的知性机能形成知识的过程中,康德将一般的判断内容抽离掉,结果抽演出四个纲目,共十二个先验范畴。“现实”只是第四个纲目即模态判断中的一个范畴。现实概念恰恰是康德在分析知性在判断中的逻辑机能,分析先天范畴时,所引出的一个逻辑范畴。康德将一般的判断内容抽离掉,看到判断机能可以归入四个项目，每一个项目又有三个“契机”，现实概念是在第四项目判断的模态中抽引出来。康德指出：“批判的模态是判断的一种十分特殊的机能，它本身的特别之处在于它对判断的内容毫无贡献，而只是关涉到系词在一般思维相关时的值。或然判断是我们把肯定或者否定都作为可能的（随意的）来接受的判断。实然判断是当肯定或者否定被看作是现实时的判断。在必然判断中我们把他们视为必然的。”①接下来康德以命题的方式对这几个判断进行细致阐释：“或然性命题就是这样的一种命题，他仅仅表达出逻辑的可能性（而不是客观的可能性），也就是表达出使这样一个命题有效地自由选择，即只是任意地把它接受进知性中来的。实然命题说的是逻辑上的现实或真理。例如在一个假言的理性推论中，前件在大前提中出现为或然的，在小前提中出现为实然的。而且表明这个命题已经按照知性的规律而与知性结合着了。必然命题则是把实然命题思考为由这些知性规律本身所规定的，因而是先天断定的，并以这种方式表达逻辑的必然性。”②具体地说，或然判断则是指符合逻辑规则，但是不一定符合现实存在的判断。而实然判断是指虽然在逻辑上成为可能，但在现实实际中确实存在。这里面所指的现实就是客观实在，实际存在。必然判断则是既符合逻辑又符合现实的充要条件的判断形式，从而也排除了一切可能性。

虽然康德在此对现实概念做了先天演绎，但先天范畴必然要应用于感性材料之上形成知识，那么现实概念又怎样应用于感性材料之上形成知识呢？在先验要素论中，康德明确指出，先验自我统觉是导致先天范畴应用于外在杂多材料的根由，但康德在那里并没有详细地做以论述，只是

① ［德］康德：《纯粹理性批判》，邓晓芒译，杨祖陶校，人民出版社2004年版，第68页。

② ［德］康德：《纯粹理性批判》，邓晓芒译，杨祖陶校，人民出版社2004年版，第68页。

将先天的自我统觉能力做出阐释。而具体的运用细节和原则公设则放在第二部分原理分析论中进行阐述。康德指出："原理分析论将只不过是对于判断力的一种法规，它指导判断力把含有先天规则之条件的那些知性概念运用于现象之上。"①随后康德便针对范畴演绎呈现了纯粹知性一切综合原理的系统展示，在展示的第四个部分，针对模态诸范畴，他提出了一般经验性思维的三个公设。"1. 凡是（按照直观和概念）与经验的形式条件相一致的就是可能的。2. 凡是与经验的（感觉的）质料条件相关联的，就是现实的。3. 凡是其与现实东西的关联是按照经验的普遍条件而得到规定的，就是（在实存上）必然的。"②康德进一步对上述公设进行阐释："模态的诸范畴，具有自身的特殊性，他们丝毫不增加客体的规定……正是以此之故，模态诸原理也就只不过是对可能性、现实性和必然性的概念在其经验性的运用中的一些解释而已，与此同时，也是把一切范畴限定在单纯经验性的运用之上，而不允许和不能容忍做先验的运用。……而是想要涉及到事物及其可能性、现实性或必然性的话，那么他们就必须指向认识对象唯一在其中被给与出来的那个可能经验及其综合统一。"③此时，"现实"不再如同近代哲人所理解的那样，仅仅是感知层面的后天经验存在。"现实"有了超越感知之上的先验内涵，有了鲜明提升。这不仅要归功于哲人艰辛的努力和探求，也要归功于理性觉醒的勇敢与魄力。"现实"与此前相比虽有超越，可仍然没有摆脱与经验世界相关联的命运，只是关联的方式由后天转为先天，由被动转为主动。主动地关照、拿捏经验世界，形成"先验"知识，而关于对象本身的追问，却只能

① ［德］康德：《纯粹理性批判》，邓晓芒译，杨祖陶校，人民出版社 2004 年版，第 135 页。

② ［德］康德：《纯粹理性批判》，邓晓芒译，杨祖陶校，人民出版社 2004 年版，第 197 页。

③ ［德］康德：《纯粹理性批判》，邓晓芒译，杨祖陶校，人民出版社 2004 年版，第 197 页。

静默于幽深的“物自体”界。先验哲学仍旧无法通达事物本身。黑格尔认为,古老且顽固的知性思维、本体论逻辑,是康德哲学陷于险境的根本因由。知性思维喜好确切明晰的规定,沉浸于暂时性的规定中,擅长划定界限。其实,康德一开始就已经清晰划定可知可经验的“现象”界与不可知的“物自体”界,并指出真理只能存在于“现象”界,人类一旦越界探求,便会产生悖谬。黑格尔无法信服康德先验哲学的论断,若真理只是关于“现象”的真理,真理还将称之为真理吗?显然,知性思维难以洞悉真理,黑格尔果断地采用思辨思维,来审视和认知世界。开始着手从生命意向性的维度演绎思辨的“现实”。

现实那是本质与现象的完全统一。在现象领域,现象达成了与本质抽象统一。也就是说,生命意向性看到了现象想超越本质,但又无法真正实现超越的间接性本质或“尺度”。这一发现,使得作为现象的意识,把关注点从自身开始转移到新确立的本质或“尺度”上。不过最初的冲动并没有使其完全超越新确立的本质或“尺度”的必然性,只是后来的主动性调试,使得这种本质或“尺度”越发地偶然,不过即便在这种偶然的进程中,生命意向性发现现象永远也无法超越它自己所确立的内在必然性,因为这时它才真正发现自己同自己本质的完全统一,它始终都处于自己的规定之中。这个规定体现的是自在自为的现象和本质的内在必然性关联,生命意向性在此关联中,深刻意识到一切都在生命自身的掌控之中,是自由和必然达成一体的意义流露。“无形态的本质和无休止的现象,或无规定的长在和无长在的多样性以现实为它们的真理。”①在生命意向性看来,现实包含前面本质环节和现象环节的所有真理。在内外的关系范畴中,生命意向性总算看到了那个决定之前所有现象和本质矛盾运动的最为关键的“尺度”,也是它们彼此存在的真理。在这个真理中以前所

① [德]黑格尔:《逻辑学》下卷,杨一之译,商务印书馆1966年版,第177页。

经历的本质、实存、现象等范畴,都只是它所设定起来的“假象”或“映现”而已。这个现实的“尺度”,对于生命意向性来讲,它已经完全显现出来了,并且开始从头至尾来展现它的现实性力量和进程。它最初的演绎形态就是抽象的可能性。既然谈到抽象的可能性,那么不可能性(不可能也是可能的)也包括在内,也就是说,这个现实的直接形态就是包含了所有的肯定性和否定性的意义。这里面关于现实概念的最初阐释,可以参照纯存在——纯无——变易的基本逻辑进程。抽象的可能性就相当于纯存在的概念,这种抽象性导致了不可能性的产生。此时的可能性和不可能性都将因为自身的直接抽象性而遭受自身的否定之否定,此时偶然性便产生。这种偶然性也都可称之为实存的现实或者是现实的定在形态。此时的偶然性与可能性是处于同一的关联中。可是不久这种同一的关联就被打破,偶然性与可能性的根据之间,就如同在实存的范畴中演绎的情况,偶然性总要打破原有可能性的限定,从而成为下一个可能性诞生的条件。当生命意向性从这个偶然性和可能性的条件转化中,看到“真实的可能性”,不可再变更的直接的本质性规定时,可能性就转变成了必然性。这个过程可以参照本质环节由实存到物本身的逻辑演绎的基本进程。必然性与偶然性根本不同的地方在于,必然性能够将中介性的条件扬弃于自身内,是以自身为根据的。偶然性则相反,总是沉迷于中介性的条件中,被他物所决定。比如一粒种子总会将一系列中介性条件阳光、雨露等内化自身,为自身所用长成参天大树。可若是一块石子儿却总要受到各种外在势力的多重摆布。因此,有人说必然性是盲目的,这话也有一定的道理。在必然性中目的还是潜在的,没有真正地实现出来,仿若一粒种子的必然性。其实,必然性中内含两种内容,一种便是直接的现实性和新兴的现实性的外在关联;另一种就是对这种外在关联的否定即实质的现实性。一种为外在的条件;另一种为实质的必然性本身。可见,必然性并没有表现出来主动地实现自身,没有真正地体现目的性,仅是认识到了整个的现实性都是一个整体而已(只有在必然性的活动中,才可看到目的性的展现)。

然而,我们也绝不可将必然性与目的性看成是彼此排斥的关系。必然性是潜在的目的,只是它的目的还没有自觉起来,尚未被真正理解而已。因而,我们不可简单地将认识人类活动的必然性的历史哲学等同为宿命论(宿命论与必然性的根本区别在于,前者将缘由归结于外,后者将缘由归结于内,内在的命运安排),黑格尔认为,实质上真正的历史哲学正要证明世事符合天意。在宗教意识中,上帝也是必然性的体现。上帝知道他的意志是什么,他绝不会受到外在偶然因素的左右和影响,反观人却并非如此。人的行为后果往往与他的意愿不一致,原因在于人的行为后果受到必然性支配,可个人意愿却受到外在偶然性的影响。所以,在古代,人们将必然性等同于命运,按照命运的必然安排来生活,这就是古代人的自由。可近代人却把必然性视为一种安慰。当近代人放弃个人特殊的自由以服从必然性安排时,他们安慰自己这种付出一定会得出回报。但实质上必然性绝不会有什么回报,人们之所以有这种安慰的想法,完全是由于将必然性与偶然性、必然性与应然性对立起来的结果,或者完全用一种偶然性来通约必然性的结果。当人的主观特殊性还没有达到无限的意义,就一定会产生如此的对立。所以,就完全脱离有限的偶然的主观性来讲,必须承认古代人有较之近代人高贵的态度。不过也不可一概否定近代人的主观价值。因为,主观性一词并不仅仅意味着与客观对立的有限的偶然的主观任性,它还具有无限的意义,即绝对的目的性,它是客观事物本身的真理。以此来看,近代人的主观性观点也有了较高意义。黑格尔指出,在古希腊神话中,很多神都只不过是特殊的人格神,他们同样要受到不可理解和不可自知的命运安排和左右,受听天由命的被动驱使,毫无自由的价值和意义。黑格尔总结,如果每个人都能本着“每个人都是自己命运的主宰者”的精神去担当,是十分重要的。不要总是抱怨外在环境或别人,而要看到自我决定的因素,自身的绝对自由性,那么他的遭遇就不会扰乱他灵魂的和谐与平静。

因而,生命意向性注意到必然性不能仅仅是外在的,它也要有内在的根据。于是,黑格尔指出了必然性内部具有的三个基本环节。一是条件。这一要素是被设定起来的基本前提,在逻辑演绎最初的时候,它是作为直接性存在的要素。二是实质。这是与条件直接对应设定起来的根据。它们二者之间的逻辑演绎,就形成了一种概念式的"关系",不过最开始的时候,这种"关系"是外在的,是被设定好的,就如同一种毫无实质内容的先天逻辑一般,像天赋观念一样的抽象形式。如在本质论最开始的阶段,从抽象的同一到差异、对立、矛盾再到根据,整个的逻辑演绎,不需要任何内容的支撑,就像是一整套计算机的程序代码一样。于是,本质的逻辑便象征性地设定起实存的范畴,从而增加逻辑的生命力。如同一位孩子以前总是玩一些手工制作的小玩具,可这些东西不会说话,也不会思考,只是一些僵死的东西而已。随着孩子的长大,他慢慢地有了想自己饲养一只小宠物的想法。小宠物虽然不会说人话,但是却能够与人互动,表现出极为可爱的形态,它与之前的小玩具相比,最大的好处在于他是活物,还会卖萌。但不管是活物也好,还是死物也罢,都没有真正逃离人的普遍掌控,如果这些物能够脱离人的掌控,那么人类也绝对不会将它们视为宠物来爱护,而是将它们视为一种威胁,因而,直接性的存在和实存都无法真正摆脱物的本质。这就是最为外在的必然性。然而,外在的必然性是有局限的。生命意向性看到外在的必然性只能是物的必然性,而并非整个现象界的必然性。现象界的必然性是非常鲜活的必然性,它是现象自身所实现的必然性。一旦进入现象界,生命意向性立刻体验到了在本质论中从未有过的一种新鲜活力,一切都是多样的、变幻无穷的,是"花花世界"。其实,如果从大的逻辑演绎背景来讲,纯粹的现实概念或者作为抽象的可能性概念的现实,就相当于这种现象界的境遇。从可能性到不可能性再到偶然性都是现象界展现的基本规律。此时,人们不是在饲养一些小宠物了,而是要驯化一些大的猛兽了。这些猛兽表现出极大的攻击性,但是在几番软硬兼施的驯化中,终于平息下来。然而,一种潜在的冲动已经形成。必然性的第三个要素即活动就产生了。

在现象的深入演进中,生命意向性看到,直接性存在与间接性本质已经开始转变为形式与内容之间的关系。在这里现象可不再完全听任本质的安排了,本质再也不能像驯化动物一样来驯化自己的后代了,因为这时候的现象是与本质平起平坐的现象,是自己确立自己本质的现象,也是对原初本质进行抗争,使其成为现象的现象。孩子一旦有了自己的想法就会表现出一定的叛逆来,刚开始的时候,父母也许能够控制这种叛逆,但随着孩子的成年,那么这种叛逆将是不可阻碍的,否则人类的进步也就无法实现。在叛逆的进程中,慢慢地反而父母最终也要听从这种叛逆的规定,顺应时代浪潮的发展。然而,这种形式与内容的对抗不是无休止地进行的,直到生命意向性发现了二者的矛盾关联时,即在激烈的抗争中,孩子最终会变成老父母,父母终会成为老小孩时。他便形成了一种具有内在指向的必然性或者说是具有目的因的必然性。这种必然性不是外在给予的,是孩子和父母,是人类自己趋向的,是自身一手造成的,是人之为人的最核心的类概念。在这个类的概念中,生命意向性看到了从一种外在的必然性到相对的必然性再到绝对的必然性的逻辑演绎。“有限事物的必然性是相对的必然性,但其背后却潜藏着(自在地)那唯一的、自身同一的,而内容丰富的本质即《大逻辑》所说的绝对的必然性(无限的绝对)。”①然而,生命意向性所看到绝对的必然性,还是较为抽象的必然性。虽然那里面蕴含了巨大的主体性能力,但仍然没有完全地展现出来。因为,绝对的必然性只是将主动性转化成了一种内驱力,牢固地束缚在自身

① 张世英:《黑格尔〈小逻辑〉绎注》,吉林人民出版社 1982 年版,第 383 页。

的潜在意识当中。如果用最为形象的比喻来讲,绝对的必然性就相近于生命的种子。在种子自身当中,它已经完全展现了它成为什么种子的基因和逻辑,至于其中的具体过程,并不是它所要关注的重点,所以把一堆种子放到桌面上,我们很难分别是哪一类种子,它还是未展开的逻辑存在而已。因而,一种具有生命属性的抽象概念就形成了。种子始终都要成长的,都要发出芽,长出枝叶来。这种原初的抽象形态,必须要表现出各种具体的特殊样态来。这就涉及各种外在的要素与种子抽象规定之间的矛盾关联,最后在内外的相互作用中,生命整体的概念就真正确立起来。整个逻辑演绎的基本进程就像葵花种子整个自然生长的历程。在一粒葵花的种子中,蕴含着充分地成为一株向日葵的基因或逻辑,这种逻辑不是别人赋予的,而是在它自身当中自主确立的。种子的形态是有限的,如果仅仅是一粒种子而不发芽,那么种子就成了被人吃的粮食,它的生机就此被中断了。生命意向性是绝对不允许这种情况发生,他要使得种子真正能够从土壤中探出头来。于是,抽象的逻辑便进入到特殊的逻辑中。向日葵的种子注定了奔向阳光的特性,但是这种特性渐渐却成了被针对的偶然属性,作为内容的现象或质料,总要使得这种必然性出现一些插曲,于是就有了风雨雷电等要素,从生命体的抽象中独立出来,开始影响向日葵的先天属性。这个过程也是较为残酷的,有些种子没有能力转化这些外在的因素就死亡了,有些转化得不太好就夭折了,而那些真正能够处理好直接性和间接性关联的,或者说能够处理好这种外在关联和内在根据之间关系的种子就能存活下来,继续在阳光下开花结果。那么究竟什么样的种子具备那种处理好外在关联和内在根据之间关系的种子呢?那就是深刻把捉到二者矛盾关联,并按照如此的关联演绎的种子,也就是概念本身。

为了具体地说明种子由抽象的潜在形态,发展成为完整的生命形态,黑格尔论述了生命意向性所经历的三重逻辑关系。第一重关系就是实体关系。这是作为生命种子的直接抽象形态。在这种关系当中,实体和偶性之间是简单附属关系。这与黑格尔在《精神现象学》中所讲述的主奴关系其中的一层含义很相近。实体就像是一位高高在上的主人,偶性就是那位奴仆,在最开始的时候,偶性是完全属于实体的所有物,它的一切活动都严格地按照实体的规定来执行。实体对自己的偶性具有完全的支配权和处置权,这就导致偶性就像一枚棋子完全听从实体的命令,哪怕是牺牲自身的存在也要执行实体就算是极其错误的决定。因而,实体从不需要考虑偶性的意愿,它只要考虑好它的决定就行,只要它的决定没有违背最为基本的逻辑原则,那么一切就是可行的,这就是纯粹逻辑的自信。而恰好,生命意向性看到,在最初具有生命趋向的种子规定中,就蕴含着这样的抽象自信。黑格尔在这里所讲述的实体关系与之前所论证的实体性逻辑,并不完全一样。后者是相对于本体论逻辑所讲,前者是针对在生命起始阶段的抽象逻辑所讲,实体性逻辑更倾向于接下来要谈到的相互关联,一种成长起来的成熟的逻辑。第二重关系就是因果关系。当实体为了生命的延展赋予偶性更多的灵活性时,偶性的自主意识就要觉醒。之前的实体一直没有把偶性当回事,直到它发现自身的局限性时,它开始重视偶性的重要作用,从而偶性也具有相应的主体性能力。实体的逻辑是不断扩展的,它想要的东西很多,想要好的东西更多。然而,一般的偶性很难实现它的目的,它需要更加杰出的偶性。比如主人想要吃更高果树上的野果,那么一般身高的奴仆是没办法达到它的要求的,于是他需要不一般的奴仆来实现他的目的。实体开始表现出依赖偶性的趋向,作为原因的实体(最初的时候,偶性是因为实体而具有根本的价值和意义,现在居然出现了某些转化),也要成为结果。在这种多样性的因果转化之中,不断地演生出多种现实性的关联形态。不过这些关联形态大多都表现为对抗性的。直到因果之间具有一定矛盾关系时,也就是当生命意向性看到了因中有果,果中有因,因果共在的时候,对抗性的关系才能得到解放。此时,第三重关系相互作用就产生了。生命意向性发现在因果双方的彼此关联中,二者居然形成某种默契。这种默契就是二者之间稳固的“尺度”或“比例”。这才是二者彼此结合的决定性因素,也是二者实现自身解放,最终走向自由的根本依据。在相互作用中就已经蕴含着概念的意义,也蕴含着存在于本质的统一。在最初的本质规定中,直接性存在完全是按照本质的要求演绎自身的历史规定,但现在存在与本质都要按照概念的基本规定来演绎概念自身的逻辑,是自在自为的逻辑本身。在抽象的本质逻辑中,生命意向性看到了本质对其自身的限定。在现象的领域,他关注到现象的自主性发展和能动性体现。但是,不管现象如何繁杂,它们都会自觉地形成稳固的本质规定,并将这种稳固的规定视为终身的归属。从而,实现了自由与必然的真正统一。抽象的理智思维常常将必然和自由视为彼此互相排斥的两个范畴。可实质上二者是紧密关联的。但就直接的必然性来讲,的确不是自由,可直接的必然性并非是必然性的全部内涵。必然性会扬弃自身的持存性规定,而将自身反映和他物反映两方面融为一身,从而使得彼此相互限制的两方成为一个全体中的不同环节,结果成了回复到它自己本身和自己与自己相结合,确证了自由。所以,一位有德性的人总会自觉地意识到他自身行为的必然性和自在自为的义务性。

如此,自由的概念就成了存在和本质的真理,是在对二者扬弃的基础上确立的。是自己返回到自己本身的直接性,而它所内含的不同的现实性,也“直接地就只是一种在自己本身的映现”。在概念里,存在与本质就像回到了自己的实质中,一切皆以概念为基准。反之,概念也是以存在和本质为实现自身的逻辑载体。所以,概念从存在中发展出来,也像从它的根据中发展出来一样。前一个方面可说是存在深入它自己本身,通过这一进展揭示自身的真理性。后一个方面可说是“比较完满的东西从不甚完满的东西展现出来”。在这两个方面,存在成了概念的一个环节,概念成了存在的真理。“概念,作为它的自身返回和中介性的扬弃,便是直接的东西的前提,——这一前提与返回到自身是同一的,而这种同一性便构成自由和概念”①。也就是说,作为无限的概念成了有限规定的真理和前提,而不再像存在论域和本质论域那样只是以有限的规定(无限只是潜在的)为前提。反之,概念还要以存在和本质为逻辑承载,表现自身。因而,可以说概念自身包含的环节是不完满的,可概念自身却是完满的。概念是以自身的无限性为前提,扬弃有限的规定,最终实现自身的绝对自由。概念与存在、本质之间的关联,“即概念是返回到作为简单直接的存在那种的本质,因此这种本质的映现便有了现实性,而这本质的现实性同时即是一种在自己本身内的自由映现。”②在概念里,概念以自身存在的直接方式现身,通过本质的中介,又回到具有概念秉性的存在中,实现自身的同一和自由。

① [德]黑格尔:《小逻辑》,贺麟译,商务印书馆 1980 年版,第 326 页。
② [德]黑格尔:《小逻辑》,贺麟译,商务印书馆 1980 年版,第 326 页。

第四章　生命意向性的自由发展阶段：概念是存在与本质的统一

“概念是自由的原则，是独立存在着的实体性的力量。”①生命意向性在概念阶段深刻地领悟到了自由发展的哲学意味。在存在论中，生命意向性看到了各种各样的存在者为了生存四处奔波，不是正在寻找食物的路上，就是在逃离成为他者食物的路上，一直不断地过渡，充实着存在论域。生命意向性不断体验着直接性关照，因为他只是以旁观者的身份，看着当下，至于未来怎样，这还不是他能力所及的事。在存在论中，根本不会涉及自由的问题。自由还是潜在的形态。正如圆圈上的每一点，都有当下自己的切线，都有当下的顾虑，而对于下一步如何成为圆本身，它们是不会考虑的。它们当务之急就是要成为每一个点，而关于这个点未来会怎样，以及该怎样，这不是存在论中的生命意向性的关注点。不过，当生命意向性有了本质的领悟时，情况就有了根本的改观。因为，它体验到了相对的自由。对于间接性的本质来讲，直接性的存在是被给予被规定的。直接性存在都是被安排在由本质所划定的圆圈之内，在圈内一切的直接性存在都要受到本质的左右和影响。在规定之余，生命意向性体验到了间接性本质对于直接性存在的相对自由。从而，进入到黑格

① ［德］黑格尔：《小逻辑》，贺麟译，商务印书馆 1980 年版，第 326 页。

尔所强调的主奴逻辑的关联之中。一开始的时候，由于逻辑的直接形式，间接性本质的确能够具有对直接性存在的决定意义。然而，生命是不息的，运动是不止的。这种决定意义要想长久地保持，双方必须要做出相应的改变。直接性存在要具有一定的生命属性，它不能总是靠着外来的本质赋予其存在的价值。间接性本质也要能够培育和选拔那些具有活力的直接性存在，使其能够充分发挥它的直接性效力。如此一来，间接性本质为直接性存在所画的圈就会越来越大，前者和后者所实现的自由也越来越丰富。生命意向性原本以为，一直就按此逻辑继续下去，将会彻底地实现自由解放，可结果却出现巨大的转折。间接性的本质越是激发直接性存在的生命活力，它越发觉它不是在实现自由，而却是在失去自由，因为它越来越依赖于那个直接性的存在了。甚至要比直接性存在依赖于间接性本质更加严重，自由的实现反而只是失去自由的表现而已。现代社会有些人总是希望能够实现财富的自由，可结果却是更加地依赖于财富，成为了财富的奴隶。那么，科技革命已经进入到了智能时代，人们也想通过对于智能的占有来实现人的全面自由解放，但成果会不会出现相反的情况，这个问题还是需要深入地探究。但是现代人类必须要清醒地意识到主奴关系的辩证法，可不仅存在于黑格尔的时代，在黑格尔之前和之后的历史中，也可能存在，它只是一种逻辑规定，只要陷入这种逻辑之中，它就要表征出这样的轨迹来。在主奴关系的逻辑运演中，总会出现新的主人，也不断会出现新的奴隶。总是有些人通过否定他人来获取一定的相对自由。过一定的时间，那些原本被奴役的人，又会推翻主人的统治，成为新的主人，开始享受这种通过否定他人来获取的相对自由。“在这两个环节中，主人是通过另一个意识才被承认为主人的，因为在他们里面，后者是被肯定为非主要的，一方面由于他对物的加工改造，另一方面由于他依赖一个特定的存在，在两种情况下，他都不能成为他的命运的主人，达到绝对的否定性。于是在这里关于承认就出现了这样的一面：那另一意识

(奴隶)扬弃了他自己的自为存在或独立性,而他本身所作的正是主人对他所要作的事。同样又出现了另外的一面:奴隶的行动也正是主人自己的行动,因为奴隶所做的事,真正讲来,就是主人所做的事。”①

之所以说主奴关系中所演绎的自由是相对自由,而不是普遍自由。因为,这里面所讲的自由不具有普遍的属性,只是特殊性的存在。这与马克思所区分的财产权和私有财产的概念是一样的道理。马克思同其他的政治哲学家一样,都认可普遍财产权的存在。比如每一个通过合理的方式所获取的生产生活材料等,都是每个人不可剥夺的财产权,就像每个孩子所具有的文具、玩具等,包括父母在内都不可以无理地肆意地剥夺和侵犯。因为,这种权益是得到所有人认可的,是具有普遍效力的公共理性。普遍的财产权与私有财产最为根本的区别在于,后者并未得到普遍的承认,它只是得到了特殊群体的认同,属于某一类人的特殊财产。资本家通过多种方式来榨取工人阶级的剩余劳动,这是赤裸裸的掠夺,这种掠夺获取的财富,只是资本家特有的财产,它并未得到工人阶级的普遍承认,反而工人阶级还要反对这种非法的财产收益,并且称之为私有财产,更多意味着这种财产所具有的特殊性和非公共性而已。相对的自由并非普遍的自由。在前者中,总是将自由建立在不自由的基础上,使得自由只能是短暂的、偶然的自由。短暂的、偶然的自由是有规定的自由,是有限的自由。间接性本质和直接性存在之所以需要不断地作用,就是因为它们彼此都不想陷入到有限的规定之中,一旦陷入其中,就如同本质为直接性规定所划定的圆圈,这个圆圈如果不懂得如何扩展自身,那么它的命运必将走向毁灭,因为它会越画越小,若没有其他的动力来额外添加,它便会一步步走向死亡。正如古希腊哲学家所讲,上升的道路和下降的道路都是同一条道路。相对的自由在主奴关系当中,慢慢地演化成了固定的逻辑程式,

① ［德］黑格尔:《精神现象学》上卷,贺麟、王玖兴译,商务印书馆 1979 年版,第 128—129 页。

逐渐被规定下来。使得主奴二者之间的相互作用,最终却成了主奴之间的无休止的内耗。这种逻辑思维与本体论的模式很相近。当古希腊的哲学家们在极力地想找到世界的本体是什么的时候,居然陷入到了本体的困惑当中,几乎完全忘却了他们想要回应的实际问题是什么,反而一直在琢磨本体是什么的问题,由此构想出很多本体的类型,结果没有一个本体能够完全解释世界的始源性问题。每当人们确立起一个本体的根据,总会需要另一个本体的依据重新成为本体,一直无休止地延展下去,人们的思维也就这样被牢牢地套在本体论的世界中,很难自拔出来,这是人们为自己所创造的新的镜像世界。在镜像世界中,所造成的只能是生命的损耗,不是意义的重塑。在相对自由的运演中,生命意向性更倾向于在对象之中实现自身的力量占据,而不是自身生命的生生不息。不过反复的逻辑运演,使得生命意向性越发觉察到自我与对象,肯定与否定之间的"尺度"或"矛盾"。

当生命意向性自觉地发现这种自身所设定和践行的"尺度"或"矛盾"时,他就不仅仅是旁观者和参与者,更是一位指令的发出者与执行者。这就如同常言道,家有家规,国有国法。在一个家庭中,作为孩子来讲,他不会将制定规矩和执行规矩放在他所要完成的首要任务,反而更多的时候,总要将打破规矩的限定,作为一项更加重要的任务,因为在孩子的眼中,尽情地收罗世间新鲜可口的东西,玩耍嬉戏才是最为有趣的事情。但是,对于父母来讲,他就要为孩子,为整个家庭设定各种限定,以保证其安全稳定。在父母的眼中,这种规矩是必须要遵守的,是在任何时候,都不能随意改变的。但是,在孩子的眼中,却恰恰相反,这种规矩是可以随机改变的,只要它们搅乱了孩子们的乐趣,就要让步和妥协。为此,身为父母更加要成为规矩最为坚定的捍卫者,他自己设定的规矩,他自己包括他自己的家庭也要严格执行,否则无法保证规矩的第一性。当然,在这里的规矩可不是直接的外在的规矩,而是内在的必然性的规则。如果这种内在的规则被无视,那么家庭的概念将会彻底瓦解。人的属性将再一次回归自在的自然中。这一点是非常重要的。因为,在自在的自然中,一切的规定都是来自于外在自然的直接规定。比如,狼群中总要有一个头领,这个头领是通过直接的自然选择而产生。如果哪匹狼有勇气能够战胜其他的竞争者,那么它将成为狼群首领,其他被打败的野狼,也就会乖乖听从它的指令。不管这种指令是对是错,即便付出自己的性命,都要彻底地执行。然而,在人类社会这种野蛮的直接性战斗是不被提倡的,因为在人类的成熟理性看来,武力的决斗并不能解决所有问题,尤其在人化的世界中更是如此,即便通过武力使人屈服,但无法使人信服,即便是口中服软了,但是心中仍然会再次寻找机会进行报复。要想真正去解决这种冤冤相报何时了的直接困局,还要从人的思维和心灵的根本处着手。此时的生命意向性要远比处在自然状态中的更加成熟。他的意向性的广度和深度都有了进一步的扩展。他的关注点不是再停留于当下和眼前,他能够看到更深远的地方。父母相对于孩子来讲也是如此,之所以能配得上父母的称号,可不只是因为父母与子女之间的生物性关联,更重要的是一种逻辑关联,父母总能够发觉只有在孩子们长大之后才能发觉的道理,而且这种道理恰恰是能够促使孩子们健康成长的关键规则。父母意识到这种规则一旦被违背,孩子就会遇到各种各样的危险。这种规则的经验可是一代代父辈和子辈们用真切的人生历练一点点总结出来的必然性规定。当然,这种必然性的规定有时也会变成各种无形的外在束缚。那么,之所以这种规定成为了外在的束缚,根本原因在于这种规定还没有经历父子两辈人的矛盾检验。有些规矩只是单向度的,这种单向度的规矩也是人类自然衍生的直接性的,还未被后代人的经验所证实或证伪。

正如恩格斯在谈唯物史观的基本规律时讲到,自然科学中的基本规律与社会历史中的基本规律完全不同。在自然科学中,自然规律是不以人的意志为转移的,是盲目的、无意识的。比如像万有引力定律、重力、水的三态变化等,水只要达到了沸点就会由液态变为气态,只要达到冰点就会由液态变为固态,完全与人无关。所以,古时候老人总是告诫年轻人一定要循天意而立人道。看着天象的变化而定时令,按照自然的生息而耕种劳作。但在较为成熟的人类社会当中却完全不同了,每一个人都是有意志的,都是有动机和目的,最终都会左右历史发展的最终结果。比如,据天气预报,有场霜冻将大面积来袭,瓜菜果蔬可能遭致冻袭。知晓的农民,大张旗鼓开展施救,在田间地头燃起熊熊篝火,结果世事难料,霜未降倒下起了雨,真不知是预报失了准,还是农民的辛劳有了回报。这与三国演义中所演的空城计是一个道理。如果按照一般的自然规律,诸葛亮设计的空城怎么能够阻挡得了司马懿成千上万的士卒,如同在原始森林中,壮硕的河狸怎能抵挡得了鲜美鱼儿的诱惑,但在司马懿看来,那可能就是一个陷阱,于是便选择了撤兵而归。恩格斯认为,这便是自然规律与社会历史规律的根本不同。在社会领域人的意志起着重要作用。那么人的意志在社会历史当中是怎样发挥作用的呢?在此恩格斯提出历史合力论。恩格斯讲:“无论历史的结局如何,人们总是通过每一个人追求他自己的、自觉预期的目的来创造他们的历史,而这许多按不同方向活动的愿望及其对外部世界的各种各样作用的合力,就是历史。”①恩格斯认为,每个人都参与了历史的变革,只不过有些人对于历史变革的影响更大,有的更小,有的起到正向作用,有的起到反向作用,不过不管什么样的人,都会参与历史的变革中,而历史变革的现实结果,恰恰就是这些人相互作用、影响、冲突、制衡,所取得的最终结果。所以,唯物史观反对英雄史观,历史不是由某个英雄所决定的单一性的历史结果,强调群众在历史运动的决定性作用,历史是由广大人民群众所推动的综合性的历史结果。当年,马克思也早有历史唯物主义的观念。曾经在对古典政治经济学进

① 《马克思恩格斯文集》第4卷,人民出版社2009年版,第302页。

行批判时，马克思就有对早期的重农学派和重商学派的政治经济学理论的历史分析。马克思认为，当年重农主义的经济学之所以受到重视，根本原因在于人们此时还普遍认为，直接的自然要素是产生财富的唯一源泉。土地是自然要素的集中表现，如果人们能够从土地中获取更多的生产成果，那么他就一定能够拥有更多的财富。所以，当时各国为了掠夺土地等自然资源不惜大动干戈。然而，随着殖民地的扩展，世界市场也在慢慢地形成。于是，在世界市场中，各种各样的商品都会涌入，以使其迅速地变成财富。从而，从争夺土地等自然要素，也要转向争夺各种市场，这时候国际性的贸易和运输成为了主流的形式，商业活动越来越频繁，也越加地重要。人与人之间的交往开始逐渐打破各种自然壁垒，许多自然的禁忌也渐渐成为了一种蒙昧无知的代表。可是，市场开放了，扩大了，来到市场上的商品就更加地丰富起来，卖的东西越来越多，可是买的人却显得越来越少，可替代的商品越来越多，可替代的买主却越来越少。那么，如何能够使得有限的买主选择此类可替代的商品，而不是彼类商品呢？一场质优价低的竞争开始上演。完全不同的一种竞争模式开始出现。以前，只要人们努力劳作，找到肥沃的土地，就可以直接获取财富了。此前只要能够考试取得六十分就可以及格了。但现在可完全不一样了，及格可不一定能行，及格的分数线可并不意味着能够考上一所好大学。考上一所好大学需要被选拔，是有名额限定的，只有你比别人考的分数更高，你才有可能被选中。现代的商品可不是生产出来就一定能够变成财富，它需要被交易出去才行，才能被变换成各种财富。为了实现贸易，重商主义的观念和理论就显得极为重要。其中，有些人就指出，只有通过降低生产成本，使得商品的价格变得更加实惠，才能实现商品的转换。那又如何降低价格呢？压低生产材料的价格是不可能的，因为这个价格是由外在控制的，而不是自己完全能够掌控的。那只有通过压低劳动力的价格，才能更加直接有效地降低商品的价格。此时，资产阶级与无产阶级的矛盾便从一种偶然性的阶段上升到必然性的直接对立的阶段。最起码，在原初靠着自然本身产出财富的阶段，这种矛盾还是潜在的，没有直接普遍地表现出来。可是随着全球市场的展开，随着贸易活动的进一步深入，这种矛盾便日益地突显。

此时，两大阶级之间的对立，就成了现代历史发展的直接动力。现代历史与古代历史有着根本的差异。后者更多时候遵循着一维的决定关系。也就是说，在古代历史中，往往自在的因素起着关键性的决定作用。比如先天的自然禀赋，优势的环境位置，特定的人文结构等。天然物质更加富足的国家，往往军事力量也更加强大，从而支撑了一个大国，决定了一个民族的生死存亡。然而，一旦进入现代历史，就不再是单方面的决定作用，而是双方的矛盾关联才是至关重要的因素。从这一方面来看，马克思更加强调的是一种经济关系的矛盾作用对现代历史发展的决定性意义。生产力要决定生产关系，生产关系要反作用于生产力。这是一对相互影响的矛盾关联，这种矛盾关联是历史发展的关键性力量。谁掌握了这样的矛盾关联，谁就将代表历史的发展方向。因而，马克思提出了“两个必然”和“两个决不会”的基本观点。所谓“两个必然”，指的是资本主义必然灭亡、社会主义必然胜利。“两个决不会”指的是“无论哪一个社会形态，在它所能容纳的全部生产力发挥出来以前，是决不会灭亡的；而新的更高的生产关系，在它的物质存在条件在旧社会的胎胞里成熟以前，是决不会出现的。”在资产阶级和无产阶级的矛盾中，无产阶级在最后的斗争中看到了矛盾的实质和边界，并且掌握到了这种矛盾的实质和边界。那么无产阶级就获得了历史发展的主动权，从而按照如此的实质和边界来存在，将所有的矛盾都驯化成为一种内在的规律，实现了自由而又全面的解放。这种唯物史观的基本理念与马克思主义的认识论是直接关联的。唯物辩证法实现了对黑格尔辩证法前提性的变革和颠倒，依此辩证法革命斗争的属性从唯心主义哲学体系中解放出来。这种辩证法逻辑从不崇拜任何最终的东西、绝对的东西、神圣的东西;它指出所有一切事物的暂时性;在它面前,除了生成和灭亡的不断过程、无止境地由低级上升到高级的不断过程,什么都不存在。这种逻辑必然得出运动发展的绝对性,静止是相对的观念。但是这种观念并非是将运动和静止分割起来的,而是将运动和静止有机地统一起来。在一定的矛盾实质和界限中,展现出二者的一体性。这就如同人们在试图画一个规范的圆一样,如果仅仅按照抽象的运动原则,那么很难画出一个圆,反而总是在画一条直线,圆中的每一点都是运动的,如果只是按照自己的运动原则,那么每一点只会按照固定的切线斜率而动。只有将适合的圆周率与每一点的运动具体结合起来,才能不断地画出各种各样的圆。这种圆周率是一个固定的常数,把握这个常数的比例,才能掌握画圆的基本技巧。不管怎样画,都能够自然而然地形成一个圆而不是其他的图形。由此可见,那个矛盾的实质和关键"尺度"极为重要。生命意向性如果能够在直接性存在和间接性本质之间看到这种矛盾关节,并且将其内化于自身,那么生命意向性就看到了自身的实质,也就能够自主地成就自身,学会如何能够画好自身的这个圆。

这个矛盾的关节,黑格尔在不同的视域有不同的称谓。有时将之称为比例或尺度,有时将之称为实质或概念。但是如果从哲学发展史的角度来看,它更像是亚里士多德所讲的中道思想。"德性是两种恶即过度和不及的中间。在感情与实践中,恶要么达不到正确,要么超过正确。德性则是找到并且选取那个正确。所以虽然从其本质或概念来说,德性是适度,从最高善的角度来说,它是一个极端。"①这种中道思想犹如黑格尔所讲的否定之否定的逻辑,相对于肯定和否定来讲,否定之否定是那个第三级,是"在适当的时间、适当的场合、对于适当的人处于适当的原因、以

① [古希腊]亚里士多德:《尼各马可伦理学》,廖申白译,商务印书馆 2003 年版,第48 页。

适当的方式感受这些情感，就既是适度又是最好的”[①]在亚里士多德看来，这个适度的中道可并不是形式上的中间道路。不是在一和三之间取个二的数字作为中间答案，就是正确的解答。中道思想更加看重的是内容上的“适中”或“执中”。这就决定了亚里士多德的中道思想不是静止的，而是不断变换的。例如人们可以说如果八是多，二是少，那么五就是就事物自身而言的中间，因为八加二的平均值就是五，这是一个算术的比例。但是在人们的日常生活当中，这个数字并非是绝对的。对于一般人来讲，如果八斤的食物太多，两斤的食物太少，并不能推定五斤的食物，对一个人来讲是正好的饭量。也许对于一位运动量较大的人来讲，五斤的食物还是不够多，但对于娇小的女孩来讲，这五斤的食物又是太多了。由此，可以看出亚里士多德的中道思想不是折衷主义。他要求具体事物还要具体分析。每个事物之所以能够成为它本身，都是存有一定的中道观念的，如果偏离了这个正轨，那么事物自身是无法存在下去的。因而，亚里士多德的中道思想不仅是相对的，同时也是自为的。“德性是一种选择的品质，存在于相对于我们的适度之中。这种适度是由逻各斯规定的，就是说是像一个明智的人会做的那样的确定的。”[②]亚里士多德所讲的中道，不是外在所迫的中道，而是自由的中道。不是别人逼着自己必须选择的那样一条道路，或者也可以说不是以外在的目的为指向而必须所遵循的道路。它是具有成熟理性的主体，根据内在的目的本身所作出的必然性判断。通俗来讲，就是自身要想达成自身，首要的便是选择一条符合自身规定的逻辑尺度，绝不可以随意地偏离这样的轨道，如果出现了些许偏差，那么恶就会产生。这种观念对黑格尔的影响是非常大的。“在实践

① ［古希腊］亚里士多德：《尼各马可伦理学》，廖申白译，商务印书馆 2003 年版，第 47 页。

② ［古希腊］亚里士多德：《尼各马可伦理学》，廖申白译，商务印书馆 2003 年版，第 48 页。

里面，亚里士多德把幸福规定为最高的善；——最高的善并不是抽象的理念，而是其中具有实现其自身的环节的那种理念。亚里士多德不满足于柏拉图那种善的理念，因为善的理念只是共相，而问题在于善的特性。亚里士多德说，善乃是自身为目的的东西……绝对自在自为的实在的目的，他规定为幸福。幸福的定义是：按照自在自为的实在的（完满的）美德，以本身为目的的实在的（完满的）生命的活动能力。他同时更把理性的远见当作美德的条件。他把善和目的规定为合理的活动（幸福在本质上必然属于它）——至少他是从反面来加以规定，即没有远见就不是美德。一切出于感性的冲动的行为，或一般地由于缺乏自由而发生的行为，都表明缺乏一种远见，不是一种合乎理性的行为，或者说，是一种并非由思维决定的行为。”①黑格尔十分认同亚里士多德的观念。在逻辑学运演中，概念逻辑恰恰就是这种自主选择，自在自为的生命活动。

在存在论和本质论当中，概念的逻辑还是潜在的形态，没有真正地实现出来。没有实现出来，并不意味着这种逻辑不存在，只是它以一种未被生命意向性完全把握的形态，是处于生命意向性之外的一种逻辑。因为，在存在论中，生命意向性直接关注的只是不断过渡的自在逻辑，它像一位旁观者一样翔实记录着和拍摄着各种存在者为了保持自身存在而不断奔波劳碌的生存状态。而在本质论中，生命意向性不仅是旁观者，他也是直接的参与者，他深切地体验到了双重逻辑的存在以及二者之间的矛盾关联。起初，这种矛盾关联仍然是外在的，因为直接性存在并未真正意识到那个本质性的规定就是它自身的规定，它只是把这种间接性的本质视为被给予的规定，而不是它自身赋予的规定，于是分异、对立、矛盾不断上演。但是直到进入了现实领域，在这个阶段，直接性存在与间接性本质之间的内在矛盾开始显现。这使得生命意向性看到自身内在的本质规定或

① ［德］黑格尔：《哲学史讲演录》第2卷，贺麟、王太庆译，商务印书馆1978年版，第359页。

者内在实质矛盾,这个矛盾就是生命意向性之谓生命存在的根本属性和内在尺度。如果生命意向性想要保持自身的绝对生命存在,那么他就要无时无刻不遵守着这个确切的矛盾尺度,按照这样的逻辑规定来展开自身,形成一个生息不止的生命结构,在这个结构当中演绎自身的新陈代谢。从存在论和本质论的外在矛盾尺度,一直到概念论域中的内在矛盾尺度,充分展现了生命意向性关于自身规定的曲折婉转的精神探索。这个外在和内在区别,黑格尔在阐述现象论域的时候,曾经谈及过二者之间的具体关联。不过它们二者之间的具体区别,他并未充分阐述。在日常生活实践中,人们很早就会接触到这两个重要范畴,并不是通过直观的方式,而是通过逻辑演绎的方式。比如,在受教育的阶段,有些调皮的孩子经常会受到老师和家长的责罚。为此,这些孩子都能够深刻地感受到一种外在的压抑,所以他们要想达成他们自身的目的,很多时候都要小心翼翼地,以免被发现。也就说,他们还没有真正理解老师和家长的用意,也就是根本没有达到一种较为成熟的逻辑。但是幸好,孩子们还能够意识到这种逻辑的存在,不像一些更低级的生物,根本无法意识到较高级的逻辑,就已经被淘汰掉了。就像在自然界当中,羚羊还没有真正意识到危险的降临就已经被猎豹捕食了。但人类的孩子可不是待捕的猎物,他们是具有理性能力的存在,只不过现阶段这种能力还处于成长中。他们此时的关注点,可不在于什么生命的内在尺度,而是在于什么时候能够在老师和家长的眼皮子底下实现他们个人的小主意。在这个小主意看来,大人们的大主意就是一种外在的存在。然而,随着孩子们的长大,当他们也成为了父母和老师的时候,当他们想起自己小时候经常会做一些他们自己的孩子经常做的一些顽皮事情。他们发现这些顽皮的小主意,就不再是一些外在的,出了格的大失误,而是一种自然而然的生命表征,于是这种大主意便将如此的小主意包含在自身当中,成为一种内在共生的逻辑。那么,大人们为什么会判断这些顽皮的小主意,不再是一些外在的,出了格的大失误,而是一种自然而然的生命表征呢？根本原因在于他们体验到了人之为人的必然性尺度,这种尺度是自在自为的规定,也是自由的展现。

其实,这样的一种自由的规定,不仅在西方哲学当中显现,在中国哲学当中也是随处可见的。在中国哲学的典籍《中庸》中就曾明确阐述:“喜怒哀乐之未发,谓之中;发而皆中节,谓之和。中也者,天下之大本也;和也者,天下之达道也。致中和,天地位焉,万物育焉”。这种中庸思想贯穿于整个宇宙,“天命之谓性,率性之谓道,修道之谓教。”从中庸思想所讲的“率性”之道来看,中和者无过无不及于“性”。中国哲学家所理解的“性”既具有天性的意志,也具有后天性的指向。“率性之谓道”中的“率”,朱熹解为“循”。依此,“率性”就是“循性”。在“循性”之中就会涉及“尺度”的问题,“过”和“不及”都不能称为“循”。因而,“率性”的过程,就是保持无过无不及于“尺度”的过程。孔子认为:“不得中行而与之,必也狂狷乎！狂者进取,狷者有所不为也”。“狂”指激进,“狷”指保守。激进与保守都不是“中庸”之道。但如果结交不到秉持“中庸”之道的人,那也不能结交“巧言令色”的“乡愿”之流。狂狷者虽然各执一端,但总要比那些毫无原则的墙头草随风倒的“乡愿”要强一些。无诚信为乡愿,无中和为狂狷,都非中庸。《中庸》有云:“仲尼曰:君子中庸,小人反中庸。君子之中庸也,君子而时中;小人之中庸也,小人而无忌惮也。”中庸之道不仅要“率性”,还要“尽性”。“尽性”是使“天性”的“尺度”得以充分实现的过程。“过”不能被称作“率性”,“不及”也不能被称“尽性”。因而,“尽性”的过程是将“性命”之“尺度”践行的过程。有了“性命”之“尺度”,才能“万物并育而不相害,道并行而不相悖,小德川流,大德敦化,此天地之所以为大也”。这就如同人的身体。身体是生命的机体,之所以能称之为生命的机体,原因在于它不是由各种零部件所构成的机械体,而是由各种器官所结合的有机体。器官具有双重内涵,一方面谓之器物;另一方面谓之官能。器物秉持工具属性,就圆中的每一点都具有自身运动的轨迹,这一轨迹并非是圆的轨迹,而是每一点自身的斜率,它自身固有的直接属性。可生命赋予了这些简单的器物更加生动的内涵,它们可不是简单的物,它们还是生命之物,它们具有相应的生命官能,这个官能就相当于圆的圆周率,是一种生命的“尺度”。依附这样的“尺度”,它们就不再是单纯的点,它们还是各种大小的圆,同时也能够发现,即便是点也是一种独特的圆,是圆赋予了点的生命属性,而非相反。由此,可见每一个机体中的器官,都是有着生命的自身“尺度”。这一“尺度”规定了每一器官之所以谓之器的官的意义。依此内涵才使得各种器官结合在一起,并最终赋予了统一性的意向。从而,一个成年的理性才不至于使得左右手打架,相反却是相辅相成。当然,这种相辅相成的方式是有很多种样式的,左右手之间的关联是最为直接的表现样式,还有相对间接的方式。譬如,男人和女人共同组成家庭,但往往男人的性格和女人的性格是不太一样的,有些男人死要面子活受罪,作为妻子总要在她的丈夫得意洋洋的时候,给他泼冷水。虽然是相反的处事风格,却过得日子红火。中国哲学认为,阴阳相交之谓易,这是一种大道。在阴阳的双向矛盾之中,能够成就生命的完善性,而不至于使得一方陷入极端的危险困境。所以,《中庸》有云:“大哉圣人之道!洋洋乎发育万物,峻极于天。优优大哉!礼仪三百,威仪三千。待其人而后行。故曰:苟不至德,至道不凝焉。故君子尊德性而道问学,致广大而尽精微,极高明而道中庸。温故而知新,敦厚以崇礼。是故居上不骄,为下不倍。国有道,其言足以兴;国无道,其默足以容。《诗》曰:既明且哲,以保其身。其此之谓与?”朱熹对此的诠解是:“圣贤所示入德之方,莫详于此,学者宜尽心焉。”并认为,中庸之道“放之则弥六和,卷之则退藏于密……善读者玩索而有得焉,则终身用之,有不能尽者矣。”①

① 朱熹:《四书集注》,岳麓书社1985年版,第29页。

可见,不管是西方哲学的中道思想还是中国哲学的中庸之道,都有共同的逻辑指向。真正的概念是一个有机的生命体。他的有机性表现在那个成熟的生命尺度当中,一旦掌握了这个生命尺度,也就把握到了概念存在的基本逻辑,并且能够清晰地指明,概念发展的每一阶段都是概念自身的逻辑演绎。每一环节既是为了达成概念自身规定的必然环节,同时也正是秉承了概念的生命力,才使得各个环节有了存在的合理性。如果没有这种持续的生命灌注,那么每一个环节都会自动灭亡。不过,这种合理性只有在生命意向性达到了概念的阶段,才能够自觉地把握到,否则只能将这种合理性认作一种外在的逻辑规定与之发生外在关联。从这一点也可以看出,黑格尔逻辑学具有倒叙的特征。通俗地讲,倒叙是相对于平铺直叙而言,是一种从后向前的叙事。许多影视剧中也经常采用此等手法,先道出结果后讲因由。关于思辨逻辑的理解,黑格尔也是采取倒叙的方式。该方式并非意味着从后往前倒着演绎逻辑,而是意味着只有理解了概念本身,理解了全体,才能确切理解存在和本质。比如面对规定性的问题,往往人们的直接反应便是,规定是什么、为什么、怎么样等一系列问题。这些直接问题都是展现规定之为存在的必要环节,是通达存在的具体样态。因此,它们都因存在而具有规定的意义。要从存在的目的指向,迂回着理解开始、中介、结果。存在是规定的首要前提。所以,黑格尔得出结论:“一切现实的都是合理的,一切合理的都是现实的。”一切现实的东西都是合乎理性的现实目的的指向,关键这种指向并非是未来的、可能的,它就是眼下的、必然的,否则根本不会诞生任何现实的物件,它就是现实本身或者是现实物件的母体源泉。恰因合乎理性的现实目的的指向,才赋予一切现实东西的存在秉性,或者也可说是产生一切现实存在者。从而印证了巴门尼德的名言:存在存在,非存在不存在。正是在此意义上讲,生命意向性进入到了概念论域,也就进入到自由发展的阶段。在概念中,他把握到了自身直接性存在和间接性本质的必然性尺度,这个尺度不再是一种外在的条件,而是生命意向性自身永不更定的绝对实质。这个实质可不像一块石头,或者像一个事先早已划定的圆圈那样,僵死地规定着生命意向性的一举一动。他是生命意向性在自觉地自我成长中,自在自为地达成的内在必然性。内在必然性是自身发展的必然性,在整个过程中,生命意向性确立了自身的统一性,他能够清晰地意识到,不管是在直接性的存在论域还是在间接性的本质论域,都只是生命意向性自身的逻辑演绎而已,不过这种逻辑演绎,对于处于各个环节之中的生命意向性来讲,又不是形式的逻辑,而是内容的逻辑,他总是使得每一环节都能够发生实质性的变革,而不是简单的形式运动。无论是本质论相对于存在论,还是概念论相对于本质论和存在论,都是实质性的变革,只有这种实质性的变革才能真正赋予各个环节生命的活力,才能使得概念自身稳固地展现自身。这种逻辑仅仅通过语言的论证,是很难理解的,即便黑格尔试图多次说清这个问题,但总是显得较为晦涩。不过,如果用一些简单的事例,似乎能够较为直接地体悟这样的思辨逻辑。

概念的逻辑就像是在画圆,圆上的每一点都是因为这个圆而获得了自身存在的价值和意义。可是,如果这一点仅仅按照点的存在方式存在,那么这一点很快就要消失,因为这一点没有任何价值和意义。或者更加具体地说,如果不用这一点来画线,那么这一点又为何要设定出来。它的生命意义在于线,在于圆。因而它需要将这个圆的规定视为自身的必然规定,内在的规定才行。如果它在中间环节将画定直线作为自己的指向,那么它就要偏离自身的内在规定,而私自设定了一个外在的条件。外在的条件也是必要的。一方面外在的条件对于直接的生命意向性来讲是一种否定的存在,是使其发生实质性变革的规定,通过这种规定生命意向性反而更加具有活力。就像最初的点,如果它将直线作为自身的外在规定,那么点发生了重大的变革,同时在这种变革中点获得了一定的存在价值和意义。可是,这种存在价值和意义是相对的,是暂时的,是辅助性的。

因为,当点成为了直线,问题又会生成即直线又有何意义呢?直线又可以成为曲线,曲线又有何意义呢?这就使得点完全陷入了反思的境遇中。直到它能够将这些中间环节完全扬弃,在直接性存在和间接性本质的矛盾中,发现那个自身固有的内在尺度时,它就发现了它自身的生命是什么。它时刻要按照如此的生命规定来存在,来演绎,这就是它最根本的价值和意义。然而,能够意识到自身规定的存在,也是具体的生命意向性,具体的点、具体的人。在纯粹思想中,能够体验到内在的尺度,但在现实中却未必真正履行这种尺度的规定。为此,每一个鲜活的具体的存在,必然要进一步实现自身具体性的否定,他要向历史的规定进行演绎。于是,具体的圆就要回复到抽象的点,形成一种螺旋上升的态势。这也是抽象的点所必然产生的重要逻辑依据。或者以更加通俗的事实来解释,就是当人自觉地意识到了类的概念时,他本身仍然是以具体存在的方式意识到了绝对存在的尺度,也就是说,有限的存在居然看到了无限的概念,但这并不意味着无限概念的实现。具体的实现,一定还需要具体的存在能够真正实现具体的自身否定,于是人类的下一代就诞生了。理性会自觉地将新生代加注上理性的印记,并且履行相应的职责,这种职责不是粗暴的干涉,只是一种将生命的尺度潜移默化地,自然而然地赋予新生代中,使其由外在的规定变成一种内在的德性。就像是在数学的运算法则中那样,经过人们的整理和总结,终于发现了最为重要的简便方法。这种方法可以直接传授到学生中,使其能够更加直接地得出正确结果来。同样,理性成熟的一代人也会将他们所把握到的生命尺度,毫无保留地传递给下一代,使其能够在与对象世界的交互关联中,始终保持生命的风度。

第一节　概念的主观逻辑:生命的基因链条

当生命意向性跨入概念论域,他就开始经历三重逻辑的检验。这三重逻辑更多是潜在地蕴含在作为概念的生命意向性的演绎发展中,如同他的内在基因。在概念的逻辑中,他既需要直接性存在的普遍关联,也需要间接性本质的特殊规定,更需要自我意识的个体演绎。“概念本身包含下面三个环节:一、普遍性,这是指它在它的规定性里和它自身有自由的等同性。二、特殊性,亦即规定性,在特殊性中,普遍性纯粹不变地继续和它自身相等同。三、个体性,这是指普遍与特殊两种规定性返回到自身内。这种自身否定的统一性是自在自为的特定东西,并且同时是自身同一体或普遍的东西。”①生命意向性把握到了自身的生命尺度。他要按照这样的逻辑尺度演绎自身。他认识到这种尺度是普遍性的存在,然而这种普遍性的存在却不是形式的普遍性。比如,人们在日常生活中所把握到了的关于事物本身的概念,很多都是从具体的对象当中抽离出来的,像桌子的概念,很多人都是将许多桌子摆在一起,然后进行经验性的抽象,结果得出一个形式化的观念,认为这个观念就是概念。通过这种方式得出的概念与黑格尔所讲的概念,并不是同一个问题。黑格尔指出,二者主要有两点关键性区别。首先,概念不是由外在的方式得出的,它是通过自身的生命演绎自行生成的,比如苹果的概念,就是由苹果的种子,按照自然生长的规律,自行发芽长出枝叶,开出花蕾,结出果实,播下种子,实现生命的有机统一。但是如果我们把所有的苹果放到一起,从里面提炼出一个共同的品性,并附上苹果的名称,那么苹果的概念就和苹果本身的生命进程出现了分异,而且如此形式化的概念根本无法得出苹果自身的“尺度”来。其次,黑格尔所讲的概念一定是思辨的概念,是自我否定的概念,是通过自我牺牲,来彰显理性精神的概念。如果不具有这种牺牲精神,概念是承受不了伟大的生命之重的。就像是在画圆一样,如果每一点都只是局限在自在的规定中,而无法实现自为的指向,那么这个圆是永远

① [德]黑格尔:《小逻辑》,贺麟译,商务印书馆 1980 年版,第 333—334 页。

无法画成的。达·芬奇之所以画鸡蛋画了那么长的时间，不是因为他画得不像，而是因为他画得太像了，他最初只是一直在模仿他头脑中所想象的鸡蛋，是一个纯粹的鸡蛋，这个鸡蛋只是头脑中被给予的规定，而不是自然而然的鸡蛋本身。正如头脑中的几何图儿，这个图儿与现实中的图儿总是有些差别，因为现实中的图儿，并不是完全抽象纯粹的构图，是由自然线条构成的不规则图儿。生命意向性在概念论域中，他看到了生命概念的尺度，这个尺度不是抽象的，而是鲜活的。它不仅要求所有的直接性存在和间接性本质，要按照这样的尺度来演绎，同样也要求生命意向性本身要按照这样的尺度进行自身的逻辑延展。这便是实体性逻辑和本体论逻辑的根本区别，前者是通过自我牺牲来成就自我，后者只是通过牺牲他者来成就本体。正如头脑中的鸡蛋，它要求所有的鸡蛋都要按此标准来呈现，要求所有的他者都要通过否定自身来成就一个对它们本身来讲，纯粹外在的概念，这是一种特殊性的概念，不是黑格尔所讲的普遍性的概念。普遍性的概念一定是既要能够得到自我的认可，也能够得到他者的信服，正如此前所谈及的普遍自由与特殊自由的分别。

因此，关于黑格尔所讲的普遍性就很清晰了。那么如此的普遍性必然是自我牺牲的普遍性，这种自我牺牲所建立起的规定就是特殊性。关于特殊性也是很容易引起人们的误解，容易将其与个体性相混淆，之所以会出现这样的问题，根本原因在于，我们往往将特殊性看成了与抽象概念相对立的不规则性。比如，在几何学中，人们很容易将椭圆视为圆形的不规则或者特殊的图形。那是因为我们头脑中，已经具有关于圆的抽象观念，并且将这样的观念视为真理性的标准，用以衡量其他具体事物的尺度，这是理智思维经常使用的伎俩。然而，在思辨逻辑看来，特殊性的规定只是普遍性的思维延续，二者既具有否定的关联，更是统一性的显现。讲得更具体些，普遍性概念自身就已经蕴含了特殊性的规定，生命意向性秉持普遍性的概念逻辑，他要进行自我否定，这个否定乃是实质性的变革，变革的结果，就是产生一种完全靠着外在规定而存在的规定，而不是靠着自身规定自身而存在，但这种靠着外在规定而存在的规定，正是概念澄明自身，丰富发展自身的必然中介，也是概念的自为活动。一个国家和民族的希望，更多要表现在新生一代的生命力上。这种生命力可不仅仅体现在量的方面，往往更多体现在新生一代能否真正助推时代的新发展，并且在这个新发展中能够比前代人更好地发现时代问题，并有力地化解这些问题。牛顿在绝对时空的框架下，发现了经典力学的基本原理，主导了物理世界几百年的发展史，但正是在经典力学的前提下，爱因斯坦等人，发现了光速参照下的相对时空理论，掀开了量子力学的新天地。没有经典力学根本无法产生量子力学的，二者看起来具有直接否定的关联，但实质上二者却是相辅相成的。生命意向性把握到了自身的普遍性尺度，这个尺度同时也规定，生命意向性必须开启自我否定的伟大历程。在这个历程的开端，第一个直接性的存在便登上了历史舞台，这个直接性存在看起来是对这种普遍性的直接否定，正如黑格尔在纯存在的开端时所谈及的问题，但实质上恰恰是这种普遍性的证成。其实，这种特殊性规定，在中国哲学的周易当中演绎得最为形象。最初的普遍性就相当于一，而特殊性规定就相当于二，是阴阳两个方面，这两个方面不是死的，而是活的，是相互助推的，互为矛盾的。矛盾可不是对立，人们往往只是从对立的角度去理解阴阳的关系，但实质上二者却是相生相克的，还要从积极的生命方面去把握。正如父母和孩子之间的关系就是典型的特殊性规定，只不过这种特殊性规定显得更加直接一些，也就是说往往孩子都要听从父母的直接安排，在这种操劳中，父母慢慢地实现自我否定，逐渐老去，孩子慢慢实现自我肯定，逐渐长大。但孩子长大后，他需要成家立业。夫妻之间的关系也是一对特殊性的规定，只不过这种关系更加婉转一些，但都是在二者的相互扶助中，成就家庭的繁衍生息。在特殊性规定中，生命意向性总是在反思性的关系中来成就自身的非凡亲历，使其不断地认识和践行生命意向性自身的生命尺度,从而演绎生生不息的思辨逻辑。

此前,人们往往只是从反思性关联中,去把握特殊性内涵,没有看到特殊性究竟为什么能够产生,以及它根本的生命意义在哪,结果只是从分异和对立的视角去把握特殊性规定,将其视为具体的个体性。实质上,特殊性是作为生命普遍性的生命意向性实现自我否定的必然结果。他的自身否定,使其产生了一个与自身较为陌生的直接性存在。当然,生命意向性的自身否定可不是一下子促成的,不是像变魔术一样立竿见影,而是有逻辑地,一步步实现的,刚开始的自我否定的成果就是那个直接性的抽象存在,也就是黑格尔在逻辑学最开始的阶段谈到的开端逻辑。在自我否定当中,生命意向性不仅看到了自我否定的成果,同时也看到了,自己为了维护这个自我否定的成果也是大费周折煞费苦心的。可这些对于知性思维都是不理解和没把握到的,结果就将这二者之间的关系视为一种抽象的否定关系,而不是相生的关联,一种主动性的生命关系就变成了一种被动性的对抗关系。在抽象理智看来,在特殊性规定中,双方都是僵死的存在,不是自觉演绎的。那个抽象的概念是倔强的,是不可侵犯的,那个具体的多样性的存在是卑劣的,不足为惧的。它没有看到,这样的局面对于生命本身是非常不利的。因为,僵固的躯体是无法进行正常的新陈代谢的,它只会在现有的能力消耗完毕,来结束一切存在的价值和意义。除此而外,不会有其他的结果。然而,出色的生命体懂得如何将生命力持续地生成和演化,从而保证自身内在的尺度或规定不断地存在下去。

当原初作为普遍性的生命意向性得到了彻底的否定,那建立在反思性关联中的特殊性规定,就要转化为个体性的概念。其实,概念本身的澄明是一段非常令人震撼的宏伟史诗。概念就像是人类不断延续的世世代代,祖祖辈辈。祖辈在生养了自己的后代之后,不仅要保护他们,还要对他们进行教育和考验,他要把他们所知道和所把握到了的所有知识和能力都要传给下一代才能安心,等看到下一代人真正能够自在自为地扛起生命尺度的大旗,他们便要彻底地离开,以免成为他们不必要的负担和累赘,因为此时新生的一代也要展开自我否定的伟大旅程,开始全面肩负起生命意志的整个价值和意义。此时,个体性的概念就产生了。个体性概念不是特殊性概念,因为在个体性之中,没有其他的规定与之相对。在个体性确立之前,特殊性已经完全消解在个体的生命意向性之中,已经完全退出了历史舞台,所以个体性仅是概念自身的规定,只不过这个规定是更加成熟的规定,不是幼稚的规定,不是那个刚刚在特殊性中产生的直接性存在。作为个体性的生命意向性,就具有独立人格的存在,能够自我决定自身的选择,或者更确切地讲,是能够承担起在自我否定当中实现自我的成熟规定。在个体性眼中,一切都是注定的,之所以注定就是因为一切都是在他的掌控之中。这种掌控可不同于理智思维所理解的控制,他是对坦坦荡荡的敢于承担,敢于放弃,敢于牺牲,敢于成就的一种生命尺度的掌控。这就是中国哲学中经常谈到的一种境界——随心所欲而不逾矩。这也是莱布尼茨多次讲到的充足理由律。“但个体性不可以了解为只是直接的个体性,如我们所说个体事物或个人那样。这种意义的个体性要在判断里才出现。概念的每一环节本身即是整个概念,但个体或主体,是被设定为全体的概念。”①那么,之前所谈到的普遍性与个体性到底又有哪些区别?普遍性是潜在的或直接的个体性,是生命意向性最初把握到了的那个生命尺度,并将要自身来践行这种发展的尺度的那个逻辑样态,但是他还未将这样的自我否定的原则或尺度贯彻,只是在自身中领会到了那个坚实的规定。但个体性概念却并非如此,他是经过完全的践行之后所形成的规定。他的宗旨可不仅仅在于领会生命的尺度,而是要切实地履行这种约定,在履行他的职责之后,生命意向性关于自身的成熟规定就是个体性的概念,是一个有了具体规定的概念。

① [德]黑格尔:《小逻辑》,贺麟译,商务印书馆1980年版,第334页。

当生命意向性有了具体的指向，就一定会出现分异，概念本身就会出现特殊性的规定，判断的形式就出现了。黑格尔在谈及判断时，首先剥离开了普通逻辑关于判断的理解。普通逻辑总是通过经验直观的方式将两个词语通过“是”的连接，结合在一起，形成各种偶然性的命题。可这种结合并不具有普遍的必然性。思辨逻辑所讲的判断一定是建立在逻辑自身的生命演绎的基础上，它不是通过外在的手段将主词和谓词强加起来，而是自觉地从自身中发展出来主谓的自由关联。因而，每一个判断在做出相应的区分之后，都能够显现出主谓二者之间的内在不可分割的关联，是建立在统一性基础上的分殊。就像是在一个家庭当中，所作出的必要区分。当然，在这里黑格尔还专门强调了“是”与“有”的严格界限。“有”所反映的只是偶然关联。比如，水有三态变化。这三态变化只是水的样态属性，并不关乎水的实质性规定。但是如果说水是一种化合物，那么情况就有些不同，这是针对水本身下的定义，成为了一种判断。这与之前在本质论域所谈及的直接性存在与间接性本质之间的关系是一致的。例如，当父母让孩子去打扫房间，孩子可以选择各种不同的工具，这是十分偶然的，但是必然性的关联却是父母与孩子的关系，当孩子意识到这种关联时，他就形成了关于自身的判断。所以，黑格尔强调判断不是随机将两个词语按照偶然性的方式结合在一起的。思辨逻辑所讲的判断一定是在同一性的前提中，确立起差异性的关联。也就是说，主词和谓词一定是具有普遍性的关联的。比如说，这个人是那个孩子的父亲。在这个判断中，这个人与父亲的概念是有区别的，但是从整个人的类本质出发，这个人成为父亲又是必然的。因而，在判断的视域中，生命意向性看到了一种既同一又存在差别的内在关联。当然，这种内在关联也不是直接的或当下的，是具有逻辑延展的普遍关联。只有深切地把握到了这种内在的逻辑关联，才能真正理解判断与普通的命题之间的根本区别，才能在概念当中领会判断存在的深刻意义。既然判断是处于概念论域中的判断，那么判断一定是活的判断,是有自身运演逻辑的判断。其次,在这里黑格尔还专门指出康德关于判断的形式化区别。康德所讲的判断只是从对前人思维逻辑的总结中,抽离出来的一种固定的思维模式,这种抽离也将概念的生命属性一并丢掉,使得判断也完全丧失了生机,为此黑格尔要重新拯救判断的价值和意义,对判断重新分类和界定。

基于思辨逻辑的考虑,生命意向性看到了第一个初步规定的判断即质的判断。质的判断是近于感性直观的判断。判断中的主词和谓词是简单的外在关联,虽然在整体上还是保持一致性的观念,但在具体的展现中还是有了些差别。就像是兄弟二人,虽然同属于一个姓氏,但还是有些分别的。在这种判断中,首先表征为一种直接的肯定关联即个体是特殊。生命意向性设定了一个定在的规定,并将这个定在的规定以直接的方式复归自身当中,从而实现自我的否定。比如,人是两足的动物。两足的动物并不能完全阐释人的概念本身,但是它却是成为概念的重要环节。可是,慢慢地人们发现仅仅用两足的动物根本无法界定人的内涵,两足动物不仅是人的属性,就连家禽也是两足的动物。因而,否定的关联就产生了,两足的动物并不能规定人的内涵,人是无羽毛的两足动物。如此来看,是不是将家禽拔掉羽毛就变成了人呢?也不是的,从而生命意向性便进入到一种否定的不断关联当中。这种无限的否定也不能完全解释人自身的内涵,只有对否定进行再次否定,达至无限判断才能触及到概念的内在规定。既然肯定判断和否定判断都是定在的规定,思维对这种定在规定的扬弃或否定(否定之否定),便进入到无限判断,即主词保持自身,且与谓词毫无关联的阶段(看似毫无关联,只是将关联潜藏未显现),是对规定的一次彻底否定。无限判断的例子,如精神不是象、狮子不是桌子等。看似有些驴唇不对马嘴的味道,生命意向性想要表述概念只是概念自身,而非概念的简单规定。无限判断是在直接的外在判断中对肯定和否定判断的彻底扬弃。这种主词和谓词不搭嘎的情形,在普通思维看来很搞笑。不过,若是从思维自身演绎的角度理解,就会轻易发现这正是质的判断辩证发展的必然结果,同时也明白地显露出质的判断的有限性和不真性。黑格尔在这里列举了三个具体事例来说明,无限判断有别于直接的否定判断。比如像偷盗这一犯罪行为,它不仅否定了个人对于特殊财物的个人权利(像民事纠纷那样),还否定了那人的一般权利(法律普遍赋予的人的权利),所以他被勒令归还原有的财物,还得受到惩罚。反之,在民事诉讼中关于法权的争执,只为那犯法的一方只是否定了某一特殊的法条,而承认普遍的法律。还如,这花是红色的,否定判断只是否定红色这一特殊颜色,而无限判断否定的是颜色本身。再如,死亡也是一个无限判断,因为它不像疾病只是否定身体的某一特殊形态,它是要否定生命本身。所以,“黑格尔认为,否定的无限判断与单纯的否定判断是有很大差别的”①。

在质的判断中,生命意向性从更高的视域看到了从定在到自为存在的逻辑演绎。在整个判断中,都是生命意向性同自身的否定之间的逻辑关联。在质的判断中,他要促使他自身的否定方面实现从抽象的定在到直接的自为存在的逻辑演绎。从这一点也能够清楚地看到,为什么在存在论域中,黑格尔多次强调被给予性、直接性、过渡等范畴,那都是生命意向性自身规定的逻辑使然。当质的判断实现之后,便进入到了量的判断之中。黑格尔为了区别与前人逻辑思维的根本不同,特别采用了他自身逻辑中经常运用的概念——反思的判断。反思的判断也是分为三种类型。一是单称的判断。生命意向性在他的否定自身中,看到了与自身否定直接统一的外在规定,这也正符合量是质的外在规定的逻辑。质的判断是否定的生命意向性第一次有了自身的独特规定,这种规定还没有真正上升到本质的界域,还只是处于偶然直接的逻辑对应当中。此时,他的

① 姜丕之:《黑格尔〈小逻辑〉浅释》,上海人民出版社1980年版,第392页。

目的不在于对自身有个实质性的探究,而在于将自身赋予一定的具体内容,可以让生命不再显得如此的抽象和空洞。因而,从外在方面来看,质的判断更像是一种感性的判断,是一种关于内容联系起来的判断,而不关注内容如何联系、怎样关联的判断。所以,在每一个环节当中,生命意向性的关注点是不同的。这个关注点的不同,直接决定了每一阶段的逻辑运演的方式和视角都是不同的,结果得出来的范畴也是不同的。在单称判断中,体现量的判断规定。单称判断始终都要将量锁定在质的规定中进行判断。比如,这棵树是高大的。这就意味着这棵树本身要指向高大的标准,否则就不能称之为高大的。这是质与量的直接统一阶段。但是这种直接统一很脆弱,简单的风吹草动就能使之破裂,也说明这种直接关联很偶然。于是,单称判断就转换到了特称判断。特称判断是一种表现质量变化的反思性判断。在特称判断中,有些量的规定是符合原来的质的标准,但有些已经超出原有的标准,开始向新质转换。有些树是低矮的,有些树是高大的。然而,在这种质量变换之中,慢慢就形成了全称的判断或者也可说是尺度的判断。只要掌握了尺度就可以直接把握到全体存在的所有规定。不过,关于这个尺度的理解也是不同的。有人往往从抽象外在的角度去理解,将尺度视为一种共同性,是一种“恶尺度”,是一种特殊的尺度,而不是普遍的尺度。这里面可以试着比较下面这两个命题就可以发现明显的区别:如所有的果树都要开花结果的,不管是隐花的果树,还是显花的果树;所有的果树都是植物。前者主要是从外在的尺度(或者是被给予的或者是自身外在表现的),得出果树的规定。后者是从果树本身的内在属性得出它的本质性规定,是代表了“真尺度”。开花结果可不是果树的真正使命,是真正使命的外在显现,中介环节。它的主要目的是要实现自身规定的生息运演,实现植物尺度的绝对规定。

关于“真尺度”的判断就形成了必然的判断。必然的判断也可称之为本质的判断,是对应于本质论域来讲的判断。在生命意向性的自身否定中,那个他自身设定的否定存在,通过尺度的运演,认识到了生命意向性为他所设定的本质规定。起初,他对这个本质规定是直接服从的,这就形成了第一种必然的判断——直言判断。比如黄金白银是金属,花草树木都是植物等。对象与对象的本质直接的同一。然而,这种最初的同一也只不过是一种较为理想的状态。生命意向性始终都贯彻自由的理念,他不想被一个他自身无法理解和认同的本质限定。于是,一场本质与现象的纠葛开始上演。假言判断就出现了。当实存与它的根据出现了分异,那么判断也就跟着出现了分裂。如果这些枝干是能够发芽的,那么它们就是有生命的。这个命题意味着,有些实存是能够逃离它们自身的本质规定的,充分说明不仅生命意向性具有强大的生命活力,他自身的否定性也同样是生命的存在。不过,虽然实存与根据,现象与本质能够出现分异,但最终任何实存都是离不开一定本质的实存,任何现象都是具有自身本质规定的现象。只是最初的根据和本质还没有得到实存和现象的认可,不是它们自身所寻求的根据和本质而已。但现在它们找到了,此时假言判断进入到选言判断之中。选言判断将全部的本质彻底地揭示出来。黑格尔在这里面例举了两个例子:"诗的作品不是史诗必是抒情诗或者剧诗;颜色不是黄的必是蓝的或红的等。选言判断的两方面是同一的。类是种的全体,种的全体就是类。"①关于黑格尔所举的例子,不能从例子本身去理解,还要从例子背后的逻辑深意去把握。这就如同在做一道运用乘法结合律的简便算法解决的数学题。如果我们仅仅局限在数据的运算上,仅仅局限在这些数据究竟是整数还是分数或小数上,那么这道题做起来一定很吃力,但是如果我们将注意力集中于运算的法则上,那么这些数据的不同就不会严重干涉我们计算的思路。这些数据完全成为了可替代的成分,而不是决定性的要素,这样就实现了以不变应万变的功效。选

① ［德］黑格尔:《小逻辑》,贺麟译,商务印书馆 1980 年版,第 355 页。

言判断背后的逻辑是要展现实存或现象自身运演的必然本质,这个必然本质包含了实存或现象的全部意义。比如作为植物的花草,它要么处于种子的阶段,要么处于成长的阶段,要么处于开花打籽的阶段。这几个阶段说明的都是花草本身的规定。此时概念的判断就产生了。

概念的判断是生命意向性同自身的否定完全实现统一的判断。在这一判断中,生命意向性看到了他的否定方面最终也走向了自我肯定的方面,实现了自身,那么他自身的历史任务也基本完成了,生命将会被下一个现实的生命体所传承。在这里面生命意向性不再直接干预下一个生命体的逻辑运演,他知道下一个生命体已经成为他自身,已经把握到了生命运演的最终尺度和逻辑。他现在完全可以休息了。他完全可以得到最大的宽慰和安抚。因为,他完全确定这就是他的以及他的后人们一直传承的生命本身,于是确然判断就产生了。确然判断是具有诗意的判断,它直接将生命的全部尺度,通过直接的方式确证下来,所以具有一定的乐观性。生命意向性完全领会到接下来所发生的一切都是他所要看到的一切,也的确如此。这是一种关于内在逻辑的自身确认。基于这种确认,自然而然地转入到了或然判断中。确然判断的乐观,是一种较为抽象的乐观态度,在具体的现实中,抽象的乐观是不符合实际的。下个生命体要想秉持生命意向性的宗旨,那就不能仅仅在抽象中秉持,还要在具体的实践中践行,他也要进行彻底的自我否定。这种抽象的乐观变成了一种实事求是的态度,变成了可能性的表述。当然,下一个生命体的自我否定,不是为了否定生命意向性本身,恰恰是在否定自身当中,来实现生命意向性的历史任务。此时,或然判断就渐渐转变成了概念判断本身,或者用黑格尔本人的界定——必然判断。前面所谈及的必然的判断与当下所论及的必然判断,还是存在很大区别的。前者涉及的是本质论域中的关系,后者涉及的是概念领域的自我判断。在概念判断中,三种不同形式的规定,就如同祖孙三代人之间的关系。爷爷按照理性的逻辑,培养了自己的儿子,刚开始的时候，他也是投入了巨大的精力，使其成为了健康成熟的一类人。他完全放心他的儿子一定能够秉承他的志向，做一个完善的人。相信儿子能够靠自己成家立业。当儿子有了孩子的时候，设定了他自身否定性的存在时。爷爷也要为他的儿子捏把汗，因为这是他第一次进行彻底否定自身的亲历。此时，或然性的判断就产生了。由确然变成或然，说明生命意向性更加成熟了，他能够完全放手，让自身的否定性成为一种自我演化的规定。当爷爷发现他的儿子在教育他的孙子时，不仅将其视为一种自身否定性的存在，同时也将其视为自身肯定性的规定，那么必然的判断，概念本身的判断就形成了。这时推论也就产生了，概念已经能够确认自身的运演尺度，那么它就开始按照自身的尺度展现。

在推论中，生命意向性涉及三个重要环节的逻辑运演：自身普遍尺度的普遍性环节，践行这种普遍尺度的特殊性环节，承载生命属性的个体性环节。推论的第一种形式被称为质的推论。在质的推论中，就是在概念自身中的直接推论或定在的推论，是一种只在乎自身当下规定的推论，因为最初的推论还没有充实的内容。如果用一个圆的图形进行比照的话。那么圆上的每一个点都相当于个体性，而每一段的圆弧就相当于特殊性，而圆周率就是这个圆的普遍性。最初的时候，人们画一个圆，只需要从一点出发，画出个圆弧，就可以将一个圆画出来。基本的逻辑程式即个体性——特殊性——普遍性，这种程式的质的推论表明，个体性、特殊性、普遍性三者都是外在的关系，是被给予的关系，是非常偶然的，不是个体性和特殊性自觉成为普遍性的联系，普遍性迫使个体性成为特殊性进而上升为一种普遍性。个体性和普遍性都是在特殊性中被建立起来的。然而通过这种外在的方式建立起来的推论，并不能够让生命意向性满意。这种推论局限在自身抽象的形式之中。导致推论中各项所包含的内容都是偶然的外在的关联，毫无实质性内容。中项只是小项的任何一种特性，小项具有多种特性，因而它可以与许多大项关联，而不止与一种普遍性关联。依此,便可以从一个具体的个体性中推出一系列以各种特殊性为中介的普遍性来,要在这种推论中,决定哪个推论是重要的具有决定性的,则需要再添加个推论,来证明前一个推论的重要性与必然性。新添加的推论,同样也有各种外在的特殊性和普遍性,同样需要证明哪个更为重要,从而陷入无限推论的递推中。这种形式的推论,即便在日常生活中也不断发生着作用,比如在民事诉讼中,律师总会揪着对自己当事人有利的法条不放,这与外在的偶然推论是一个道理,该推论只注重空洞的形式,对于内容则是外行,随性而发。这便是直接推论的缺陷。之所以具有这样的局限,也是由于这种推论的中项是与主词有表面的关联,是随便拾取一个方面作为中项,就通过这个中项达到所要达到的结论。“拾取这一中项,可以达到这样的结论,拾取另一中项,又可以达到那样的结论,甚至相反的结论。”①形式推论的第二个缺陷,即在于中项的偶然性和外在性,这种偶然的中项,将主词与谓词偶然地关联起来,产生了各种外在的推论。这就导致中项在连接大前提和小前提之前,每一前提都需要一个新的推论加以证明,而新的推论又有两个新的前提须证明,以至于无穷递推。也就是说,大前提和小前提都要求以另一新的具有中项的推论来加以证明自身,因而各自都是直接的关联,于是它们又要求以一个更新的具有中项的推论来加以证明,这种要求双重推论的需要可以进展到无穷。

可见,从个体性——特殊性——普遍性的逻辑演绎是存在一定问题的,因而还需要从个体性本身出发,从圆上的每一点的生命属性出发,才能画出一个自在自为的圆。于是,第二种质的推论就产生了即普遍性——个体性——特殊性的逻辑程式。这种程式主要以个体性为中心,结果形成了个体性的特殊性和普遍性,形成了各种各样的椭圆。当然椭圆也是圆的一种,但它并不是圆本身,因为圆的尺度还没有真正地展现出

① 张世英:《黑格尔〈小逻辑〉绎注》,吉林人民出版社 1982 年版,第 463 页。

来,所以这种推论形式也是极其偶然的存在。普遍性要通过个体性,通过各种具体的点来演绎,但是每一个具体的存在上升为特殊性时,这个形成的特殊性是与普遍性之间存在一定的差异的,是普遍性与特殊性的外在关联。只有进入到质的推论的第三种形式即特殊性——普遍性——个体性中,才能使得生命的普遍性完全纳入到整个环节的具体演绎当中,从而真正实现形式推论的自洽。在这个第三种形式中,生命意向性完全按照生命的大尺度,来设定特殊性和个体性的存在,也就是说,个体性完全按照具有生命普遍意义的特殊性原则而运演,特殊性也是秉持了生命普遍性的逻辑来规定个体性的存在。只有经历这样的过程,才能真正实现了自身生命的有机无限的运转,从而成就自身绝对(形式上的)的存在。可以说,直接推论这三种样式,恰恰是生命运转的一种最直接的逻辑形式。仿若一粒种子自身便具有成就自身的基因,然后它要发芽,长枝、散叶、开花,最后它要变成一棵成树、结果、播种,形成有序的生机不息的新陈代谢(生机不息的新陈代谢这一特点,也是概念区别存在和本质的根本标识),不过很可惜,它还只是形式的外在偶然的运转,还需被进一步扬弃。这便是直接推论各样式之间的逻辑关联,也是直接推论的逻辑意义。不过,很少人意识到这种逻辑意义,只是看重各种不同的逻辑形式而已。但实质上,"每一环节作为概念规定本身都有成为全体并且成为起中介作用的根据的必然性"。黑格尔认为,那些只专注于命题形式的真假和命题形式的无聊推演的人(学界很多学者专司此业),只是无概念地机械式地研究逻辑。他们恐怕难以得到亚里士多德的垂青。即便亚里士多德也曾具体钻研过各种推论的抽象形式,但他的形而上学概念,还是远离这些抽象理智思索。如果他沉迷于这些抽象的束缚中,他将不会产生任何概念,或被留存下来。他的哲学的主导原理仍是思辨概念,他从不让他的理智思索闯入他的思辨领域。在这里黑格尔还以逻辑理念、自然和精神三位一体为例,具体演绎了直接推论所表明的普遍生命的蕴意。既然在直接推论中,个体性、特殊性、普遍性三者中的每一个都可以作为其他两者的中项,它们之间的特定差别被扬弃了。它们之间只是表面上的形式差别,可实质上却是同一的,这种推论也可称为量的推论。如两物都与第三者相等,那么这两物也相等,三者同一。在这里所提及的量的推论就是数学中的公理。公理是直接自明的,无须证明之理。这些公理都是在形式上直接保持自身的同一性。如等边三角形三边相等,三角形内角和是180度等。至于应选择哪种命题作为量的推论的前提,这要看所适用的范围或环境。这些都说明了直接推论缺乏内容的抽象同一性,决定它必然要扬弃这种抽象同一性进入反思推论当中。

反思的推论更多是一种内容充实的推论,不再像质的和量的推论那样还仅仅局限在形式的推演之中。其实,在推论中就是生命意向性看到了自身如何建构或者演绎自身的生命逻辑的过程。必然的判断,只是让下一个生命体看到了生命意向性的必然尺度,那么如何具体演绎这个尺度,这便是推论中所要探讨的主要话题。在质和量的推论里,生命意向性关注到了,下一个生命体的自我推演的抽象逻辑或者说是先在基因。那么这个基因在现实中如何生长,这就是反思的推论所要关注的问题。这个反思推论也包括三种形式。一是全称的推论。如凡是人都是有生死的,那么卡尤斯是个人,那么卡尤斯也是有生死的。全称的推论是直接性的推论在间接领域的最初显现,它表明了推论在形式上的统一性,然而在内在已经开始出现了一些暗流涌动。二是归纳的推论。也就是说,当生命意向性完全突破了直接性的推论规定,那么实存性的存在就会呈现在作为推论的意向性面前,只有对这个实存不断进行规定,才能实现推论的完满。不过这种归纳的努力还是有限的,无穷的归纳永远也达不到绝对真理。三是类推形式。这一部分关于归纳到类推的演绎,如同黑格尔在存在论中关于量的运算规则的演绎。归纳如同加减法,但类推则如同乘方和开方,是要把单位和数目统一起来,进行一个完全的总结。但是这一方向的最终努力,只能走向自我否定的反面,从而确立内涵的量和外延的量的统一,形成基本的比例,确立了量自身的逻辑规定。那么,在类推中也是同样的问题。类推只是将同一种推论的规则贯彻到底而已,但结果不是太理想,它只有实现自身的否定,才能看到推论本身的实质。于是,生命意向性就进入到必然的推论中。

如果说判断是一种生命意向性关于自身的静态考察,是生命意向性关于在自身否定当中确立自身统一性规定的话,那么推论就是将这种统一性规定的静态形式,转化成一种动态的模式。更加确切地讲,生命意向性不仅要求自身的否定性能够理解和把握自身的尺度,更重要的是要能够自觉地演绎这种逻辑尺度,依此才能保证生命的绝对有序运演,从而在这种永续运演当中体验这种绝对存在的永恒价值和意义。这是黑格尔将其逻辑学称之为唯心论哲学的根本意指所在。这方面的努力也经常得到后人的不断批判。这就如同一个家族的生命理念,祖辈的老人不仅希望后代人能够理解和掌握家族的生命理念,更重要的是能够将这个理念不断地一代代传承下去。这个理念恰恰是在他们的传承之中,体现出该理念的核心意志。这个传承就不是简单的教导和训诫,而是一种推论的意志,是以过程性为目的的根本实践。当下一代人不仅理解了这一家族生命理念的内涵,同时也能够自觉地演绎这一理念,将此不断地传承下去,那么这时的推论就是必然的推论。必然的推论也包含三种形式。第一种就是直言的推论,就是生命意向性在自身否定当中,实现了一种自我确证的直接动态的规定。也就是说,下一代的生命体一下子就认识到了自身传承的重要性,这种认识是自觉的也是必然的,既是理论的也是实践的。直言的推论直接就蕴含着第二种必然的推论样式即假言的推论。生命意向性的传承可不是自说自话,他是要在自身否定性的关切中,实现这种肯定性的传承,也就是否定之否定的进程。这个环节是非常关键的设定,如果没有这一环节,那么生命意向性的尺度就将完全丧失,生命也将彻底地虚无掉。由此,经历了中间环节的关联,生命意向性与自身的否定方面,在历史的进程中,完全实现了自身的统一。或者也可以说,不管是生命意向性本身还是他的否定性存在,都看到了生命本身的规定,也就是一种生生不息的生机属性,而且这种生机属性能够不断地延展和传承,从而保证强大的生机活力。此时,必然的推论的第三种形式就产生了,即选言推论。选言推论是主观概念向客体对象转变的关键环节,它也是生命意向性在自身否定当中实现自觉演绎的最为直接的抽象环节。接下来,作为否定自身的生命意向性将要在客体的规定中,真切地实现自觉演绎生命的现实历程。在推论之前,生命意向性还没有在自身否定当中,实现自身肯定的历史性生命演绎,这种生命演绎是生命意向性否定方面的自觉演绎,这也为生命意向性与其自身的否定内涵能够自觉地实现统一,做好了历史性的铺垫。

第二节　概念的客观显现:生命中的客体

在主观概念之中,生命意向性已经将整个世界进行了逻辑化的改造和演绎。只不过这种改造和演绎还是潜在的阶段,还是以一种最为直接的方式表征出来,还没有完全展现,只是一粒种子的内在基因的规定。这个内在基因是什么很重要。这个基因宣告了人化自然的必然属性,实现了世界的自在属性和自为属性的内在统一。黑格尔经常会用到这样的描述来阐释他关于世界的理解。但有时看起来却很晦涩。如果通俗来讲,就是概念所把握的世界远不同于自在的自然世界,他赋予了世界概念的自由属性和能力。或者换句话说使得世界具有了人一般的生命力,这也正是通过生命意向性来把握黑格尔哲学的重要原因之一。就好像最初的时候,人只是在同那个毫无自觉意识的自然打交道一般,在这个自然当中,人们认识到了一种很难逾越的自然规律的限定,这种限定既是一种简单的规定,同时也是一种极为有限的存在方式。可以简单设想一下,如果大自然当中,一直都要按照弱肉强食优胜劣汰的方式进行自然选择,那么直接的后果,很可能并非是那个最强者被优化,而可能是两败俱伤。就像是处于食物链顶端的猎豹,总是追着那些弱小的,刚降生的羚羊捕食,那么很快羚羊就面临着绝迹的危险,猎豹也将慢慢消失。于是,有生机的自然界绝不是像有些人所设想的那样按照如此简单的自然法则运行,它也具有生命的意识,只是这种意识在原初的自然世界中还没有完全展现出来,或者也可以说是没有被完全意识到而已。概念的世界是与这种自在的自然世界根本不同,它所关注的不是某个具体生物的存在与否,而是要关注整体生命存在与否,因而概念是普遍性的存在,当然这种普遍性不是说说而已,要在现实世界中表征出来,所以概念又是个体性的,这种个体性的表现也是阶段性的不是一蹴而就的,这也就决定概念是特殊性的。概念始终都要盯着那个大生命的演绎路径,时刻以生命的生息运演为旨归,是生命意向性的最为完整的逻辑表述。所以,生命意向性可以与黑格尔所讲的概念范畴在逻辑层面画上等号。生命意向性完全不满足于在自在的世界中随波逐流,他要按照自由生命的概念逻辑来创造一个生息不止的世界。这方面有些像中医理论中所讲的经络疏通的意味。生命意向性就像一位经验丰富的老中医,他会不断地发觉世界这个生命体,在哪个关节出现了有限的淤堵,他要将其彻底疏通,使得生命有机的新陈代谢能够顺理成章地完成。

因而,在概念体中包含了三个环节,也包含了三重逻辑,更包含了三个世界。这三重结构不是分裂的,而是完全一体的构成,是表述生命的生动景象。如果用一个不是十分贴切,但却能够形象地描述概念三重逻辑结构的情形。那就如同祖孙三代人的历史演义。孙子辈的由于年龄较小还处于懵懂的状态,处处要受到外在的牵制,总要有一些新奇的过渡想法,总是变换他的小主意。这是自在使然的结果,他们还没有能力改变什么,只能被改变和被保护,这种被改变和被保护往往也是以一种直接的方式展现出来,有些时候小孩子也难免要被父母责骂,因为此时他们的思维还无法接受理性的教导,他们更多时候还是停留在直接的思维世界,自在的维度中。所以,有些时候他们很少被正视和尊重,只是一种被给予的存在,唯一被确证的价值就是生命传承的具体使命,这种状况与黑格尔所谈及的存在论域十分相近。但是作为孩子的父母,如果处于和孩子一样的境遇,那么父母就会形成与孩子之间的竞争,这又回到了原始的动物世界。在动物世界当中的确有时候能够看到如此的情形,但在人类世界却是很少见到的。因为,身为父母看到了孩子们存在的本质,他了解自己的孩子是什么样的存在,他需要什么,为什么需要以及怎样需要才更加合理。因而,孩子一出生,父母就知道需要给自己的孩子吃什么,穿什么,放到哪里更加安全。一切似乎都在合理的安排和掌控之中,但现实却并不尽如人意。孩子们可不仅需要的是满足基本需要的及格分数,还要实现自身突出价值的格外分数。其实,这并不仅是孩子的欲求,更主要的是生命的欲求。如果一切都是被规划好的,严格按照如此的轨迹,机械式的进展,那么生命的价值和意义就要丧失。父母也是过来人,他们也懂得一切先天注定的设计,最终结果只能是一种悲剧。因为,从来就没有一种专门的职业或手艺能够养活人类自己,也从来没有僵固的本质能够存活下来。往往暂时性和局域性的限定,使得孩子和父母的冲突矛盾不断升级,孩子们在叛逆当中,看到了这种只是作为外在规定的父母,只是血缘伦理被规定的自然父母。他们需要的是内在的能够真正懂得他们自身意愿的父母,那么这时候孩子们也开始成家立业,他们成为了自己孩子的父母,成为了真正的父母本身。从生物学的父母规定到逻辑意义上的父母内涵,需要很长久的历史过程,这个过程也是人类不断走向成熟的过程。成为逻辑意义上的父母,不再向生物学规定的父母那样为难孩子,强制孩子们做些其他的工作,他们就是孩子的内在本质规定,孩子也是他们的内在本质规定的具体显现,无论父母也好还是孩子也好,都把握到了他们共在的逻辑尺度,只有在这个尺度当中,孩子是人类自己的成果,人类是孩子的最终实质,存在论和本质论实现了有机的统一。此时,生命意向性有了新的指向即概念自身的逻辑规定。

此时,身为父母的孩子具有了祖父的身份。对于大多数祖父来说,最为欣喜的一件事就是能够看到自己孙子的出生,这种欣喜可能要强于身为父母对于孩子出生的那份喜悦,因为在父母看来孩子既是希望同时也意味着一种责任。但在祖父看来,也许只有新的生机耀眼于世界之中的那种荣光,才是十分美好的祝福和向往,不仅是生物学上的血脉永续,更重要的是生命又有了新的活力注入,有了新的生机。当然,这种期望绝不是空洞的痴心妄想,而是现实的生命演绎。祖父要监督和教会孩子的父母按照如何的生命尺度来教育自己的孩子。因而,有时可以见到这样的现象,所谓的隔代更亲。祖辈也许更能够以相对温和的尺度来教育下一代。因为,老一辈的人更能够体验到人的种的属性和类的根本规定。他们往往更喜欢在更高层次的逻辑中,去定义承载这种逻辑的各种要素和环节。此时,生命意向性已经发现整个世界都在潜移默化地发生着实质性的改变。之前的世界规定都是只能必须这样做,但现在是人们要自觉地按照某种生命的尺度来做。这个尺度可不是他者所设定的,而是生命意向性自己所意识到的,是自身按照生命的逻辑自觉实现的尺度。这种尺度可不同于存在论和本质论中的逻辑规定,在存在论中直接性的存在并没有意识到自然的规定与自身的内在统一性,它总是生活在一种外在的威胁和考验之中,这种考验严格意义上来讲,应当是一种残酷的选拔,不合适的选手直接被淘汰掉。它完全不同于一种历练,因为历练总是有机会的,自然的选择不会给各种生物更多的机会,如果不适应必将被淘汰掉。在本质论中也是一样,如果直接性的存在与间接性的本质之间,没有建立起内在的统一关联,也就是说,如果直接性存在没有意识到它也是被间接性本质所创生的存在，间接性本质也没有意识到它只不过是直接性存在的本质，二者实际上是一家人，那么它们之间的关联只能保持在一种不得不建立的外在关联上。就如同孩子如果没有意识到他的父母不仅是他的姓氏的赋予者，同时也是他的家庭呵护者，父母没有意识到孩子不仅是他的自然生命的延续，同时也是他们生命品格的延续，那么父母和孩子永远只能保持在一种反思的关联之中，永远无法得到真正的和解。那么身为祖辈的作用就显现出来，他要将内在的概念尺度赋予直接性存在和间接性本质当中，使其能够有序地进行生命演绎。他不仅要教育下代人如何做人，如何演绎生命的精彩历程，同时他还要教会下代人如何教育下代人怎样做人，怎样演绎生命的精彩历程。也就说他不仅是祖辈的身份，还要秉持施教的功能，他不仅要教会下代人如何做人，还要教会下代人如何做老师，如何传承生命的内在尺度，这也是主观概念最后一个环节——推论所要追求的目的。

在主观概念中，生命意向性已经完全在逻辑当中展现了他的内在使命。这种内在使命也是概念自身运演的逻辑基因。然而，概念怎么能够满足于一种基因式的潜在存在，他要将自身从潜在的状态提升为现实。于是，生命意向性便进入到客体的世界中。生命意向性在客体世界首先关注的是那个直接无差别的机械性客体。客体世界完全不同于直接性存在的对象，客体是概念的差异化表述。它身上完全蕴含的是一种完整的概念逻辑。这就决定了这种机械性客体包含三重逻辑。一重就是形式的机械性。生命意向性在这里看到了直接性存在的基本逻辑即个体性——特殊性——普遍性的基本规定，这一逻辑正是按照存在论域中的运演方式展开，是完全被动式的过渡形态，是被给予的。黑格尔在这里也运用了压力、冲力、死记硬背的方式说明这种被给予的方式。然而，这种形式的机械性绝对不能让自由的生命意向性得到满意的答复，它没有达到自身要求的尺度。因而，一种有差别的机械性就产生了。在这种机械性当中，生命意向性看到了直接性存在与间接性本质之间的逻辑矛盾,这种矛盾是在一种相对中心的博弈中展开,主要按照普遍性——个体性——特殊性的基本逻辑延展,每个个体性都会在自身当中建立起一个中心,不过这个中心只能是相对的中心。比如直接性存在它也有建立成为自身中心的趋向,而间接性本质更是一种中心意识,由此二者便产生了一种反思性的关联,但反思性的关联并非最终样态,生命意向性也绝对不会满意这种不断犹疑纷争的状态,他希望这些相对中心能够统一起来,建立一个绝对中心的绝对的机械性。它所依照的逻辑即特殊性——普遍性——个体性。这一个中心将所有的相对中心和个别性的存在直接关联起来,形成了一个如同银河系包裹着其他恒星系以及其他星球的整全式的集合体。这个集合体可不是静态的,而是不断围绕着一个中心或者唯一的尺度不断展开的生命体,只不过这个生命体并没有将他们的生机性完全地展开而已,结果显得十分的机械和外在。这就如同被设定起来的仿生结构的大汽车,它也是由各种零部件构成,各个零部件也有自身独特的规定,同样整车也有自身核心动力,结果形成了一个集合体。所以,法国的旧唯物主义者有时候也将人等同于外在的机械去理解,他们通过感性直观的方式也注意到了这种机械性所具有根本特性,那就是这种外在的直接属性。如果把人视为机械的话,那么人就成了一种外在的生物,一切将以外在的驱动为主要倾向,这种理论也为人的自私自利的规定,奠定了逻辑基础。在直接的机械性当中,生命意向性原以为通过建构一种生命的永动机,就能够实现生机的永续不止,然而这种努力还是失败了,不是简单地通过外在磁力、电力、引力、斥力等的作用就能够实现生命的逻辑运演的,他还需要更加深入地探究。

生命意向性从这种直接外在的机械性过渡到一种有质的差别的化学性。化学性要比机械性更加地深入。他不像机械性仅仅是在外在的关联去寻求建立起生命的结构,确证生命的尺度。生命意向性在化学性中要看到客体本身质的规定所具有的根本倾向。通过两个实验的对比就可以看出机械性与化学性的根本差别。在机械力的作用下,我们可以随意地将两个物体放在一起。但是在化学实验中,情况有些不同,如果两种物质不具有根本的化学属性,那么外在的条件再如何变化,都无法使得二者成为一体。比如水和钠本身就具有相互作用的规定,因而才使得二者产生化学反应,但是水和镁之间本身就没有这种化学属性,那么二者再如何通过外在催化的办法都是无法实现二者相互反应的。"化学的客体之区别于机械的客体,是因为后者是一个对规定性漠不相关的总体,反之,在化学的客体那里,规定性、从而对他物的关系以及此关系的方式和样式,都属于它的本性。"①正是由于这种内在的秉性,使得两种不同化学物质具有了一定的亲和性,这个先天的亲和性,就成了二者结合的重要中介,使得二者能够摒弃自身的片面性,成为一种新的普遍性,也就是成就个体性——特殊性——普遍性的基本逻辑。然而,这种中和的反应也具有一定的形式化倾向,因为两种物质具有亲和性并不意味着二者一定能够发生反应。生命意向性更加关注于一种自发的反应。比如,自发的氧化反应,在一定的时空中自燃的现象也是一种自发的氧化反应,它不需要将两种物质放到一起才能发生,他只要两种物质都存在,它们就渐渐地发生一定的反应,这就是普遍性——个体性——特殊性的基本逻辑。可是,这种逻辑还是一种差别性的逻辑,只是建立起某个中心的相对逻辑,从中可以演生出各种各样的氧化反应。相对中心的化学反应,实质上是一种反思性的规定,是建立在他者的辅助意义上的中心,仍然是有限的。为了克服这种有限性,光合反应就产生了,一种以普遍性为中介的逻辑即特殊性——普遍性——个体性的演化就产生了。在光合反应中,不管是氧气还是二氧化碳,都是生物有机体自己产生的必然结果,而这种必然结果同

① [德]黑格尔:《逻辑学》下卷,杨一之译,商务印书馆 1966 年版,第 414 页。

时也是其进行光合作用的重要中介,而这个特殊中介正是自身产生的媒介,同时这个媒介本身也是化学反应的结果,在这个结果当中,在这样的化学还原与复合当中,实现了一个有机生命体的自身化学反应。生命意向性在化学性的客体中看到了,作为反思性规定的客体所具有的差异性和关联性的尺度。这一尺度是矛盾双方都不可缺少的必然规定,接下来双方都会自觉地按照如此的尺度规定自身的逻辑演绎。于是,生命意向性就从化学性的客体,进入到目的性的逻辑中。

生命意向性进入到目的性阶段就已经非常接近于理念世界。但是,生命意向性也不能骄傲自满,在目的性阶段也会遭受各种风险挑战。在认识论论域,生命意向性着重区分了致动因和目的因的根本区别。前者是直接的被给予的机械因,后者是自主的生成的自由因。其实,在自然生命和自由生命的形成过程中,逐渐就展现出了二者之间极大的差异。自然生命总要按照自然赋予的本能尺度来生存,就像猎豹善于奔跑,那么它就要按照奔跑的本能或尺度来获取它的猎物,结果它将它的猎物锁定为羚羊。猴子善于攀爬,那么它也是按照如此的本能,去寻找树上的野果子来作为它的主要食物来源。这些自然生命大都是通过肯定自然的直接规定来实现自身的确证。只是到了人的出现,这种情况发生了根本性的改观。人能够认识自身的局限,而且他所具有的局限,正是其他动物的长处。但其他动物所不具备的人的理性即认识自己的能力。人类通过认识到自己的短板,从而来改进自身的局限,当这个短板被改进之后,人类就实现了尺度的跨越,从而走向自由的历程。在这个过程中,我们可以清晰地发现,人类总是在否定自身当中来实现自身的实体性存在,是自由的生命存在。这便是致动因和自由因的主要区别,前者是肯定性的直接关联,是被给予的,是在被给定的规定中,来实现一个外在的附加上的规定。后者却是一种否定性的关联,它要否定这种被给予的有限规定,并且在这种否定中实现自身的尺度跨越,从实质性的方面,改变自身的直接本性,从而实现一种自由的尺度，确证自身在世界当中独一无二的历史地位。这种自由的逻辑是存在先于本质的逻辑而非相反。然而，人的目的实现，可并不是像变戏法那样一蹴而就的过程，需要经历很多环节。为了改进自身的短板，他学会了使用工具，这是人类理性最为潜在的显现方式。之所以称之为潜在的显现方式，因为这种方式还没有真正将人类的理性目的现实地展现出来，没有真正实现尺度的跨越。

在实践论域讲，能够初等地使用工具，并不是人类最早具有的属性。在猩猩等其他动物当中，早就有使用石头、木棍等来获取食物的习性。但是这种初级的工具使用，并不能实现自身生命尺度的跨越，像猩猩等动物还是主要以野果、树叶为食。这种理性并没有完全实现出来，只是以潜在的方式隐含在动物自身当中。但是，在人类社会，这种理性却不断地实现。人类不仅会使用石头、木棍等工具，更主要的是他能够改变这些石头、木棍的直接存在形式，使其变成非常专业的劳动工具，将石头和木棍做成弹弓，做成利剑。那么，此时人类就不仅能够吃到野果子等素食，还能轻而易举地吃到天上飞的，地下跑的各种动物，而且他将这种食物选择的主动权从自然转移到了自身。也就是说，当人类把工具进行专业化改造之后，人类就可以按照自己的标准，想吃到什么样的食物，就可以捕到什么食物。这是非常重大的一次尺度跨越，不是在某个规定中实现的特殊性跨越，而是在整个领域实现的普遍性跨越，依此人类彻底地从自然当中实现了理性的觉醒。这是其他动物包括那些能够简单使用工具的动物，至今还远没有达到的水准。只是在实现尺度跨越的过程中，目的才一点点地从潜在成为现实。目的本身是一个实体性的概念，它是自主决定的，不受任何先天规定的局限，这也正是致动因和目的因的根本差异。在人类实现自身的尺度跨越时，要经历很多次失败和挫折，目的是未必能够一次或多次实现出来的。不过，不管是潜在的目的还是现实的目的，都是表述人自身理性自由的选择，而非外在的被给予的规定。虽然，有些时候我们并非自主地意识到这种选择是自觉地做出的,可是这种选择的无意识举动,在未来的实现进程中,充分证明这是一次尺度跨越的选择,是一次实现自由决定的选择,那么这也是目的性存在的确证。同时,也充分说明人的目的是由潜在不断上升为现实的过程。当人们完全能够将这种自由的尺度跨越变为明晰的确切的生命意向性时,目的才真正成为现实的目的。

人类虽然具有目的的指向,也并非意味着人类想怎样就能怎样。人类是有理性的存在,表征和承载着生命意向性的历史使命,他绝不是自我放纵和任性,也绝不能实现这种自我放纵和任性,不管在认识论中还是实践论中都充分证明尺度的存在和自觉。所以,最初目的性还是表征为一种外在的目的性,因为此时的生命意向性还没有完全把握的目的性的尺度。因而,由目的到理念的发展须经历三个阶段:第一,主观形式的目的(个体性——特殊性——普遍性)。第二,正在完成过程中的目的或手段(普遍性——个体性——特殊性)。第三,实现了自在自为的目的(特殊性——普遍性——个体性)。它的第一个环节就是一个自身同一的个体性,里面没有任何东西区别开来。第二个环节就是特殊化环节,通过特殊化的过程,个体性有了特殊内容,也有了具体的普遍属性。第三个环节就是这些特殊性的规定通达普遍性的过程,也是实现自身本质回归自身的过程。因此,当我们说我们决定做某事时,我们就处于主观目的的第一环节,还没有真正地进入到特殊性中,看似很开阔,受到各种外在目的决定。当我们说我们决心做某事时,我们就进入了第二环节,开始有了具体的特殊性规定。当我们下定决心做某事,并能够完成这件事时,这个自为的目的就实现了。这个过程在黑格尔逻辑学演绎中看起来比较繁琐,但实质上是较为清晰的进程。经历了化学性的洗礼,生命意向性进入到了自在自为的目的性领域。起初,他只是关注自身存在的直接目的,并没有从尺度的角度去把握这个目的。就像是一棵白菜的种子,对于种子来讲它未必能够认识到成为一棵白菜的尺度是什么,他也许具有白菜的生命意向,但是关于如何展现这种意向,还是无法把握的,因而并不是所有的白菜种子都能够发芽长叶最终成为一棵大白菜的,这就是形式化的目的与客体之间所表征的外在关联。可这种外在的关联如何让自由的生命意向性满意呢?他要突破这种外在的目的性限定。在这里有一些像关于机械性的描述,但完全不同于机械性,因为在机械性当中尺度的概念还未真正在客体中显现出来,在目的性中尺度已经显现,只是显现的方式有些不同而已。生命意向性为了突破直接外在的目的限定,开始采用各种中介(包括主观的活动和客观的工具),这也是一个十分漫长的进程,看似进入到了一个无限递推的逻辑演绎当中,这个过程使得生命意向性发觉自身仿佛进入到一个怪圈,他越是试图超越自身,越是在自身的规定之中。为了逃离这种怪圈,生命意向性实行了最为彻底的自身否定,看到了那个始终不离不弃的自由尺度和界限。这个尺度和界限不仅是生命意向性的尺度和界限,更是理性生命的尺度和界限。在这个尺度和界限之内,生命意向性完全明确了什么样的目的才是理性的目的,什么样的目的才是能够真正实现的目的。这便是黑格尔多次强调"理性的机巧"。"理性的机巧"使得主体更加谦卑,能够认识自己的尺度和界限,使得客体更加具有生命力,不再是任人摆布的奴隶式的质的规定,它也是有生命的存在,从而实现了主客体的内在统一。所以,当有限的外在目的被彻底扬弃之后,生命意向性就进入到了理念的视域中。

第三节　主客体的统一:成为绝对真理的理念

黑格尔认为,生命意向性在理念的世界当中,就是在自身当中,他完全是按照自身的尺度和界限,来演绎一场生息不止的随心所欲而不逾矩的逻辑盛宴。"理念是自在自为的真理,是概念和客观性的绝对统一。

理念的内容不是别的,只是概念和概念的诸规定;理念的实际的内容只是概念自己的表述,像概念在外部的定在的形式里所表现的那样。而且概念还包括这种外部形态于它的理想性中,使它受自己的支配,从而保持它自身于其中。”[①]因而,依此来看生命意向性是一位伟大的生命乐律的指挥家,他可不只是听众,他也是全程的参与者,但他又不是其中的某一个环节,某一个环节无法带来整体的生命演绎。作为理念的生命意向性,不同于具体的实际存在,单个的存在。这些具体的单个的存在,并不能完全代表整个生命的存在,正如交响乐中,小号的乐律绝对无法替代整个乐队的杰出表现。在理念世界中的生命意向性是现实性的生命,不是现存的实在物。黑格尔认为,现实性只有作为过程性来把握才能具有必然性。之所以现实性作为过程性才能具有必然性,根本原因在于他能够在自身的实现进程中,了然自身生命的尺度,具有生命意向性的能力,成就一番生生不息的绝对历程。黑格尔认为:“理念本质上是一个过程”。[②] 单个的存在,是理念的具体环节,因为他不能从自身当中找到自身存在的绝对价值和意义,往往要将自身的规定付诸外在的指向当中。如果这种指向是绝对意义的理念,那么这种单个的存在就具有了本真的内涵,如果这种指向不是绝对意义的理念,那么这种单个的存在就失去了本真的内涵。从这个角度来讲,理性化了的自然,不仅对于具有理性的生命意向性重要,对于自然本身也同样重要。因而,自然对象是被给予规定的对象,只不过这个规定不是一般的规定,而是生命的规定,这就使得那原本自在存在的属性也具有了自为存在的生机,即便在自然世界当中也是主客统一的世界。

其实,黑格尔的逻辑学一直都存有自由生命意向的逻辑前提,这也是从生命意向性来解读黑格尔哲学的根本原因。他首先就设定了一个既定

---

① ［德］黑格尔:《小逻辑》,贺麟译,商务印书馆 1980 年版,第 399 页。

② ［德］黑格尔:《小逻辑》,贺麟译,商务印书馆 1980 年版,第 404 页。

的具有生命意义的现实世界的存在,如果这个世界不具有这样丰满的生命意义,那么这个世界是不值得人类青睐的,更是不值得生活的生命世界。黑格尔认为全部的哲学研究,都要以生命的永恒价值和意义为指向,如果失去这样的使命任务,那么哲学与其他的自然科学、经验心理学都毫无任何区别。哲学家也就成了一般的心灵导师而已。这一哲学关切不仅黑格尔具备,后世的很多哲学家都多次明确,包括胡塞尔、海德格尔、加达默尔等人都将此哲学宗旨贯彻始终。那么,从这样的角度去理解概念及其概念的环节,就不容易陷入理智的危险当中。比如,在狭隘的知性思维看来,主观性怎么能够和客观性统一起来呢?这是匪夷所思的。主观性就是人的心智头脑中的主观设想。客观性就是相对于主观设想而言的独特对象。二者存在着严格的界限,不可随意越界。这种理智思维就没有从生命意向性的角度去看待二者的具体规定及其相互关联。主观性为什么能够存在,为什么要存在,其根本原因在于生命使然。没有这种生命使然,自然界又为何存在直接的生物链条,为何会有有序的自然规律和法则,使得大气、水体、物质运动合乎生机的逻辑。客观性为什么能够存在,为什么要存在,其根本原因也在于生命使然。生命之所以能够在世界中展现出来,不是简单直接的生命设想就能实现出来的,生命是生命尺度的意向性,完全的主观性不会建构起来一个真实的生命世界,只会建立一个虚幻的时空。这与康德的观念是一致的,逻辑的世界是思维必然的世界,但未必是现实的世界。在逻辑的世界中,人们很容易就想到拿出一桶水来,就可以浇灭一团火。但在现实世界中未必如此,如果这是一场化学物质导致的火焰,那么一桶水的效果就像是火上浇油,如此的主观思维也就会惹火烧身,成就的不是自我生命的实现,反而是一场灾难。主观的思维总是容易将现实同质化或理想化,这种同质化或理想化,就如同客观世界的外在性、被动性一样都无法实现生机的有序运演。片面性不是生命意向性的归宿。一粒种子如果始终都无法否定自身,发出芽长出枝叶来,那就宣告了生命的死亡。而每一粒种子、每一个芽眼、每一块枝叶之所以能够长久不息地存在下去,恰恰因为有一种自由的生命意向性存在,从而使得整个世界表征出无限的生机和活力,才有了万事万物生活在这个世界当中而非其他世界中的充足理由。为此,生命意向性要从空幻的思维世界中走向具体多样的客观世界,实现生命尺度的生动逻辑确证。

当然,现存的生命与自由的生命意向性还是存在着根本区别的。前者是有限的存在,后者是无限的存在。这种区别在理念的第一个环节即生命当中表现得最为明显。当生命意向性从自身的尺度去规定直接性存在时,个体的生命就直接产生了。生命意向性当下的形态是主观性与客观性直接统一的样式。当然这种统一即便是直接性的,也要历经一定的环节,只是这些环节很是自然,看起来没有受到任何干预而已。所以,一个有机体看起来是那样容易实现灵魂与肉体的统一。整个身体的器官能够协调一致地维护整个生命的一体性,使其全身心地投入到一个整体性的关切中。然而,最初的个体生命还没有完全理解这种十分奇特的生命现象,正如他也完全不理解生存与死亡的自然演绎一样。这也是现存的生命与生命意向性本身的不同之处。可是二者也蕴含共通的概念意义。比如在具有生命的身体结构当中,每个器官都有自己的运动趋向和特征,都是一个简单的中心,就像是圆中的每一点都是具有自身运动斜率的点,可正是在每一点的独特性中,却自然而然地建立起来圆的唯一中心来,从而使得每个点都具有存在的价值和意义。那么每一器官也是同样的道理,在自身的独特功用之中建立起相对的属性,从而使得彼此构成一个有机整体。然而靠着直接给定的器官,很难实现生命的存在,器官的直接规定是十分有限的,生命意向性需要将这种器官进行繁衍和延伸,从而来增长生命的幅度。可这些都是自身肯定性的工作,还是本能性的单一尺度。如果要想真正实现生命尺度的跨越,那么就要敢于实现自我的彻底否定,要学会使用工具,要主动地与外在的其他规定打交道,不断地丰富自身的内涵,从而扩展生命的价值和意义,个体的生命就进入到真正的生命活动中。当生命意向性实现了关于外在规定的完全把握时,也就是对象性的生命活动近于完成时,他也就在直接性的背景下,达成了一种被给予的生命尺度。他解决了基本的生存问题,并且也遇到了自身规定的局限,他是在这种局限当中,来解决自身的生存问题。由此,便产生了类族的概念。类族可不同于简单的生命繁衍,后者是将自身当作自身的环节来实现自我的肯定,前者是关于生存尺度的不断确证,是个反复的过渡,在这个反复过渡之中看到了那个自身生命规定的本质,类族是一个慢慢沉淀和谦卑下来的概念,繁衍则是不断扩展的概念。类族是要筛选出生命直接性规定的间接性本质的概念。从理念的直接规定中,我们可以清晰地看到,现存的生命与现实的生命意向性相比还是有局限的。

由于不满意这种直接的理念形态,生命意向性就进入到理念的第二个环节即认识阶段。关于认识的环节人们可以参照本质论域中的逻辑构造,二者有相近的方面。当生命意向性在生命界域把握到了自身的尺度时,他就在自身建立起了一种外在间接性的本质尺度。也就是说,他看到了对象世界存在的背后的本质性规定。这种本质规定也是主体世界和客体世界共同关注的焦点。于是,认识的第一个阶段有限的认识便产生了。这个阶段的认识包括三个抽象的环节:一是分析的认识。也相当于本质论域中的同一性范畴,是将对象世界进行同一的整理,得出的较为抽象的本质。这种认识是作为知性表征的理性所展现出的有限认识。为了突破这种有限的认识,生命意向性产生了综合的方法。这也是有限认识的第二个环节,相当于本质论中的差异性范畴。通过综合方法,认识看起来更加丰富有内涵,不再是逻辑上的自说自话,生命也有所扩展。可综合方法仍没有把握到认识的真理尺度,它还是在尺度之外游离不定。因而,就产生了有限认识的第三个环节即界说。界说不是简单的关于单一对象的界说,而是关于本质尺度的界说。当认识完全把握到了自身有限尺度时,生命意向性才要否定这样的认识尺度,从而更近于自由的真理。从而,产生了认识的第二个阶段即分类。分类是生命意向性在认识领域所实现的直接的自我否定阶段。各种原有的认识尺度不断被突破,各种新生的认识尺度被不断地建立起来,形成各种各样的逻辑分类。不过,再如何的逻辑分类都要归结到证明的定理之中,这就进入到了认识的第三个阶段。在证明之中,作为完全定理形式的尺度,成为生命意向性关注的核心。在反复的确证中,定理不断具有确切的明晰性和真理性,而依此为根据的证明也不断地展开,从而一场直接性的认识论证的逻辑便生息不止地展开。然而,认识世界和改造世界还是有许多不同的。在认识中,只是理念的间接性形式的直接表述而已,还是通过潜在的方式演绎反思性的逻辑关系。相当于本质论域中的第一个阶段。当生命意向性进入到实践的理念中,就相当于进入到了现象界的逻辑中。

"主观的理念,作为独立自决的东西和简单的自身一致的内容,就是善。由于善有了实现自身的冲力,它的关系与真理的理念便恰好相反,所以善趋向于决定当前的世界,使其符合于自己的目的。——这个意志一方面具有藐视那假定在先的客体的确信。但另一方面,作为有限的东西,它又同时以善的目的只是主观的理念并且以客体的独立性为前提。"①此时,认识活动开始转为主观的理念即意志。生命意向性开始作为独立自决的,并简单地与自身相一致的内容,就是善。作为自身以外在反思性规定自身的善,它就有了实现自身的冲力和目的,不过这种善与绝对理念不同,它是设定自身的特殊性规定,而非超越这种规定。所以,这个意志一方面为了实现自身目的,要否定假定在先的客体;另一方面又要以自以为善的目的和现成客体的独立性为前提。意志活动陷入了一种应然的困境。一方面它要否定外在的对象来达成自身的目的,可每一次的达成,又

① [德]黑格尔:《小逻辑》,贺麟译,商务印书馆1980年版,第421页。

是一次目的设定的开始。由此,产生无限的运转,善也成为永远处于彼岸的应当之中。不过无限递进的形式,也显现出来意志活动要扬弃目的主观性和对象客观性的两极对立,回到内容自身的意向。回到内容自身,就是内容对自身的一种回忆(柏拉图的回忆说),善与主客两方面自在的或有限的同一性,如同回忆到了认识的理论态度的前提阶段,即"客体自身就是真的东西和实体性的东西"。这种应然困惑与现象界中的形式和内容的矛盾是相近的。然而,也恰恰在这种无限的应然活动中,才能产生关于这种应然本身的否定,从而实现认识与实践相统一,必然与自由相统一的绝对理念。绝对理念是生命意向性完全自觉地把握到了的认识和实践的最终尺度。接下来他就要按照如此的尺度开始演绎他自身所规定的理念自身的目的。在整个开端、进展、实现目的的过程中,都在描述那个生生不息的至大无碍的生命尺度。虽说是至大无碍,但绝对不是本体论意义上的无穷大,而是实体论意义上的生命活动。黑格尔曾经借用老人和小孩对于真理的不同理解,来诠释理念尺度的实现原则。对于老人来讲,他能够用全部的生活意义来诠释真理所具有的完整内涵,而不会像小孩子那样仅仅局限在真理的形式中,单纯从真理的抽象内涵去谈及真理。如此一来,真理就具有了它最初本身所不具有的现实性维度,从而使其重心下移,内容更加丰厚,使其具有了无比的宽容、大度、谦卑。小孩子很容易从单一性角度去把握真理,他们还没有将真理的尺度贯彻到底,尤其贯彻到自身当中,反而认为自己处于生命尺度之外,但实质上他们和所有其他人一样,都在尺度之中。一旦没有完全把握这种尺度,那么就时时刻刻陷入于被动应付的局面,处处都存有一种对抗性的危机感。这也是一个难以避免的逻辑过程,一旦把握到了真正的生命尺度,那么一切的矛盾都变得顺其自然,似乎都在运筹帷幄的掌控之中,可以完全放下一切防备,尽情地欣赏着由自己所扮演和导演的生命话剧,享受着永不凋零的观者和演者共在的其乐融融。行至此处,生命意向性在纯粹思辨逻辑中的演绎就告一段落了。可这并不意味着生命意向性在此停下了脚步,这只是一个终结的告白而已,既意味着前一个阶段的完成,更意味着下一个阶段的开启。生命意向性踏上了自然哲学的旅程。

第五章　作为世界全体的生命意向性

黑格尔在逻辑学中曾经多次强调概念是全体，具体来讲就是世界的全体。在逻辑学的整个演绎中，生命意向性也享受到了作为一种世界全体的共生共在的深切体验。这种体验是通过实体性的逻辑展开，并回归到实体性的生命本身当中。黑格尔明确批判在传统哲学中一直存在的两种观念，即便是在今天这两种观念仍然存在，并发挥着重要的影响。一种就是后天经验的观念。该观念认为真理性的存在，来源于后发的经验之中，都是通过对经验的总结和整理，才能够得出正确的认识，然后通过这种经验的认识来推断未来发生的事情。可是，这种经验的观念，已经得到了休谟的强烈质疑，是根本无法摆脱其偶然性的困境的。通过这种经验的观念，不仅得不出确实可靠的真理，同时还会不断地肢解真理。更深层次的影响就是使得人们的关注点更加集中在外在的方面，而无法看到自身生命本身的价值和意义。也就是说，通过经验的方式得到的真理，并非是人本身想要得到的真理。另一种就是超越的观念。该观念认为真理的客观性尺度先天地存在于人本身当中。通过这样的尺度投射在对象身上所得出的普遍性认识，正是人们自身想要得到的真理性关切。这种真理性关切既包括认识论方面，也包括价值论方面。比如，康德在实践哲学当中所设定的绝对自由的命令，它要高于一切实在的对象，是一切价值和意义的根本来源。但是，黑格尔对于这样的设定是不满意的，因为这种设定是非现实的空洞的设想，是存在于宇宙之外不与其他星星交互关联的一颗飞星，那么这颗飞星存不存在，没有任何意义。它进入了康德在《纯粹理性批判》中关于本体论评判的困境之中。经验论观念躲不开休谟的质疑，先天超越的观念躲不开康德自身的批判。黑格尔对上述这两种观念进一步分析，他发现这两种观念都具有一个共同的特征，都非常的倔强和固执。所谓的倔强和固执，就是指二者都始终坚持自己原初的观念而不能自拔。经验论始终都是立足于经验的立场，从经验中来到经验中去。先天超越的观念也是如此，全权从先天性的角度来确定和衡量一切后天存在的合理性。他们都陷入了自身的单一性尺度中，无法自拔。这种单一性尺度绝不是生命的尺度，更不是生命意向性所能容忍的做派。生命意向性最为突出的特点，他能够认识到自身的局限，并通过自身的否定来突破自身的局限，最终获取自由的尺度。可见，生命意向性是非常务实的。他从不把自己捧得高高在上，也从不放弃自己所具有的主动权利。他总是在脚踏实地的努力中，来确证自身的自由属性和价值。所以，他既是先在的，因为他先在地具有自由的基因，他又是后天的，因为只有在后天的实证中，才能判断这种潜在能否实现出来，如果总是实现不出来，那么这种潜在也就丧失了全部的意义。在此意义上讲，生命意向性是隐——显相关的一体，他总会将看不见的和看得见的一同蕴含在自身当中，蕴含在自由的生命指向当中。

正是由于生命意向性具有这样的特征，才使得肯定——否定——否定之否定成为现实，才使得逻辑概念的外在化和收归自身成为现实。其实，关于黑格尔的逻辑学如何从直接潜在的逻辑基因外化到自然世界又回归自身，在学界一直存在不同的看法。一种观点认为，如果从逻辑哲学、自然哲学、精神哲学这三门科学相互对立的视角，去理解三者的转化关系，那么就是把黑格尔哲学的逻辑运演视为了一个无意义的问题或伪问题。因为，只有将黑格尔哲学从根本原则出发划分为三个独立科学的这种观念,才会出现三者之间相互转化的问题。但从黑格尔哲学本身来讲,三者是一体的,是三位一体的结构,依此来看根本就不存在转化问题,只是三种不同形态的生成而已。另一种观念则将逻辑科学、自然哲学、精神哲学这三门科学的转化,要么归结为神秘的道成肉身,要么归结为模糊的、不可把握的跳跃或缺乏具体内涵和逻辑中介的智性直观。他们往往从神学、浪漫主义、非理性主义的视角把握三者之间的转化,总归是缺少逻辑上的可操作性和理性意义上的明晰的可理解性。之所以会有这样的解释,恐怕也在于黑格尔在论述三者关系时,经常会使用"神的概念的科学""绝对的认识"等隐含性的论断来表述自己的观点。还有一种观念借助于逻辑学存在论域中的过渡概念,来理解逻辑哲学、自然哲学、精神哲学这三门科学的转化。但实质上,黑格尔也多次明确三门科学之间的转化绝不是一个已形成了的存在和过渡,如上述的主观概念在其总体性中变为客体性,也不是主观目的变为生命。过渡是一种外在直接的被给予的方式,不是自觉主动地实现的,是不得不进行的一种转化,不是自由的转化。其实,上述这些观念都关注到了三门科学的转化问题,这也是黑格尔哲学的关键性问题,但是这些观念都是从外在的视角来考虑黑格尔哲学的转化问题,是从一个被迫的无奈的立场,去设定这种转化的必然性。或者更进一步来讲,这些观念还是从外在形式的运演,来把握黑格尔哲学的内容逻辑。可是,黑格尔多次强调他的思辨逻辑是内容的逻辑,是内容自身演绎自身生命的逻辑。所以,如果关于生命意向性没有完全把握,没有从自由的生命实质去理解黑格尔逻辑学的唯一载体,那么关于逻辑哲学、自然哲学、精神哲学的转化问题,就会成为人们思维始终都无法绕开的关节。生命意向性是通过自身否定来实现自身肯定的实体性逻辑,这就决定了逻辑哲学、自然哲学、精神哲学三门科学是彼此具有实质性差别的科学,它们三者之间的转化也是实质性的,而不是形式的。同时,这三门科学是生命意向性展现自身的三个共通的环节,这就意味着三者具有内在的统一性。也就是说，在逻辑哲学中就已经潜含着经由自然哲学上升到精神哲学的历史使命，在自然哲学中就开始实现由逻辑哲学上升到精神哲学的历史任务，在精神哲学中逻辑哲学就经由自然哲学变成了历史的现实。

在逻辑哲学、自然哲学、精神哲学之间实现顺利的转化，不仅因为生命意向性是自由的，同时也因为生命意向性是普遍的理性。生命意向性不满意于癌化的生存样态和内耗的精神形态。比如，在自然界中，总会有些生物想要通过自身的独大，来代替整个自然的秩序。像是狼群与羊群的直接关系，狼群总想通过自身的不断强大从而来完全地控制羊群，实现想什么时候能够吃到羊肉就能吃到羊肉的理想状态，并且通过自身的强大，也要能够摒弃其他同类与其之间的有力竞争，实现自在式的自由。然而，这种自由并不是生命意向性的自由，并不是现实的自由。当狼群将自身的规定同羊群绑定在一起时，狼群的命运也就同羊群的命运绑定在一起，如果羊群受到危机，狼群同样也逃离不掉。狼群一旦扩张到了一定程度，那么必然导致羊群的直接缩减，从而直接威胁着狼群的生存，这就是狼群自身生存状态癌化的结果，它的欲望一旦不受到控制，那么就会走向消极的阶段。当然，这种危机也不是直接降临的，也是有一定的预兆的。当羊群的数量大幅度缩减时，直接的结果就导致狼群内部的竞争更加激烈。激烈的程度可以直接达到将自身等同于直接规定的对象。也就是说，狼群此时不再是关注于羊群对自身的规定，而更加关注自身一族对于自身的规定。因为，只要能够竞争得过同族当中的其他狼，那么就可以直接独自享受外在羊群的美味大餐，从此一场惨烈的内耗开始上演，这种惨烈的程度绝对不亚于狼群对于羊群的凶狠。甚至，同一族群之间，成年与幼年之间，都将成为直接的或潜在的威胁。此时，大自然就要通过外在干预的方式，不断调整着狼群与羊群的比例，使之能够处在整体生机的范围内，否则狼群和羊群都将面临着彻底灭绝的风险。大自然赋予狼群更多的规定，它们不仅能够捕食羊群，还能够吃一些野兔等动物，羊群显得温顺，但它们也善于奔跑。

生命意向性体现的是自由普遍的理性。他从不想通过否定其他的生命存在，来达到自身的肯定，他是要通过自身的否定来达到自身的肯定。这也是理性同感性、知性能力的根本区别。生命意向性完全把握到了普遍的生命尺度，而不是特殊的生命尺度，不是自私自利的单独的生命尺度，而是全体生命的尺度。他自觉地按照如此的生命尺度繁衍生息。就如同在一个大家庭中，家长之所以能够成为家长，可不仅仅是因为他的自然属性，更主要的是因为他具有社会属性、公共理性。他不是从个人的角度思考问题，而是从普遍利益的角度谋求整个家族的兴旺发达。他之所以能够成为一家之主，不是由于外在势力，更主要是因为他能够得到普遍的真诚认同。生命意向性可不是单独某个体的生命，而是代表全体的生命。虽然，最初的时候有些环节以潜在的直接方式或自然的方式表述这种意向性，但是经历成长之后，这种自然的方式就变成了内在于自身的自在自为的方式，从而实现了首尾呼应。生命意向性的自由属性和普遍理性是内在一体的关系。生命意向性从不满足于单一尺度的生存样态，他是多种尺度的自由生命，当然这种尺度的跨越也是一个有中介的过程。在这个过程中，他自觉地将这些环节按照逻辑的方式包含自身之内，从而在自身的否定当中，实现自身的完全肯定。那么，此时的生命意向性就具有了普遍性的规定，他是在全体的对象化中实现了自身的普遍规定。只有这些外在的普遍规定得到了充分的发挥和确证才能真正代表生命意向性的整体的鲜活的存在。因而，有些人对自己的名声是十分看重的，因为这代表了别人对自己的看法，那么别人对自己的评价，就意味着自己是什么样规定的人。虽然，有些时候这种别人的评价也会受到某种外在因素的影响，但是每个人内心世界的评价还是相对真诚的，通过每个人那种尊重和礼待，通过内在的钦佩和信服，就能够体现出一个人能在其他人眼中的具体形象，就能够说明这个人的普遍规定。生命意向性具有十分体面的性格，因为他甚至不以牺牲自身的个体生命，也要实现自己所内含的否定性的存在。就像身为父母就具有这种为了孩子的幸福成长，能够自觉牺牲自身的自由时光，陪伴孩子一同玩耍。就像身为公仆就具有这种为了一个大家庭的安居乐业，能够自觉牺牲自己家庭的安逸生活，始终能够出现在普通人最为需要的时候。当然，作为父母也好，公仆也好，绝对不是为了外在的面子或其他私人目的来做出牺牲的，他的牺牲既是成就其他人的牺牲，更是成就自身伟大生命的一种牺牲，是一种普遍成就的一种牺牲。

在这种普遍成就当中，生命意向性支撑起一个普遍生机的世界。这个世界是个生态极为和谐的世界。就像莱布尼茨所描述的和谐系统。在这个系统当中，每一个要素都能够找到自身存在的价值和意义，共同分有普遍生命的价值和意义。每一个要素的存在和逝去，都是在共同的瞩目当中完成这一过程，也就是说得到了充分地承认和自觉地实现。因而，在这个由生命意向性撑起的世界中，每一个要素都共享了其他要素的共在。所以，即便这个要素离场了、逝去了，那也是偶然的形态变化，他必然地与其他所有要素共同存在下去，至少在他自己和别人的眼中是如此的，这便是新陈代谢的深刻意蕴。就如同一片树叶。每一片树叶都要经历掉落的最终命运，可是为何还要再次生长出来，再次亲历风吹雨打的摧折，还要不断体验这种起起落落的颠簸。正如有丰厚阅历的思想家，在定义生活蕴意时，总不免夹杂苦痛与慈悲的味道。他们深切地明了，为何生命从未因惧怕出生后刻骨铭心的折磨，将呱呱坠地的挚爱直接亲手溺亡，彻底了却穷极无聊的修行。而是自觉地承担与默默地面对生息不止的自由轮转。根本原因在于，生命没有离场，生命意向性没有离场。在生命意向性看来，每一片树叶都是不同，但又共同享有普遍的生命价值和意义。不能剥夺未来某一片树叶的存在来成就当下树叶的此在，或者以当下树叶的此在来满足过去存在的意愿。这是不符合普遍理性意向的。当然,每一片树叶来到世界上,也并不是通过它的同意的,而是通过它的自身规定的,是由潜在上升到现实的规定的,我们不能从现实的规定来决定潜在的基因。正如有些小孩子在与父母吵架时,总会责怪父母没有经过他的意愿,就将他出生,他总感觉是被抛到这个世界中来的。这便是从现实的维度来决断潜在的意义。其实,他来到世界也是由他的潜在基因所决定的,只是那时他还没有意识到而已,或者早就忘却了。正如小孩子的脾性,今天也许和小伙伴闹得不开心,就决定永远不再和他们玩耍了,但是在他的眼中,永远其实并不遥远,转过天,他们便又一次和好如初。别看在世界当中,生命的个体受到了各种各样的委屈和挫折,但在来到这个世界中还是非常期待的,也是做出了极大的努力和付出的。是否存在是一回事,怎样存在是另一回事。绝对不可以用后者来直接否定前者,也不可直接用前者来否定后者。

可见,生命意向性是现实的存在,他所演绎的逻辑也是现实的逻辑,在这个逻辑中产生的世界也是现实的世界。他从不通过割裂他者的存在来界定自身的存在,他也从不否定历史的存在来突显自身的当下存在。他是整个生机世界的动力源泉,是思辨逻辑的唯一实体。所以,生命意向性从未脱离开现实的世界,他就是整个现实世界本身,这正是黑格尔在概念逻辑中反复说明的主要观念。按照普遍生命的尺度,生命意向性设定了一系列的中介环节,这些环节既是被给予的设定,同时也是自由理性自觉的设定,是他们本身所要求的设定。就像小孩子刚开始的时候,只需要玩一些简单的机械玩具就可以了,就能够满足他的兴趣需求。可是随着他的成长,他就不再喜欢这类东西了,反而还会觉得以前的自己是多么的幼稚。现在,他要交更多的知心朋友,可以进行心灵沟通的知己。这既是小孩成长的必然规律所决定,同时也是理性成长的自由规律所要求。机械的玩具只能将其锁定为一种机械的规定中,但知心的好友却使得孩子深切地体验到类本质的概念，一种类的尺度，他们彼此懂得相互尊重，懂得在相互帮助的过程中，能够更好地解决共同面对的问题。在这一过程中，公共理性得以展现，生命意向性得以变得清晰，人的社会属性更加突出。此时，小孩子也变成了大人，以前只知道从单一的被给定的尺度思考问题，最喜欢玩一些简单的机械玩具，因为这种玩具很好控制，单一的力可以直接在这种玩具当中实现出来。然而，这种机械的玩具是很有限的，一旦被搞坏了就再也没有了，它不会自己形成生命，小孩子也不会使其修复。如此一来，机械的玩具就被淘汰，孩子们要找寻那些能够自我修复的玩具。于是，他们开始试图饲养各种小宠物。这些小宠物不仅可爱，更主要的是即便它们掉了毛皮，还会自然地生长出来，不会被轻易地损伤。然而，即便如此也架不住小孩子没有轻重缓急的玩弄，最终还是避免不了奄奄一息的结局。如此看来，自身的规定不在于外在的界限，而在于自身的盲目自大，总是在以自身直接被给予的规定来宰制其他对象的存在，从而使其丧失存在的可能，自身也面临危机。这时，小孩子必须懂得如何将自身的生命力赋予对象之中的道理。也就是说，自身必须做出相应的牺牲，牺牲自身的原有规定，要尊重对象规定，吸纳对象的规定，实现与对象的共在。那么，此时的宠物就不再是一般的物，更像是一般的人。小孩子也开始学会了尊重他人，懂得为他人着想就是为自己着想的道理，他能够顺理成章地与他人交朋友，他开始融入社会当中，成为人类的一员，他终于成人了，可以庆祝自己的成人礼了。在这里也可以亲切地体验到，生命意向性既是一个必然的进程，也是一个自由的进程。在这一进程当中，竟然发生了一件非常奇怪的事情。生命意向性发觉他在这个生命演绎的过程中，他付出的越多，反而收获越多，他赋予其他对象更多的生命价值，那么他自身收获的越多。他开始将全部的生命意向性完全给予整个世界，他也收获了整个世界，他也成为了世界的整体。当然，这种付出和收获也绝对不是无序的，因而才有了逻辑哲学、自然哲学、精神哲学的门类。

第一节　逻辑哲学:自在自为的生命理念

生命意向性作为逻辑哲学的规定,是黑格尔哲学全书的第一部分。虽说是第一部分,但具有着全部哲学的内在逻辑规定,还需要从整个哲学逻辑演绎的终点,来看待这个被黑格尔视为思维规律的科学,才能够真正懂得这门科学的历史地位和哲学内涵,才能够真正理解为什么黑格尔将其放到哲学全书的第一部分来具体论证。其实,关于这一部分的内容在之前的章节中,已经做了较为翔实的论证。这一小节也是从黑格尔哲学全书整体的视角,对第一部分逻辑哲学进行一下简单的梳理和总结。在黑格尔看来整个哲学生命的发展历程,经由自然哲学,一直到精神哲学,可以说是彻底的完成。但完成并不代表着彻底结束,此后就是非存在的境遇。完成意味着一切的外在对抗,都变成了一种内在的矛盾。在黑格尔的哲学体系中,生命意向性得到了极大的成长。众所周知,黑格尔哲学不仅包括辩证法的逻辑,还包含一个唯心主义的哲学体系。比如黑格尔讲肯定——否定——否定之否定的逻辑程式。只有在肯定与否定的交互矛盾运动中才能达成否定之否定的结果。比如木匠这个职业。木匠首先是个人,是自我肯定的存在,其次相对于木料来讲二者又是相互否定的,而正是在这种人与木料之间不断肯定与否定的矛盾运动中,才产生出花样翻新的家具,但也证实了木匠的职业分工(所以在黑格尔的逻辑学中经常讲好事多磨、失败乃是成功之母的道理)。从而,人与木料的这种矛盾便在木匠的职业规定中化解和平息掉了。在这里所讲的化解和平息,并非意味着矛盾的彻底消解,对抗是可以被消解的,但矛盾却是普遍存在的,矛盾是可以被程序化合理化地驯化成为有理性的矛盾。家里人之间的矛盾是可以通过各种手段方式不断地被平息的。也就是说,一旦在家里出现了各种不愉快的争论,这也是常有的事,但也并不十分可怕。因为,这种矛盾是可以通过常规有效的家庭会议的方式得以合理化解。那么,黑格尔认为,矛盾都是不断出现的,可是恰恰绝对理念具有强大的智慧,能够很好地将所有不断涌现的矛盾做出预判,做出合理化的应对,使之能够有机地存在于绝对理念的世界中,使其能够展现出生机勃勃的活力来。从而,矛盾不再是任何消极性的存在,而是积极性的生命源泉。比如夫妻之间的合理化矛盾,变成了一种内在的对话,可以使得家庭生活更加地富有理性,更加地具有生命力,更能够防范和抵御其他不可预知的风险和挑战。依此,哲学内在的矛盾就变成了一种不断“轮回”的新陈代谢,在外在形式中表现为一种生命常态。

在作为成熟理性的精神哲学中,矛盾的有序化也变成了一种生命“轮回”的合理化程式,按照一种大生命的尺度不断地展现出不同节奏和频率。那么以最终的精神哲学形态展现的生命意向性究竟会从哪里下手,选择他再次重启矛盾关联的世界开端呢?他一定会选择从逻辑哲学开始。因为,在黑格尔看来,逻辑哲学是生命意向性的种子,他直接潜藏着一切存在之谓存在,生命之谓生命的全部基因密码,但这只是一种潜在的形态,还需要各种中介环节才能成为现实。多么高大的椰子树也要结出一个个小椰子,在海水的冲击下,将自己的果实和种子传播到世界的每一个角落。虽然,并不代表着每一个椰子都能够一定成长为茁壮的椰子树,可每一个椰子都具有成为一棵椰子树的内在趋向。这就是逻辑的属性。康德在谈及先验范畴时,就曾说明模态判断中必然范畴的逻辑规定。也就是说在逻辑中是必然的结论,但在现实中未必可见。在逻辑哲学中达成了,并不意味着在自然哲学中成为确然的规定。但是如果逻辑中都是必然否定的,那么现实中一定是不存在的。所以,逻辑哲学一定要向自然哲学和精神哲学来转化,从而扬弃自身的直接潜在性。其实,对于生命意向性完成形态的精神哲学来讲,他的最终使命就是不断延续生命本身,历史形态的思辨逻辑就是精神的直接表征。基于此,播种更坚实的生命种子,成为他实现自身的第一个关口。对于普通的菜农来讲,收获更多的蔬菜是他们的直接目的,可是如果种子选错了,种出了各种花草,那么对于他们来讲,损失就太大了。选育种子就成为了收获,成就自身的首要前提。因此,逻辑哲学就成为了哲学全书的第一部分。不过,这一部分只是从逻辑层面表述一个十分理想化的生命演绎的基本路径,他还不是现实路径,还没有经历各种实在的考验,所以这一部分也是十分脆弱的,正如种子区别于其他部分来讲很是脆弱,需要埋在土中才能保证它的安全。它不像其他的定在形态,可以探出头来与各种外在的对象进行直接的博弈。因而,逻辑哲学主要描述了生命意向性作为自在自为的纯粹理念的演绎进程。

第二节　自然哲学:生命逻辑的外在化

黑格尔的自然哲学是以思辨逻辑对当时的自然科学成果进行哲学的把握和总结。在这种概括中,黑格尔将自然理解为理念的外化,并将自然科学的成果转变成理念发展的不同环节。这在此后的很长一段时间内,受到广泛的批评。直到今天,也受到了人们的奚落。的确,黑格尔确实存在着将自然科学强行纳入其理念逻辑的问题,同时也存在着一些不符合现代科学实证的错误和混乱之处。但也不能完全将黑格尔的自然哲学看作一无是处的老顽固。黑格尔仍然延续生命意向性的逻辑,来描述着整个自然有机发展的生命轨迹。他的这种辩证的发展思想受到了马克思主义的经典作家特别是恩格斯的肯定。对当前处理人与自然关系,也具有重要的意义。

此前,已经谈及生命意向性要历经正、反、合即逻辑、自然和精神三个环节。按照《哲学全书》的说法,逻辑是“自在自为”的理念,自然是“异在或外在化的”理念,精神则是“由它的异在而返回到它自身”的理念。黑格尔的自然哲学探究的就是在这种外在化形式中的理念。“外在化”也称“异化”,它是生命意向性历经外在考验的总体规定。这里应该注意的是,自然界尽管是“异化状态”,但生命意向性并不在这种状态中丧失自己,而是自己现身为这种状态。黑格尔指出:“自然是作为他在形式中的理念产生出来的。既然理念现在是作为它自身的否定东西而存在的,或者说,它对自身是外在的,那么自然就并非仅仅相对于这种理念(和这种理念的主观存在,即精神)才是外在的,相反地,外在性就构成自然的规定,在这种规定中自然才作为自然而存在。”①也就说在自然哲学当中,自然对象之间的关联往往表现为“互不相干”“互相孤立”的样态。但是这种外在的偶然性关涉,只是表面上呈现出来的形式,内在还是要按照生命意向性的必然逻辑逐步展开。因而,黑格尔也多次强调,由于自然的本性是生动的理念,而理念又是区别于外在必然性的自由体,所以在自然中就出现了它的显现作为必然性(和偶然性)与其本性作为自由性的矛盾。自然界的本性是自由的理念,但它却以必然性(和偶然性)的形式表现出来。由本性所驱使,自然会逐步摆脱外在必然性,从而升华为内在自由的理念精神。黑格尔把这种升华也叫作精神从物质外壳中解放自己。“自然界自在地是一个活生生的整体。”在自然中,“概念按照发展的使命,进行合乎目标的发展,或者如果人们愿意的话,也可以说是进行合乎目的的发展”。②

黑格尔在解释自然概念的时候也多次强调,他所讲的自然观念与传统哲学的自然观截然不同。传统的形而上学思维的自然观只会将自然视为僵死的存在物,是被给予的外在性存在者,只是单一尺度的盲目的自然物而已。黑格尔非常认同亚里士多德在解释自然时坚持内在目的论的观点,承认康德哲学所讲的“自然的合目的性”原理,将自然看成发展着的

① [德]黑格尔:《自然哲学》,梁志学等译,商务印书馆1980年版,第19—20页。

② [德]黑格尔:《自然哲学》,梁志学等译,商务印书馆1980年版,第34页。

有机体,包括谢林也认为“自然是无意识的精神”。黑格尔认为自然当中蕴含着生动而又丰富的合目的性,不单单是简单粗糙的直接机械性。所以,他明确自然发展的某一阶段尽管从时间序列来看要依赖于前一阶段,要把前一阶段作为自身的前提条件,但最终的根据却在后面随着自然的不断成熟慢慢展现出来的合乎目的性。“相反地,它是在内在的、构成自然根据的理念里产生出来的。形态的变化只属于概念本身,因为唯有概念的变化才是发展。”①黑格尔认为,我们应该把自然界看作是一个诸阶段的体系,这些阶段中的每一个阶段都是由另一个阶段的必然地产生出来,而且它乃是它由之而产生的那个阶段的最切近的真理。但是这里并没有自然的、物理的产生过程,而只有在构成自然界之基础的内在理念怀抱中产生。只有概念本身发生变异,因为只有概念的变化才是发展。因而,合目的性、发展、生命有机体,这三个范畴在黑格尔自然哲学那里是联系在一起的。这也充分说明,生命意向性恰恰是自然中的内在目的,也是自然展开的最为根本的逻辑依据。自然正是贯穿了这种生命力,才显现出一种由低级到高级的发展,成为有机统一体。在这个意义上说,自然既是必然的又是自由的,既是机械因果系统又是合乎目的的系统。“精神是自然的真理和终极目的,是理念的真正实现。”②精神和理念都是生命意向性的逻辑表征。在自然界当中,生命意向性起初直接显现为诸元素的机械集合,这种机械式的集合,只是在自身之外具有一定的统一性,这也是一种无穷的分散性。然后,生命意向性又显现为成形的物质,这种物质从自身来规定自己的直接的质。这就是规定了的特殊性,即自然的个体。最后,生命意向性又表现为具有生命活力的个体,即生命的个体。可见,作为生命意向性外在化的自然,也要经历普遍性、特殊性、个体性三个环节的逻辑演绎,在这种逻辑演绎当中,生命意向性最后通过外在化的确

① [德]黑格尔:《自然哲学》,梁志学等译,商务印书馆 1980 年版,第 28—29 页。
② [德]黑格尔:《自然哲学》,梁志学等译,商务印书馆 1980 年版,第 34 页。

证，成为了更加坚实有力的生命体，更加现实生动的生命体。据此，黑格尔也将自然哲学分为机械力学、个体物理学、生命有机学三个大部分。

黑格尔在自然哲学中经常提及的一个概念就是“外在化”。这一概念既说明了生命意向性的内在统一性，同时也说明他自身的分殊性。或者更具体地讲，“外在化”就是生命意向性的自我分身，在本身与分身之间的关系，是外在化世界当中的一层由隐到显的重要逻辑关系。进入自然哲学，生命意向性同样设定了他自己的分身，这是他在自然界中所播种的生命种子。这粒种子最初被播撒在自然的土地中，并未意识到生命意向性的存在，也没有意识到将会由他本身所开辟的自然存在。最初，他只是以直接抽象的形式存在。所谓的直接性就在于这粒生命种子还没有产生较为成熟的自我意识，只是应激性的存在，因为他本身还需要靠着内在被给予的潜在能力和外在条件的培养，才能幸运地存活下来。所谓的抽象性就在于他关于这种内在属性和外在的规定还没有从自我意识的角度去把握。因而，生命意向性便进入到自然哲学的第一个部分机械力学。当生命意向性在自然中播撒生命的种子时，他不是把这粒种子直接扔到土里就完事了。他也要为他盖上土坯，浇上水。生命意向性是负责任的播种者，他也要保证生命的存活率。于是，他将一切的生命基因完全遗传到了这粒种子中，同时在最为可能的条件下，为其提供呵护。然而，他所做的一切，对于那颗还没有从土壤中露头的种子来讲，都是无意识的。就像有些猴子看到水中的月亮，第一印象并没有完全意识到，那只是天上那个月亮在地下所形成的光影。同样，刚刚播撒的生命种子，他也没有真正意识到他是一颗生命的种子，生命意向性为他的出生和成长，付出了巨大的代价。虽然他还没有这种意识，但他却具有这种成为生命体本身的无限冲动，因为他是继承了生命意向性精神意志的存在。于是，这粒种子便开始了其在自然中的生命旅程。起初，他只能按照被给予的方式存在，就像自然物一样要按照本质先于存在的方式展现自身。他关于为什么要按此方式存在，以及接下来应当怎样按照如此的方式存在，都是不关切的。他只需要听从外在的应激性指令就行。

由此，这粒种子具有了旁观者的心态，他也在这种心态中产生了空间意识。每一个他所接受的应激点都是一个空间，至于空间本身是什么，这并不是他要关注的问题，他更加关注的是每一个点的空间，也就是他所存在之处，因为这是生命意向性使之能够成为生命的关键指令。这个指令就如同天外来音，没人知道它从哪里来，也没人想要知道得太多，他只要按照这样的指令来做就行。所以，对于最初的生命种子来讲，最初的空间是十分混乱的，就像一个人突然来到一个高楼林立的陌生世界，他在这个世界中迷路，是常有的事，他还没有对于这个空间感到熟悉。这就像康德所讲的印象、表象、现象之间的区别。印象就具有空间原生的结构。人们也经常用瞎子摸象比拟这种较为片面和混乱的空间形式。印象在这种空间形式中显得极为混乱。当这种混乱的空间被安排在一个统一的坐标系中，那么这些印象就呈现为多种多样的表象。比如，大象的耳朵和鼻子被画到了一张纸上，那么关于大象的图画就形成了。如果人们将混乱的空间加以简单地描绘，在相对中心的结构中，展现出基本的形式，空间就有了清晰感，比如上下左右的结构。但清晰感并不同于真实感，真实感的空间是一个完整的结构，而不是分散的部分。就如同一间房屋，在这个房屋中，人们看到了各种各样的布局和摆设。这些布局和摆设都因为这间房屋而具有关键的价值和意义。大象的耳朵和鼻子等器官，都是因为大象的存在而变得有价值和意义。整体的空间才是真实的空间。只有当人们把握了整体的空间，才不会在空间中迷失方向。正如人类关于地球形状的猜想和验证，起初的时候有人认为地球是平的，是方的，是圆的，后来慢慢地人们才认识到实际上地球是个椭球形，此时便产生了关于地球的完整地图，空间成为了一幅立体的地图。在黑格尔关于空间包括其他范畴的论述中，一定要明确思维逻辑的演绎，而不是思维对象的逻辑演绎，二者是存在根本区别的。前者一定包含着后者，并赋予后者逻辑意义，但后者并非等同前者，后者往往容易陷入自身的无限困境中。比如关于空间的把握。空间本身就是一个十分抽象的形式化存在。如果思维仅仅盯着空间本身来阐述，那就是在设定一个并没有内容的存在以内容性的概念，这并非是空间环节所能够展现的，只有在时空和运动的逻辑中，才能真正体现出时空、运动与物的本质性关联。但是，在这里绝对不可将空间等同于一种物的规定。但却反映了一定的逻辑规定。最初，人们只是从点和平面的方式理解空间，这种方式是十分有限的。可现在人们却从更高层面统摄的能力去把握空间，空间成为了人们头脑中的立体导航，空间成为了人们把握的对象，而不是相反，人们还是处于一定的空间中，无法自拔，就像那只永远在圆形轨道上爬行的蚂蚁，这是完全不同的指向。

对于空间的提升也是一个自然而然的进程，在这个进程中，人们发现了另一个重要维度即时间。时间是关于空间的意识。当人们学会了站在最高处往下观望时，他看到了原来所生活的那个空间。但这种提升还没有真正地超越出他所生活的空间。为此，生命意向性做了更深度的超越，他看到了他自己正在那高处往下观望形成了空间意识。时间既是关于空间的自觉意识，也是关于空间的逻辑否定。空间几乎是无质化的延展和集合。但时间却是同质化的延展和集合。在空间中，身为种子的生命意向性，关于应激性是完全没有反思的，只是一根筋地顺其安排和规定而已，但在时间中他对应激性有反思的意识。也就是说，在空间中，他只是作为无意识的意识存在，但在时间中他却成了关于空间有意识的意识存在。那么时间就不再那么像空间一样的抽象形式，而是有了空间规定的承载的时间，只不过是同质的承载。所以，有时时间就像一块蛋糕，可以被切割成各种小块，有时被切割成四个小块，有时被切成十二个，甚至六十个小块等，这便是空间化的时间。空间化的时间是时间最直接抽象的形式表述。关于这种空间化的时间的意识，就会形成不同中心的时间化比照。正如当前整个世界被划分了一定的时区,在每一个时区内人们都有自己的生活方式,一旦改变了时区,还需要适应一定的时差影响。之所以要适应这种时差的影响,就是因为原有的时间标准尺度发生了改变。就像江水流过的每一段区域,都有自身独特的水文特征。这还只是外在的时间观念的不同,更主要的是内在时间观念也是不同的。比如在同一间教室上课的学生们,可能对于时间的体验也是不同的。有些学生可能关于老师所讲的内容比较喜欢,希望老师能够多讲一些,结果总是觉得上课的时间很短暂,很快就下课了。但是有些学生可能关于老师所讲的内容并不十分感兴趣,反而觉得十分无聊,他总是在盯着时钟的指针,总希望时间能够走得快些,尽快下课,让其从这种无聊的折磨中解放出来,可他越是这样焦虑,反而越发地感觉时间走得很漫长。时间具有了相对的属性,这也是胡塞尔和海德格尔等哲学家们一直关注的内意识时间问题。别看时间不像各种五花八门的对象那样,展现出可以明确分辨的变化形态,但它却用着最为单纯的思维,演绎着整个世界基本运转的逻辑思路。时间具有始源性的意义。

这种意义不仅对于空间如此,对于作为种子的生命意向性也是如此。或者也可以说,空间的生命根据恰恰就在时间,生命意向性的直接抽象的根据也在于时间。空间如果不能够时间化,那么空间就成了毫无生机的虚无,就像身体脱离了活动,就成了尸体一般。生命意向性如果仅仅被束缚在空间之中,那么他就永远无法冲破那个原初只是为了保护他的蛋壳,反而被这种蛋壳牢牢困住,最终窒息而亡。时间是具有重要生命意义的概念。康德也曾将时间放到自我意识统摄能力的高度去把握。他把时间看作了一场伟大音乐盛宴的指挥家,一般人很难看懂这位指挥家在那里表演着什么,还以为只是一种无言语的瞎摆弄,显得十分搞笑。但实质上,一切的决定性因素都要从时间的逻辑中延展出来,按照时间的轨迹生成出来。黑格尔也曾把时间比作水。中国哲学通常讲到,上善若水,水利万物而不争。总是处于不断变动中的水才被称为活水。活水可不是为了它自己而活，而是为了水中的生命而活，如果水中没有任何生机，那么活水就成了死水。即便水是存在着的，但是毫无声息地存在着，那就是非存在，它已经失去了存在下去的必然性，在不久的将来会逐渐消失掉。空间就如同水中的生命体。古人常讲，水是生命之源。时间也是空间的生命之源。即便在空间中的思维无法把握到这个现实存在的根据，但在以后的逻辑演绎中，这种必然性的关系将会变得更加清晰起来。活水是一个自演化的生命系统，在这个系统当中的一切环节，都将因为这个系统本身的存在而被赋予存在的价值和意义。一旦这个系统在某个环节处，发生了严重的断裂或者淤堵，那么整个系统将会出现重大生命危机，这种危机将直接关乎其中的各环节的存在根基。就如同一棵大树的系统，如果大树的系统不再能够进行有效的新陈代谢，那么这棵树的树叶、花朵、果实等环节都将从此消失掉。所以，时间具有奠基性意义。但是，多样化的时间形式还不是时间本身。那只是相对时间的设定和表现。时间本身是历史的内涵。如果说空间是应激性的反应，生命种子在生命意向性的赋予中，无意识地展现生命活动。时间则是关于这种空间活动的有意识的展现，是对空间活动的一种真诚的描述。正像思维意识在本体论逻辑中，总要受到外在逻辑的先天支配，从而展现一种外在的规定。那么在近代哲学中，所提出的不经认识论反省的本体论无效，并不是将本体论取消，而是将本体论放到了自我意识当中来把握。所以，在某种意义上讲，认识论只是本体论的内在化而已。它是通过内在的方式描述了整个本体世界的演绎状况，本体原来是推动世界的外在根据。但在认识论当中，本体却成了认识的载体，是被描述的对象，是被观察的对象，本体反而成了被赋予意义和逻辑的存在。如果时间上升为历史的逻辑，情况将发生重大变革，认识论就成了实体论。因为，在历史中生命意向性看到了生命之缘起和生命之演绎的全部过程，而不仅仅在述说他作为旁观者所看到的情形,而还要把生命意向性作为参与者,直接受影响者来加入到整个世界的生命塑造中。于是,物质和运动就产生了。

运动、时空、物质是三者统一的共在结构。在这里,三者是一体的。黑格尔还专门批判了康德的先验时空观和牛顿的绝对时空观。他指出康德认为时空是先于经验现象的先在形式,这就完全否定了时空的生命属性。不是时空决定了现象的存在,而恰恰相反,是有生命的现象决定了时空存在的生命。他认为康德完全颠倒了时空和事物之间的逻辑关系。针对牛顿的时空观,黑格尔也指出,时空一定是存在于具体事物当中的时空才具有生命力,否则时空都是妄想出来的空洞几何学。在这场争论中,不是物理学对物理学之间的质疑,而是自然哲学对物理学的批判。这一方面,黑格尔在自然哲学开篇就已经介绍了二者之间的根本差异。不仅在时空观中,在力学理论、光学、磁电学的研究中都透露出这种根本的区别。因而,在把握黑格尔的自然哲学时,完全可以参照物理学的结构,来阐释黑格尔的自然逻辑,其根本的属性就在于是对生命意向性外在化逻辑的普遍关注,这种外在化也是生命意向性从潜在的自身成就现实自身的逻辑进程。按此逻辑,由作为运动、时空、物质三者统一的自然属性,过渡到力的概念,在被给予的直接性框架中,实事求是地展现着生命意向性如何以自然的规则,来安排和设定他的种子的直接存在方式。然而,这种安排和设定既是一种保护,同时也是一种障碍,为了突破这种障碍,作为种子的生命意向性开始了特殊性的挑战。这种挑战对他来讲是一次风险,但也是一次考验,是他走向成熟的必经之路。于是,生命意向性就进入到自然哲学的第二个部分个体物理学。正如生命意向性关于自身的定位,他要时刻处于由差别、对立和矛盾所反映的特殊性当中。在这里面黑格尔涉及了自由的物理个体,物理元素和各种气象过程,进一步深入到比重、内聚性、声音和热的各种现象中,并分析其中所蕴含的根本逻辑关系，以及由这种逻辑关系所衍生的各种形态的物理存在，甚至突破这种物理形态，上升为化学的尺度。这时候，生命意向性就进入到自然哲学的第三个部分生命有机学。在这里作为种子的生命意向性已经完全成长起来，已经能够把握到自身的生命意向性的使命和任务。但这种成长也是一个有机的过程。黑格尔认为，要经历地质有机性、植物有机性、动物有机性才能真正实现生命有机性本身。当生命意向性完全在生命有机性中实现自身时，他就开始了自我演绎的全过程，生命意向性进入到了精神哲学。

第三节　精神哲学：由外在回到生命自身

经由外在化的自然哲学，生命意向性终于回到了自身当中。回到了自身，不是回到了那个原初开始的起点阶段，回到了逻辑哲学阶段，而是回到了那个原本潜在存在的现实阶段。也就是说，在逻辑哲学中，一切的中介都是潜在的和外在的，但在精神哲学中，这些潜在的和外在的，也都回到了生命意向性的本身当中，它们不再以外在的方式同生命意向性相关，而是完全通过内在统一的方式与生命意向性相关。生命意向性开始自觉地从自身的生命属性来规划这种既是主观也是客观的发展历程，这便是生命意向性的丰富内涵。就如同对于孩子来讲父母的一切指令可能都是外在的规定，但是对于父母本身来讲，这种指令都是为了孩子本身的健康成长，当孩子成为了父母，他们才真正明了这种用意，因而一种外在的致动因就转变成了一种内在的目的因，成了具有精神性的意向。为了进一步明确精神哲学的内在规定，“在《精神哲学》中，黑格尔写有一个篇幅较大的绪论，对精神概念作出了非常重要的规定，并基于这种规定对精神哲学作出了划分。仔细看来，这个绪论对精神哲学与其他精神观的区别、精神哲学的对象、任务和方法及其划分都作出了说明。由于人类精神构成了精神的对象,因此,把握黑格尔所说的精神具体规定性,是我们理解黑格尔精神哲学的关键。"①

黑格尔在阐述精神哲学的时候,直接就表明他所讲的精神与其他科学所讲的精神存在根本不同。"关于精神的知识是最具体的,因而是最高和最难的。认识你自己这个绝对诫命的含义,无论从它本身来看,或就其在历史上被宣告出来时的情况来看,都不只是一种对于个人的特殊的能力、性格、倾向和弱点的自我知识,而是对于人的真实方面——自在自为的真实方面,即对于人作为精神的本质自身的知识。精神哲学的含义也很少是同样致力于探究别人的特性、激情、弱点这些所谓人心深处的所谓人性知识,这类知识部分地只有在对普遍东西,即对人,因而本质上是对精神的知识的前提下才有意义;部分地它从事于研究精神东西的偶然的、无关紧要的、不真实的种种实存,而不深入到实体性东西,即精神本身。"②通过这段十分清晰的论述,黑格尔明确了精神哲学所要研究的对象不是普通的经验心理学所探究的特殊对象,也不是理性心理学所思索的超越性的灵魂。精神是和灵魂有区别的,灵魂好像是肉体与精神之间的中介,或者两者之间的联系。黑格尔的精神哲学所研究的对象是精神本身的运演逻辑,"对我们来说,精神以自然为它的前提,而精神则是自然的真理,因而是自然的绝对第一性的东西。在这个真理中自然消逝了,而精神则表明自己是达到了其自为存在的理念,这个理念的客体和主体都是概念。"③自然之所以消逝了,在黑格尔看来,根本原因在于自然成为了自为的自然,成为了具有统摄主客体能力的精神。"精神的一切活动都无非是外在东西回复到内在性的各种不同方式,而这种内在性就是精

① 杨祖陶:《黑格尔〈精神哲学〉指要》,人民出版社 2018 年版,第 21 页。

② [德]黑格尔:《精神哲学——哲学全书·第三部分》,杨祖陶译,人民出版社 2006 年版,第 1 页。

③ [德]黑格尔:《精神哲学——哲学全书·第三部分》,杨祖陶译,人民出版社 2006 年版,第 10 页。

神本身,并且只有通过这种回复,……精神才成为而且是精神。”①理念是生命的观念,精神是秉持理念的生命意向性自在自为的生命演绎。精神是按照生命意向性通过自身否定的方式来实现自身的肯定。

精神的自身规定就直接决定了他一方面不同于经验心理学所提出的规定。经验心理学往往都是后天的科学,是把原本由精神所决定的心理现象作为研究的出发点,并从这种现象当中汇总心理学的认识,通过这种认识来解释人类的精神活动。黑格尔认为,这种方式恰恰是本末倒置,它选用本该受到精神活动所决定的偶然经验来制定精神自由活动的原则,这必然直接抹杀了精神所内在的生命指向,使其成为了和经验一样的干枯材料。另一方面,精神自身的规定也不同于理性心理学所提出的先验规定。理性心理学总要在经验世界之外来设定一个超于经验的先天规定,这种规定的确在一定的意义上可以改进经验科学的偶然性,可是这一设定使得先天的规定也成为了孤家寡人,成为了一种与一切外在经验完全无关的至高无上的形而上学的幻像。因为,这种规定没法展开生息有序地新陈代谢,最后只能以自身干瘪的尸体被后人放到高尚的地方默默地瞻仰而已,除此之外,恐怕就不存在其他价值和意义了。然而,精神哲学乃是生命意向性自身规定自身的哲学,他是秉承苏格拉底哲学意志,不断以认识自身为己任。他通过认识自身,他发现自身的有限尺度,他没有被困在有限的尺度当中,没有在这个尺度当中成为自大狂者,他要实现这种尺度的跨越,从而来证明自身所具有的自由秉性。认识自身的哲学命题,其实蕴含着通过自身否定来肯定自身的内在逻辑,这种逻辑正是生命意向性存在的根本机制。通过这种机制生命意向性才能真正实现生息不止的新陈代谢,确证自身存在的价值和意义。从这个意义上讲,黑格尔的

① ［德］黑格尔:《精神哲学——哲学全书·第三部分》,杨祖陶译,人民出版社 2006 年版,第 14 页。

精神哲学既是高于经验的形而上学,也是等同于经验的现实科学。他的独特属性也鲜明地体现了这种研究区别于之前的心理学观念的根本差异。那么,在黑格尔具体论证精神哲学演绎的各个环节当中,他也总是通过这种区别,来显示出他所谈及的精神哲学的深刻性。接下来,他便通过这种逻辑方式,对他的精神哲学进行部门划分。

黑格尔的精神哲学按照生命意向性的运演逻辑分成三个部分,分别是主观精神、客观精神和绝对精神。主观精神是个体的精神,是"在与自己本身相联系"的精神,他也可以说是精神存在的最直接的种子形态。只是在自身之内所蕴含着精神演绎的总体逻辑,只不过这个逻辑还没有表现出来,还是潜含着的状态。客观精神是主观精神在世界中的表现或者说是实现的样态,即"在实在性的形式中"的精神。但在这里所讲的"实在性的形式"可不是外在赋予的、被给予的形式,而是由精神本身自在自为地创造出来的世界,这个世界的本真目的就是要表明精神的生命存在,助力于生命实现自身的使命。绝对精神是主观精神和客观精神的内在统一,是"在绝对真理中的精神",即在理性认知的成熟阶段,实现对自身的彻底把握,完全能够从生命意向性本身出发,实现其自由演绎的整个历程,同时也确证了生命意向性存在的必然性和历史性。这三个部分充分展现了黑格尔逻辑演绎的生动足迹,因为越是在最为成熟的生命体中,越是能够清晰地看到生命之谓生命的自由逻辑,不同于最初那种潜隐的方式,还得需要通过借助外在中介的方式才能够挖掘出来。相反,在成熟的生命体中,他便可以自觉地将一切潜隐的因素,都现实地展现出来,宣告他在世界中的独一无二的规定。那么,我们就来看看黑格尔究竟在精神哲学的三个部分,如何具体展现精神的发生成长学说。主观精神所描述的对象就是作为个体的生命意向性,是精神从原初的与动物意识无实质差别的所谓自然灵魂直到成长为具有坚实的理论和实践能力的精神样态。这个过程大致分为三个阶段:直接灵魂、间接意识、抽象精神。与此相应，人类学主要以灵魂为对象，精神现象学主要以意识为对象，心理学主要以抽象的精神为对象。在人类学中，灵魂被标明为生命意向性最为直接外在的存在形态，是生命意向性的自然精神或者说是“精神的休眠”，是“亚里士多德的那个按可能性是一切东西的被动的理性”，①是与其他动物无差别的模糊意识。在黑格尔看来，灵魂具有一定的惯性。他总是喜欢按照原有的规定来展开自身的逻辑，是较为单一的尺度，这也表明生命意向性在种子萌芽阶段的被动形态，这种形态使其与具有单一尺度的动物性规定没有任何区别，此时人本身还没有从动物世界当中超越出来。即便在灵魂阶段，生命意向性也是不断成长的，他也学会了使用各种工具等，但是这种自由的生命还是处在潜在的阶段，没有能够实现真正的突破，比如他学会了使用石头、木棍等工具，但是他还是要在那一片时空中存在，无法远离他生存的山洞，无法摆脱柏拉图所提示的“洞喻”困境。但是，此时生命意向性关于自身的处境也有了更深入的体验，他产生了意识。

意识一定是关于规定的意识，或者也可以说是关于对象的意识，不管这个对象是外在的还是内在的，但必须要有一个被意识所意识到了的规定才能真正产生意识。在灵魂世界，生命意向性只是在一个被给定的世界中生存，但这个世界并不能够让其感到满意，在其中他感受不到自己的生命存在，只是成为外在规定的附属而已。在一场由外在规定所导演的悲剧中，每一个灵魂都受到了严重的生命威胁，没有任何的安全感，因为他们的生存与否从外在看来并不紧要。于是，为了冲破这种外在限定，灵魂要成为把这种限定当作对象的意识。黑格尔指出，所谓的意识就是自我对于离开它而存在的独立对象的意识。它主要有两个方面的内容。一方面是主位的主体或自我和在它之外的客体或对象。另一方面就是这个

① ［德］黑格尔：《精神哲学——哲学全书·第三部分》，杨祖陶译，人民出版社 2006 年版，第 53 页。

主位的主体或自我对于在它之外的客体或对象的认识和把握。生命意向性作为意识的主要活动目标就是“使它的这个现象与本质同一,是把对它自身的确定性提高成真理。”①意识始终都是活在对象当中的意识,它总要不断地突破自身的原有规定,从而实现在原有规定基础上的自由,但是这种规定的突破,又重新建立起新的规定来,这就使得意识自身意识到了一种自身难以跨越的外在尺度,它看到了自身的本质规定,它具有自我意识和理性。在理性当中,生命意向性体验到了一种与对象和自我意识同频共振的基本规律。这个基本规律规定着自我意识的最终限度,是其固有的内在本质,同时也规定着外在对象的最高限度,是其不可超越的固有属性。此时,生命意向性偶然体验到了一种普遍性的生命尺度。那么关于这种普遍性生命尺度的必然体验,就进入到了心理学阶段。心理学主要针对的是抽象的精神。之所以称为抽象的精神,主要因为这种精神还没有在生命意向性所构造的客观精神世界中演绎出来,还是精神的基因阶段或种子形态。不过在抽象的精神中,已经完全孕育了全部在此后所要展现的现实环节的潜在要素。正所谓麻雀虽小,但五脏六腑俱全,通过解剖麻雀的方式,的确能够见微知著。在抽象的精神中,生命意向性也开始以纯粹逻辑的方式,展开自觉演绎的基本思路,就仿如“神笔马良”要在墙面上擘画着万里江山图,很快这种娇艳丰满的世界图景,便要在这个具有了全体意愿的抽象精神体中,慢慢地由潜在变成现实。

生命意向性从主观的精神世界开始走进了另一个不同的境遇——客观精神世界中。客观的精神世界可不是主体任意发挥,肆意撒泼的地方,那可是经历了主观精神洗礼,秉承崇高意志的生命意向性实现自身伟大理想的关键环节。在客观精神世界中所存在的对象都是具有理性的或者将要实现理性觉醒的对象。不能简单地将其视为直接的存在来看待,还

① ［德］黑格尔:《精神哲学——哲学全书·第三部分》,杨祖陶译,人民出版社 2006 年版,第 260 页。

要从生命的高度，从发展的视角来审视。在这里黑格尔提出了法、道德、伦理、社会、国家等规范和制度。这些概念都具有鲜明的生命属性，它们并不是在战争这种外在直接占有的方式下来展现一种被给予的实然规定。客观精神是在反思性关联之中，所建立的一种体现彼此作用的必然意向。“法是一般神圣的东西，这单单因为它是绝对概念的定在，自我意识着的自由的定在之故。”①法的范畴最能够代表这种中介性关系。因为，在单个的个体中是不需要制定律法的，只有当这种反思性的规定在自身中确立起来时才需要法的存在。法需要保护生命意向性的自由演绎，也要培养生命的这种自由演绎的自觉意志。所以，法对于人来讲具有双重向度，一方面它是具有硬性的规矩，不可被冒犯的底线，另一方面它还具有柔性的尺度，是要教化人自觉向善，而非仅仅是惩戒的威慑体现。在法中每个个体都被视为自由的个体，都要受到同等的尊重和考虑，是在共同的生命概念中，进行特殊性的安排和规定。当生命意向性历经中介环节的夯实，他本身就真正具备了在自身当中，自演化生命的能力。这种能力既包括认识方面的，生命意向性完全把握到了现实生命生生不息的全体尺度，他知道如何规划和设定才能实现这种连接过去和未来的统一性。这种能力还包括实践方面，此时的生命意向性完全具有通过一己之力，践行这种在自身否定的历史航程中，实现自身肯定的真实确证。他不会再被任何外在的因素干涉，他不会再沉迷于由自身为自己量身打造的幻像当中而无法自拔。他实现了彻底的超越，他开始展现他自身实质性力量的伟大创造，这便是生命的创造，也是艺术的创造，神圣的创造，更是哲学的创造。生命意向性进入到了绝对精神的境遇。在绝对精神中，生命意向性也达成了主观精神和客观精神的内在统一，在此之前二者还是割裂的，外在化的关联，但在绝对精神中，二者成为了一体当中的两个必然环

① ［德］黑格尔：《法哲学原理或自然法和国家学纲要》，范扬、张企泰译，人民出版社 2006 年版，第 260 页。

节。客观精神需要主观精神的条件,主观精神只有在客观精神当中才具有生机活力,这种关联只有在绝对精神中才能够真正地确立。届此,黑格尔的整个哲学体系便较为完整地展现出来。这种展现是顺其自然地展现,也是理性自由地展现,更是生命意向性生动历史地展现。

附：黑格尔创作《哲学全书》的外在缘由①

关于黑格尔逻辑学体系的把握，不仅要深入挖掘其内在生命意向性的思辨逻辑，同时也要能够跳出来，看到在深刻的逻辑演绎之外他所要针对的现实考量。为了更加全面地审视黑格尔逻辑学思想，通过对《哲学全书》三版序言的考察研究，发现黑格尔曾较为翔实地阐述他多次修订和创作逻辑学体系的外在缘由。不管是为了满足授课听众对于“一种教本”的需要以及回应一些“外行人”对于该“教本”的批评和诬告，还是为了强烈批判当时思想领域出现的不适宜“作风”“很坏的成见”以及毫无意义的争论，都鲜明地展现了这种现实指向与时代规定。如此便有利于人们较为全面科学地把握黑格尔逻辑学全貌。

一、引言

《哲学全书》是完整表述黑格尔哲学体系的一部扛鼎之作，里面不仅较为系统地推演了思辨哲学的逻辑内涵，同时较为全面地展现了辩证法的“运动形式”。正如马克思所讲，“辩证法在黑格尔手中神秘化了，但这

① 该文章曾在 2023 年《北京社会科学》第 4 期刊发，但刊发时由于版面限定，部分内容有删节，本书为了能够全面阐述黑格尔诠释思辨逻辑的初衷，于是将完整的文章内容添加进来。

绝没有妨碍他第一个全面地有意识地叙述了辩证法的一般运动形式。"①于是,《哲学全书》就成了后世学者了解黑格尔思想,把握辩证法逻辑的重要来源。如恩格斯在致康拉德·施米特的信中同样指出,要想科学地把握辩证法,"不读黑格尔的著作,当然不行,而且还需要时间来消化。先读《哲学全书》的《小逻辑》,是很好的办法。"②但是要想更加完整地理解和批判前人思想,也不能仅仅局限内在逻辑中,脱离开外在的维度。在《哲学全书》的三版序言中,黑格尔就较为翔实地介绍了他多次修订和创作这部专著的外在缘由。"所谓外在,按其概念来说,是一种为他的存在。"③实质上讲,在《哲学全书》中黑格尔不仅要澄明哲学之为哲学的自身内在思辨逻辑,还要阐明那些为现实条件所迫,展开真正哲学研究的外在原因。虽然,黑格尔也承认自己是"唯心论者",不过他在《哲学全书》三版序言中所揭示的各色思想"作风""很坏的成见""轻心的讨论"却是实实在在的。黑格尔对此所进行的揭示和批判,即便对于两百多年以后的今人来讲,也具有无比鲜活的启示。

二、"一种教本的需要"及对三种理论态度的批判

《哲学全书》是46岁黑格尔初到海德堡任教授时,所写成的讲课纲要。当时,在德国大学里要求教授们使用有关他们的课程纲要,便于听众听讲的需要。所谓纲要,主要是指一部较大著作或论文的节略,简明地说明其意义和本质,是一种概括、概要。就是这部最先以纲要形式出现的著作,在黑格尔生前经他本人亲自审定,出了三版(初版:1817;二版:1827;三版:1830)。为此,黑格尔专门写了三版序言,介绍《哲学全书》创作的外在缘由。

① 《马克思恩格斯文集》第5卷,人民出版社2009年版,第22页。

② 《马克思恩格斯文集》第10卷,人民出版社2009年版,第622页。

③ [德]黑格尔:《精神现象学》上卷,贺麟、王玖兴译,商务印书馆1979年版,第179页。

初版序言十分简洁明了地说明创作《哲学全书》的两个具有针对性的外在缘由。一个便是:"为了适应我的哲学讲演的听众对一种教本的需要起见"。① 当时在德国大学的课堂上讲授课程,是必须要有一份较为完整的教案,不允许随意性的口授笔录的传授。其实,康德时期就已经开始流行此种做法,柯尼斯堡的教授们甚至在这方面曾特别受到告诫。国务大臣冯·策特里茨(康德曾在1781年《纯粹理性批判》一书前面题献给他)在1778年10月16日发布的一份公告中提出,最差的纲要肯定也要比没有的好,如果教授们博学多才的话,他们尽可以批评纲要的作者。但口授笔录式的讲课必须废除。所以,康德在18世纪80和90年代,仍至少外表上照着像迈耶、鲍姆嘉通、艾伯哈特等人的讲学纲要授课,当然往往矛盾要大于认可,更多是作为批判的直接对象。不过,限于纲要简缩的性质,未能充分依照理念本身发展的历程,予以翔实地推演。所以,最初《哲学全书》的德文名称为 Encyklopädie der philosophischen Wissenschaften im Grundrisse:Zum Gebrauch seiner Vorlesungen,即《概要形式的哲学全书:供讲课用》。黑格尔明确指出:"这个书名一方面表示全体系的轮廓,一方面表示关于个别节目的发挥,尚需留待口头讲述。"②(由此可看到现如今流行各版本中存在的说明和附释部分)但是,上述缘由并非黑格尔创作《哲学全书》的唯一目的。另一个外在缘由在于:对当时德国思想界出现的不适宜思想态度和作风给予揭示和批判。

黑格尔曾批判当时德国哲学界现实存在的三种基本理论态度。第一种"任性的作风"。这种作风占据着思想领域重要地位,并且容易走向极端。有时显得令人敬佩,但有时却"狂妄到了甚至于发疯的程度。"一旦发疯起来,不管材料和内容的相关内在逻辑,便一股脑地将他们都塞进哲学预设的体系框架之中,表面上看起来工工整整,归为一体,但实质上却

① [德]黑格尔:《小逻辑》,贺麟译,商务印书馆1980年版,第1页。
② [德]黑格尔:《小逻辑》,贺麟译,商务印书馆1980年版,第1页。

乱如丝麻。例如曾在耶拿大学任教的威廉·特劳哥特·克鲁格就是典型的代表。克鲁格认为哲学的基本结构是:1. 自我的自由存在;2. 除自我而外的其他对象的存在;3. 前两者的关联。先验哲学看重的是自我的自由存在,经验哲学看重的是后天事物的存在。克鲁格认为应当将两种哲学思想结合起来,形成一种"先验综合论",那么一切问题便迎刃而解了。黑格尔曾经讽刺地评价道,克鲁格先生可以将自我设想为他自己本人,他里面包含有莱因哈特的水,康德的走了味的啤酒等,克鲁格就是这些偶然性成分的综合物。这种"任性的作风"在当时的中青年当中很盛行。在1816年8月,黑格尔致劳默尔的信中指出:"现代青年人在开始研究哲学的时候,喜欢首先把哲学归结为一些无所不包的公式而了事,一般地说,科学研究也就由此了事。从这种作法所产生的结果是,既对哲学概念也对专门科学概念的缺乏认识,无知,这样就导致了和国家要求以及科学教育的要求严重矛盾,实际上是拒绝了这些要求。"①这种狭隘的"实用主义"态度,试图通过掌握大量人所熟知的表象材料,运用一点"有用意有方法的容易得到的聪明智巧",将混沌杂乱的事实,加以奇异地拼凑成偏曲意见。若没有历经深刻哲学沉思,可爱的热忱追求也会轻而易举地变成浮躁潦草的狂妄与发疯,高贵的希望与愿景也会化作直接欣赏理念的空幻。不过,黑格尔认为"这种任性作风"尚易于谅解,一方面它保存着矢志不渝追求真理的高尚品质;另一方面每位具有成熟理性的个体都有充满稚气和不羁的童年,不仅是成长后不断回味的多彩画卷,也是成就理念的关键要件和抽象环节。

第二种"浅薄的作风"。这种作风不仅缺乏深度的哲学沉思,更主要的是常常硬要靠着自作聪明的"怀疑主义"和自谦理性卑微的"批判主义"的面孔示人。与第一种态度相比较,后者是令人"更为讨厌"的。之

---

① [德]黑格尔:《黑格尔通信百封》,苗力田译编,上海人民出版社1981年版,第224页。

所以“更为讨厌”,根本原因在于,前者保留并护持理性的希望与前景,只不过由于稚气的懵懂和好胜的心智,使得关于理念的理解与通达的路径出现偏差,得到失落结果。后者直接否定的是理性的能力以及理念的存在。依此,哲学的探究将会变得多此一举,世界中的任何存在者将会失去存在意义,而沦为一文不值的虚无,宇宙也因无限的否定变得无比通透,无须费力便可轻易把握任何往来流变,只缘一切都是“死寂的像”。例如戈特洛布·恩斯特·舒尔策就是典型的怀疑主义者。他经常打着古代怀疑论者艾因西德莫的旗号,实际上唱着反调。黑格尔曾明确指出,古代的高尚的怀疑论与当前流俗的怀疑主义有着本质的区别。前者认为感觉意识中的事实并不可靠,后者却认为只有感觉意识才是最可信的,一切超感官的存在都是虚假和可疑的。前者的结论是反对独断论,禁绝一切肯定的主张和判断,以求取精神上“不动心”的安宁与坚定,而这种生活方式是后者所完全缺乏的。黑格尔认为,舒尔策的怀疑主义就是以现成的质料为素材,为活动的对象,除此而外它什么也把握不到,什么东西也得不到,所达到的只是一些令人气短的否定结果和由此造成的灰心丧气。如果这条道路还有什么能有助于机智运用的东西,那就是想象。想象是瞬息而逝的“精神酵母”,将一切变得虚无缥缈。真正的哲学研究是不能单单靠想象的方式进行的。关于“批判主义”,从表面上看,特指的应是康德哲学,不过在当时德国的思想界,批判主义更多是指康德之后的那些仅仅承继批判哲学外壳,并“对康德哲学进行肤浅理解,卖弄无意义,贫乏和平庸空谈”的学者。例如雅可布·弗里德里希·弗里斯的哲学,就属于这种“自谦理性不能认识物自体的批判主义”。弗里斯一直企图在经验心理学的基础上重新建构康德哲学。他认为感知领域所把握的现象才是人所认识的对象,那些超出感知之外的存在则属于理性信仰的领地。物本身是事物的“永恒本质”,它不该是可认识的东西,只是信仰的对象。这就意味着超感觉的存在是不可认知的,没有任何存在的合理性,只是人们一厢情愿地自以为是。黑格尔认为弗里斯对康德哲学做了最为肤浅的理解，“就此而言，他超出了康德哲学”。不管是“任性的作风”还是“浅薄的作风”，曾在一段时间内误导了当时德国人对哲学的科学理解。使得人们纷纷对哲学丧失信心，并加以蔑视和诋毁。幸好当时还存在反对这两种态度的一种趋势，保持着对高深知识的强烈爱好。

第三种“直接的知识”。这种思想“以直接的知识或情感的形式”出现，即通过被给予的方式把握最高真理的直接形态，虽显得有些稚气，可它也生动地表明人类寻求“理性的识见”，希望领略“绝对真理”的“冲力”，这是人类尊严之所在。在黑格尔刚到海德堡大学时，“海德堡大学（连同重组的哈勒大学）开始全面担当起耶拿大学早就开始担当过的德国学术生活重任，并迅速成为著名的诞生于耶拿但之后逃离耶拿的那种浪漫主义的中心。浪漫主义发展过程中的重大事件——例如阿尼姆和布伦塔诺的德意志民间歌集《少年魔角》——都发生在这个阶段的海德堡大学里。”①当时以施莱尔马赫②和诺瓦利斯③为代表的浪漫主义哲学家，纷纷吸收耶柯比哲学观念，认为绝对的真理是无条件的，是不可以被证明的，因为对一个东西加以证明就是寻求条件，根据条件把它推出来，绝对就丧失了无限属性，变为有条件者。因而，“绝对真理”不可能是间接认知，只能是直接知识。关于这种直接知识，我们可以诉诸人的自我意识。自我意识能够超越有限的感性存在，直接体验到绝对的存在，并且能够“以诗的或至少以预言式的方式在这种直接性里认识这种统一性。所谓诗的方式，是通过直观而不是通过概念直接地认识绝对者的生命和人格的方式，它以为如果不用诗的语言来表达，就会丧失掉作为自身浸透的统

① ［美］特里·平卡德：《黑格尔传》，朱进东、朱天幸译，商务印书馆 2020 年版，第 388 页。

② 施莱尔马赫是当时德国为数不多能够与黑格尔齐名的宗教哲学家，以优美精湛的讲课风格得到学生们的喜爱，这方面正是黑格尔的薄弱之处。

③ 诺瓦利斯是当时德国著名的浪漫主义诗人。

一性的全体本身。而它用诗的方式所表达乃只是对自我意识固有生命的直观。"①在这里，黑格尔并没有像对待前两种态度那样消极，反而给予"直接的知识"部分认可（更多的赞赏则表现在黑格尔抵达海德堡后不久，在海德堡大学神学教授道布·卡尔的支持下担任《海德堡年鉴》编辑时，1817年在该刊物发表对《耶柯比全集》第三卷的评论中）。主要原因在于：一方面"直接的知识"通过直观或艺术的方式把握"绝对真理"直接样态，能够感受到最高存在的生命脉动，这是"任性的作风"机械式地矫揉造作所达不到的；另一方面"直接的知识"对"高深知识"的热爱以及对理性的坚定信念，这是"浅薄的作风"难以企及的。然而，"直接的知识"也有一定的局限。黑格尔认为，"直接的知识"不仅具有鲜明的主观任意性（真理的标准不再依靠内容本身，而要由意识自身决定，那些被宣称为真理的，除了主观的确信，除了自我所意识到的内容，就没有别的存在了），而且缺乏间接的逻辑环节（关于真理的认识，只能告诉人们真理存在，至于真理是什么，怎样存在却毫无头绪，直接性的形式显得毫无内容，抽象空洞）。在《哲学史讲演录》中，黑格尔明确指出："在诺瓦利斯的著作里表达了一个美的灵魂这种向往仰慕之忱，这种主观性只停留在想望仰慕的阶段。没有达到实体性的东西，这种主观性的火焰在自身内就熄灭了。"②因此，黑格尔想要"根据一个新的方法去给予哲学以一种新的处理，这方法，我希望，将会公认为唯一真正的与内容相一致的方法。"③它既区别于某种经验科学的仅仅依靠外在排比归纳的方式，又区别于某种先行假定外在格式任意四处套用的哲学，硬要使得必然性的概念发展符

① ［德］黑格尔：《哲学史讲演录》第4卷，贺麟、王太庆译，商务印书馆1997年版，第336—337页。

② ［德］黑格尔：《哲学史讲演录》第4卷，贺麟、王太庆译，商务印书馆1997年版，第338页。

③ ［德］黑格尔：《小逻辑》，贺麟译，商务印书馆1980年版，第1页。

合偶然性的主观臆断，也区别于以单纯的直接性方式把握真理。正是针对当时德国思想领域现实存在的三种哲学态度，黑格尔写作并出版《哲学全书》，将开启“认识真理”的新路向。

三、揭露“很坏的成见”并回应“无神论诬告”

历经十年，1827年黑格尔创作了《哲学全书》的第二版序言。在第二版序言中，黑格尔揭露了当时德国思想领域产生了“很坏的成见”，深度批判这种成见背后所存在的有限思维方式，即将“绝对真理”与有限范畴严格分裂的无概念的理智思维。这种成见一度使得黑格尔哲学处于十分被动的局面，因为有人曾向威廉三世告密，诬陷黑格尔思辨演绎的哲学试图否定上帝存在，是一种无神论①。为了澄清自己的哲学立场，明确其哲学任务与追求，黑格尔写作了这版序言并重新修订了《哲学全书》。

在第二版序言开篇，黑格尔直接介绍第二版《哲学全书》相较于第一版有了许多改写，从篇幅上讲，比原来第一版增加一倍，(《小逻辑》占1—214页；《自然哲学》占215—354页；《精神哲学》占355—534页。在《小逻辑》中，思想对客观性的三种态度部分，就是新增内容，包括在每段纲要后，还附加了详尽而又通俗的“说明”②）虽两版本有如此表面上的不同，可二者仍是纲要，非常紧凑且简短。接着黑格尔很无奈③地指出，该

① 参见［美］特里·平卡德：《黑格尔传》，朱进东、朱天幸译，商务印书馆2020年版，第10—12章，以及张世英：《黑格尔〈小逻辑〉绎注》，吉林人民出版社1982年版，第8页。

② 说明部分是由黑格尔本人所著，不同于附释部分。附释部分乃是后来编辑《黑格尔全集》的编者注释或黑格尔学生的笔记，虽对黑格尔哲学的理解有一定辅助效用。不过有时也增添不必要的误解，而且附释内容的阐述有时常与主体内容的论述出现偏差，或出现错置的问题，也给予钻研黑格尔哲学的学者带来些困扰。

③ 黑格尔之所以有种无奈情绪，原因在于他认为这种介绍外在因由工作与哲学本身无逻辑关联，只是对外行人有用途。（参见［德］黑格尔：《小逻辑》，贺麟译，商务印书馆1980年版，第4页。）

版序言也是为了介绍创作《哲学全书》的"外在机缘"，"对时代文化精神工作和'无精神工作'的重要意义"。这种工作，虽说与哲学有一定的关联，可总不能容许作为科学的哲学的内容①（胡塞尔在论述作为严格科学的哲学中，也强调将狭隘的经验主义与心理主义的东西剔除），但它似乎对于一些人又是必不可少的。在有些人眼中，哲学与其他科学、文化、宗教，表面上携手同行，如物理学也可称之为自然哲学，实质上却是极为分裂的。当时流行一种"很坏的成见"，不断干扰科学认知。"以为哲学好像与感官经验知识，与法律的合理的现实性，与纯朴的宗教和虔诚，皆处于对立"。② 可囿于哲学的历史地位以及崇高名声等外在利益，又不好直接取消它。与此相反，黑格尔认为哲学从不否定宗教、政治、自然、历史和艺术等内容，它恰恰通过这些经验内容，"得到教训"，"增进力量"，"澄明自身"。这些经验内容会被思想所统摄，成为思辨理念自身，此时经验内容具有绝对意义，绝对意义具有了现实存在。有人从不这样理解把握哲学，而是仅仅将其视为依赖于、从属于理智范畴的某类相对科学，使之降至为"理发的哲学"地位，"而不把这些范畴引导到概念，并上升到理念。"③失去了哲学固有的性格。

当时"很坏的成见"主要有两种表现样式。一种认为通过中介性的有限范畴根本无法通达真理，只有借助于直接性的情感或主观性的信仰才能领悟真理。此类成见将会产生两个结果，一方面有限范畴会失去自

① 黑格尔认为，他的哲学劳作一般地所曾赴和所欲赴的目的就是关于真理的科学知识，其他的无须涉及。虽然这条道路很艰难，可这正是精神所感兴趣，有价值的。当精神走上这条道路，立即发现他自身需要科学的逻辑方法，使得自身不至陷入虚浮，有效规范自身把握真理。整个历程越加清晰地表明精神不是为别的目的，而只是为了恢复自身绝对的内容。这便是绝对的真理，真正科学的知识。其间，精神有向外离开并超出该指向、该目标，后来发现，最初的偏离也是"为了恢复精神最特有的最自由的素质"。（参见[德]黑格尔：《小逻辑》，贺麟译，商务印书馆1980年版，第5页。）

② [德]黑格尔：《小逻辑》，贺麟译，商务印书馆1980年版，第5页。

③ [德]黑格尔：《小逻辑》，贺麟译，商务印书馆1980年版，第6页。

身的价值和目标，到处被轻蔑、被乱用，如像在绝望的状况下那样，使用起来越无顾忌，越无自觉，越无批判。比如中世纪某些神学家在论述宗教对象时，便采取这样一种直接性的方式，先从直接假定前提开始，然后运用支离抽象的理论和范畴予以证明绝对的存在。他们不管中介范畴运用得是否恰当，只管形式上工整得体，看起来能够支撑他们的单薄结论即可。在这里，黑格尔还引用歌德在《浮士德》中的一句名言，“他们丢掉了诸恶，那恶仍旧保持着”，这种毫无反思和批判的直接态度，产生的恶要比它丢掉范畴的恶坏上十倍。另一方面否认客观知识的可能性，本该用科学加以证明的地方，却依据情感和主观意见来论断。在第二版序言中，对直接性态度的批评远甚于头版序言。因为在大学从教的多年经历中，黑格尔发觉不管是年轻人还是老学者，都存在不同程度的急功近利倾向，尤其当他们在讨论至高无上的真理、宗教的对象时，总想要偷偷懒，将富于论证的哲学抛到一边，去求助于自我意识的直观感受，从而赋予真理多种多样的主观内容。正如“施莱尔马赫曾经指出：宗教的本质在于绝对的依赖感，黑格尔对此观点的评注：于是狗就会成为最好的基督徒。”①

“很坏的成见”另一种表现样式，执迷于有限范畴，绝对地依赖和信任中介环节，这便是普通意义上的反思规定的知性放纵。它既不能认可直接赤裸裸地把握理念，又对于它自身所包含的固定前提缺乏批判能力。所以它只能一方面通过知性的抽象范畴认识理念，并使其陷于明显的矛盾，再次陷入康德的理性悖谬当中；另一方面将思辨哲学的理念牢牢锁定在抽象范畴的定义里。这种定义是极为僵固的，看似明白透彻，可离真理是有足够距离的。黑格尔认为，“定义的意义和必然证明”只在于它自身的发展里，要不断地超越有限的、片面的知性范畴，从而达成丰满的、具体

---

① [美]沃·考夫曼：《黑格尔——一种新解说》，张翼星译，北京大学出版社 1989 年版，第 236 页。

的统一体。虽然普通知性思维,以最为确定的手段,带来最为高效便利的效果,可它的最终指向或追求,会不会因这种坚执的努力而迷失?比如这普通知性思维总会将精神具体的统一性看成“无精神性”的、抽象的、没有任何差别的同一性。为此,黑格尔还专门举例说明:“假如一个人自述他的宗教信仰说:我相信天父上帝,这天与地的创造者。而另外一个人把他这句话的第一部分,孤立地抽出来加以推论,因而说这自述者只相信上帝是天的创造主,所以他相信地不是上帝创造的”。① 这种“二截化”的理解,正是运用知性思维的结果,它只会以抽象的同一性、僵死的规定性去把握事物,不懂得运动发展的原理,思维成了只认听命的工具,完全丧失了自身的生命力即自由。

黑格尔认为之所以产生“很坏的成见”,根本原因在于有限的知性思维方式,即将“绝对真理”与有限范畴严格分裂的无概念的理智思维。这种思维始终是孤立地、静止地、不从矛盾统一中认识对象的抽象思维。它擅长于“将当前给与的具体对象析碎成许多抽象的成分,并将这些成分孤立起来观察。”②黑格尔指出,这种理智思维在一定的认识范围内和阶段上是适用的,也是必需的。“从事这种形式逻辑的研究,无疑有其用处,可以借此使人头脑清楚”,③可是不管理智思维对于把握确定性、一贯性如何有用,但它毕竟从有限性的观点来考察对象,将对象看作现成在手的,而不是具有生机活力的生命体,对象的存在只有现存的维度,而缺乏现实的维度。结果按照这种思维就会把一个有机统一的东西分解成许多无机的碎片,并且将无机的成分进行普遍化的抽象处理,得出一个干瘪的规定。此时,对象的规定与对象的概念就发生了严重分裂。黑格尔曾列

① [德]黑格尔:《小逻辑》,贺麟译,商务印书馆1980年版,第8页。
② 贺麟:《黑格尔哲学讲演集》,上海人民出版社1986年版,第441页。
③ [德]黑格尔:《小逻辑》,贺麟译,商务印书馆1980年版,第73页。

举弗·托鲁克[①]的观点来说明这种有限的理智思维。托鲁克认为哲学并未能够引起或产生实际应有的影响,因为哲学本身就是极为矛盾的。哲学家们或者推论有一个制约一切的原始根据,包括自我的根源在内,判定除了本体以外,包括自我在内的一切都是幻想(一神论);或者指出自我也是一个真实的不同于原始根据的本质,不受原始根据的制约,于是原始根据便失去了它的本体属性,“因此便没有了无限的上帝,而仅有一群神灵等”(泛神论)。托鲁克认识到这种分裂,并试图弥合这种哲学内部的分裂,如他所提到的“精神性的人”,可算真正的哲学家,努力消融一切对立物的无差别的原始存在,以扬弃有条件和无条件的对立。这是他思想深邃的一面,不过他仍将这无差别的原始存在放在差别的对立面来理解,没有真正摆脱片面性的局限。

正是由于受到理智思维的严重影响,人们对哲学的理解或者所确立的哲学观也出现问题。黑格尔认为,哲学就是发掘“绝对真理”的哲学史。“绝对真理”就是哲学研究的对象,也是“思辨哲学”的根本任务。关于这方面,有些人的理解却有偏差。比如乔·布鲁克尔[②]所著的哲学史。布鲁克尔从古希腊哲学家那里抽出多个哲学命题,视为他们的哲学思想,可这些命题并不真正属于他们,只是布鲁克尔依据当时最坏的形而上学方式(有限范畴与无限真理之间分裂)做出归类。在这种归类里,他或者对各个命题与原则做出翔实的解读,或者推出更加根本的命题与原则,并将二者分裂开来,自说自话,导致整个哲学史看起来混乱不堪,这便是他简单的“哲学伎俩”。但这绝不是像样的哲学史所该做的事。“像样的哲

---

① 弗·托鲁克先后在柏林大学和哈勒大学任神学教授。黑格尔之所以会列举他的观点,一方面最近正好读到他的书。另一方面他的观点具有典型的代表性和一定的深邃性。

② 乔·布鲁克尔著有《哲学史问题》7卷(1731—1736),《批判的哲学史》5卷(1742—1744)。

学史即在于指出某些个别哲学家对于某些思想有了更深的发展,并将这些更深的发展过程揭示出来。"①整个思想发展过程,正是"绝对真理"成就自身、表明自身如何生机勃勃存在的历史即哲学本身,它恰切地将有限规定与无限的"绝对真理"统一起来。在这种统一中有限规定、一定差别,都是成就"绝对真理"的必要环节。他们本身也即是无限的"绝对真理",无限的"绝对真理"也由这些有限规定构建,如同生息不止的代谢系统。有限规定恰因"分有"无限的"绝对真理"而具备绝对生命(包括死亡)意义,而无限的"绝对真理"也恰因"生成"有限规定而变得现实。不过要达成这种思维是有难度的,因为以前的有些哲学家没有晓畅明白地将包含在他们哲学原则中的结论推演出来,也使得现代的某些哲学史家,以有限的方式来武断地猜想,具有真正思辨精神的哲学家意思,并导致关于哲学的理解,只能局限支离破碎的命题,限于某一种片面哲学的窠臼。这种哲学只在一定的思想中认识它自身的有限概念,划定有限的范畴界限,并视为哲学全体,采用直接的有限手段定义哲学(如直接将各种部门哲学,等同于哲学本身的做法),而非迂回的、过程性的、历史性的阐明哲学。

由于人们通过有限方式理解哲学,把握"绝对真理"的历史,导致哲学与宗教之间出现断裂。按照"坏的理智"来说,宗教与哲学两者是互相排斥、相互否定,或者只可以从外在目的出发,被迫地予以联合。可从思辨哲学的角度讲,二者内容实质上是完全一致的,述说和演绎的都是"绝对真理"的历史。正如荷马所讲:"有一些星辰,具有两个名字,一个在神灵的语言里,另一个在世间人的日常语言里。""科学知识的基础是内在的内容、内蕴在万物中的理念,和它们激动精神的生命力,正如宗教是一种有教养的心灵,一种唤醒了觉性的心灵,一种经过发展教导的内容。"②

① [德]黑格尔:《小逻辑》,贺麟译,商务印书馆1980年版,第11页。
② [德]黑格尔:《小逻辑》,贺麟译,商务印书馆1980年版,第12—13页。

宗教的信仰、教义、信条绝不是靠着单纯的虔诚与情感确立,也蕴含着真理的追求,坚实的逻辑环节。那一步步艰苦的修行,“最终要通达或确证绝对真理——神的存在”。而这正是思辨哲学“关于精神和精神真理的意识,不过是意识到精神在使人异于禽兽并使宗教可能的本质性的形态里。”①因而,那低落得让人心情凝重的宗教情绪,必须放弃它的小家子气,真正认识到它是与精神的脉搏同步,依赖精神的生命激动,才会获得生机。精神乃是对客观真理的信仰。即便精神陷于自然的无知状态和自然的被动错误,凭借真正的教育启蒙,也能够从片面的抽象理智的虚妄②中解脱出来。这里黑格尔还专门引用了弗兰兹·冯·巴德尔③在《知识的酵素》中的一段话,再次批评那种割裂哲学与宗教关联的抽象虔诚性观念:“只要宗教和它的教义,没有从科学方面获得基于自由研究从而达到真正信念的尊重,则不论虔诚与不虔诚,无论怎样加上你的一切命令与禁令,你的一切言论与行为,你皆无法使宗教避免邪恶,而且这种不受尊敬的宗教也就不会成为受人爱的宗教……换言之,你要想宗教的实践再行兴盛的话,你必须留心使我们重新对宗教获得一理性的理论,且不要用一些无理性的和亵渎神明的论断……如说:建立理性的宗教理论乃是不可能的事情……。又如说,宗教仅只是心情方面的事情,对于这方面我们的脑子最好不要去过问,甚至必不可去过问。”④

在第二版序言的末尾,黑格尔明确他的哲学任务就是要在新的逻辑

① [德]黑格尔:《小逻辑》,贺麟译,商务印书馆1980年版,第13页。

② 凭借抽象理智的虚妄,虔诚谦卑的人反对思辨哲学,因为思辨哲学提供通往神圣理念世界的阶梯,从而使其失去谦卑的地位(在这里黑格尔再次提到托鲁克先生,认为托鲁克的著作《论罪恶的学说》中,存在鲜明的分裂即关于上帝的信仰与三位一体说。犹如黑格尔所提到的单一宗,只相信唯一上帝,不信三位一体说的宗派。如果宗教虔诚总是滞留在这样的分裂中,那么它只会认识到那种最狭隘的宗教与真正宗教教义或哲学学说的展开将是严格对立的)。正如敏锐的人反对神学知识,认为那只是些愚昧无知的狂想。

③ 弗兰兹·冯·巴德尔当时任慕尼黑哲学神学教授。

④ [德]黑格尔:《小逻辑》,贺麟译,商务印书馆1980年版,第15页。

建构中弥合有限认识与绝对存在之间的鸿沟,从而直接回应当时有些人对他“无神论”的诬告。黑格尔先赞叹了弗兰兹·冯·巴德尔的“特殊功绩”,在于他明确指出历史不仅具有过去时态,不单单存在回忆里,还蕴含着生发的思辨精神,具有未来的生命尺度,显现绝对科学的内涵,能够始终表明、参与并证实哲学的理念。他的这种重知主义,既强烈反对在启蒙主义中很是流行的缺少内容支撑的抽象理智,又直接反对仅仅依靠单纯虔诚情感达至终极理想的宗教幻想。其后,黑格尔又高度评价雅各·波麦①“深邃的精神经验”,认为他一方面在普遍理性的视域中理解宗教对象,在宗教内容中充分展现理性的逻辑,并力求在其中生动演绎最高存在、自然以及精神的发展样态,如他的基本出发点即上帝按照三位一体的模型,创造了人的精神以及一切事物。另一方面,又竭力将自然事物的形式(如硫磺、水银等物质)归结到宗教的和精神的形式。最后,黑格尔也总结了他所理解的哲学与宗教的关系:最高级的神性存在也是概念本身,它不但通过普遍理性了解它自身,还通过普遍理性把握和创造其他形式的东西,使得其他东西也享有最高存在的尊容,获得真理性的关照,后者虽比前者更为低级,单单从低级的东西不能足够理解更高级的概念或理念,可若是没有这种低级的规定,就不会有更高级的概念或理念。思辨哲学能够通过辩证逻辑将具体的事物同崇高的宗教信仰联系起来,这是其他科学难以做到的。它往往以矛盾发展的观点来“判断”真理,便不仅是对真理本身加以判断,而且是在讲述概念和宗教、理念和信仰的“共同的进展”。“我们已经看到,对黑格尔来说,终极现实必须经过历史才得以

① 雅各·波麦被黑格尔称为条顿民族的哲学家。波麦认为,我们决不能说上帝的本质是某种遥远的东西,不能说他占有任何特殊的地点,因为自然和造物的深渊就是上帝自身。如当你窥见深处,窥见星星和地球时,你就窥见上帝,你就生活在上帝之中。但上帝绝非抽象存在,他是对立面的统一。如果没有对立面的规定(波麦所讲的痛苦),就没有感性、没有意识、没有知性、没有科学、没有可认识的上帝。如果没有上帝那么一切存在也完全丧失价值意义,沦为虚无。

逐步走向成熟和充分的自我呈现。这个现实就是上帝或宇宙精神。"①在整个《哲学全书》当中,黑格尔似乎也是按照这种逻辑展开他的哲学论证:逻辑学以抽象的理念为研究对象,相当于圣父;自然哲学以特殊的理念为研究对象,介于抽象理念和绝对精神之间,相当于圣子;绝对精神以单一性的理念为研究对象,是具体而又鲜活的精神,相当于圣灵。从而,使得整个思辨哲学与宗教达成辩证统一,系统地回应他人的质疑。

四、应对"外行人"的批评与评判看似"科学认真的探讨"

时隔三年,1830年黑格尔创作了《哲学全书》的第三版序言。在第三版序言中,黑格尔十分无奈②地再次阐述修订和第三次创作出版《哲学全书》的外在缘由:一方面是由于第二版《哲学全书》出版发行以后,招致一些"外行人"的强烈批评,黑格尔需要给予直接的回应;另一方面是要评判当时学界虔诚派与启蒙派的激烈争论,从而再次强调真正哲学的特点和重要性。

在第三版序言开篇,黑格尔直接介绍第三版《哲学全书》相较于第二版有了许多改进,从篇幅上讲,比第二版增加了65页(《小逻辑》增加8页,《自然哲学》增加23页,《精神哲学》增加34页。)。虽篇幅有所增加,可仍是讲课纲要,非常紧凑撮要,为了更加翔实,也添加了必要的说明。接着,黑格尔指出,自《哲学全书》第二版发表以后,许多非专业的、漫不

① [加]查尔斯·泰勒:《黑格尔》,张国清、朱进东译,译林出版社2012年版,第271页。

② 黑格尔指出,我在别处也做过这件不愉快而又无收获的事,将这种由无知和激情交织起来的现象,给与赤裸裸的揭露(参见[德]黑格尔:《小逻辑》,贺麟译,商务印书馆1980年版,第24页)。这句话不仅是指黑格尔在当时德国《科学批判年报》杂志上关于哲学等问题的两篇评论(参见小逻辑,24页下方,贺麟先生注),而且也指对当时德国思想界关于哲学理解的不适宜作风和外在看法一种轻蔑,因为上述这些观念与哲学本身并无内在必然逻辑关联。

经心的、不怀好意的批判陆续出现。这种“轻心的讨论”中充满了傲慢、虚骄、嫉妒、嘲讽等坏情绪，完全以外行的卑劣行径对待哲学。例如克鲁格（在第一版序言中黑格尔曾对其有过批评）撰文对经过黑格尔大幅度修订的1827年《哲学全书》作了尖刻的批评，指责黑格尔所建构和完善的哲学体系，只不过是一个庞大的“观念游戏”，其中含有的宗教哲学充其量也就是试图“开创信念与知识的新神秘主义”，他所主张的政治观念也是极为落后的专制主义。并号召人们尽早抛弃黑格尔这本“言之无物”充满“迷信和幻觉”的《哲学全书》。除此而外，当时柏林的思想家威廉·冯·洪堡也对黑格尔所建构的庞杂而又晦涩的哲学体系表现出极度怀疑的态度，并通过委婉的语言表述了自己的观点。① 最令黑格尔感到“生厌”，十分不满的应是施莱尔马赫及其弟子。1829年，在与海德堡神学教授道布·卡尔的通信中，黑格尔明确指出：“令人遗憾的是，我必须这样说，我已经开始了在我们的批判年鉴上对付敌手了，他们中的一部分去年对我的哲学实行进攻。如果人们对这类文章只限于就那人尽皆知的东西浮光掠影一带而过，那么他们总要感到厌倦而罢手。一个批判如果具体地着眼于恶意和思想无能的全部个别之点，那就饶有兴趣了。不论多么尖刻的批判，如果人们彻底揭露它的本来面目，都要在群众中丧失体面，尽管它经常通过这类文章把同样的东西向空虚的头脑中灌输，通过故作镇静巩固有利的印象。事实上在这类文章里卑鄙的东西太多了。反对黑格尔《全书》第一卷的信，可能出自施莱尔马赫之手。”②道布在回信中也认可了黑格尔的说法：“您在年鉴上把那些吹毛求疵的人着实教训了一番，这是件好事情，这不论对科学还是对我们都是有益的，在这里也不

① 参见［美］特里·平卡德：《黑格尔传》，朱进东、朱天幸译，商务印书馆2020年版，第660—661页。

② ［德］黑格尔：《黑格尔通信百封》，苗力田译编，上海人民出版社1981年版，第178页。

乏其类，而愚蠢和无耻犹有过之。这样的事情我也想过，但想不到您竟亲自作这样令人生厌的事，我也猜想施莱尔马赫就是那反黑格尔《全书》书信的作者。前几天书商奥斯瓦尔德对我说，您的《全书》的第三版在准备中，要求我作印刷校对。我答应他，若是我的病痛痊愈了，就可担负这一工作。”①之所以认为这些批判出于“恶意和思想无能”，黑格尔指出：一方面在于有些人试图哗众取宠，通过对他的哲学批判，获取更多人们的关注和同情（这种情况在黑格尔死后看似更为流行，一些人任意地对其哲学品头论足，像“死狗”一样对待，实则别有用心）。为此，黑格尔专门引用古罗马思想家西塞罗的一段话：“真正的哲学是满足于少数评判者的，它有意地避免群众。因为对于群众，哲学是可厌的、可疑的。所以假如任何人想要攻击哲学，他是很能够得到群众赞许的。”②因而黑格尔指出，如果某些人想要得到“群众”的支持，大可通过一种狭隘的、敌意的激情，似是而非、似懂非懂、极为浅薄的方式攻击他的哲学。另一方面在于有些人关于真正哲学缺乏最起码的基础知识和简单的健康常识，便肆意妄为地大加评论。黑格尔认为，一个人若想讨论他所关心的对象，先要具备某种程度（不管如何低微）基础知识的必要。或者要先掌握这对象最容易使人留意与理解的那些健康常识。如果没有这样一个准备工作，就直接对着对象发一通牢骚和脾气，“大胆地反对哲学”，那么这个对象是可以任意更换的、无关紧要的，甚至是个荒诞的空想，因为他的重心完全放在发泄情绪上，放在一个无关紧要的外在目的上，包括对哲学本身的批判，很可能是由于有些人对哲学无知而想象出来、杜撰出来的形象，以有助于某种情绪释放。“他们没有什么东西作为讨论的出发点，于是他们只好徘

① ［德］黑格尔：《黑格尔通信百封》，苗力田译编，上海人民出版社 1981 年版，第 180 页。

② ［德］黑格尔：《小逻辑》，贺麟译，商务印书馆 1980 年版，第 23 页。

徊于模糊空疏,因而毫无意义的东西之中。”①黑格尔在与学生的交流中曾表示,有些学者对他所主张的思辨哲学是一窍不通的,至少从他们所理解和批判的基本概念来看是存在极大误解的,包括关于传统的古希腊哲学中很多重要命题,也只是停留在熟知层面,远远没有达到真知,结果使得古希腊哲学中真正展现智慧的成果渐渐被忽略,以至于消逝掉。

在第三版序言中,除了回应有些人对第二版《哲学全书》的抨击,黑格尔还针对当时学界关于上帝、神圣事物、理性,在较广范围内所引起的一场看似“科学认真的探讨”②给予评判,从而凸显思辨哲学的重要特点以及第三版《哲学全书》诞生的必要性。黑格尔认为,德国思想领域正在进行的虔诚派同启蒙派的争论,实质上是毫无意义的。因为,论辩双方都没涉及实体内容,关于哲学一窍不通,未真正进入哲学领域,未从哲学思维出发,结果使得论辩最终转为了人身攻击。如宗教上的虔诚派具备两种特质:1.他们总以妄自尊大、主观武断的权威,来“对个人的基督教信仰盖上一个世间或永恒的定罪的印章”。他们口口声声说,近代哲学过分推崇人的尊严,甚至将个体推尊到上帝的地位,而他们自己却大大方方“假借我主基督的名字”,以世界裁判官自居,主观任意地判断个人对于基督教的信仰,并对其宣判“最内在的罪名”,企图将基督教占为己有。所以,他们很少有充分能力去说几句有智慧的话。他们没有把注意力集中在增进知识和科学的伟大行为上,即便有些学识广博的,也是以一大堆不相干的外在琐碎的宗教工作为主。没有从宗教信仰的实质内容出发,挖掘其中蕴含的深刻学理(这恰是使信仰成为真理的基础)。倒是仅仅凭借“枯燥地崇奉我主基督的名字”,充分展现他们主观自负的夸大狂。

① [德]黑格尔:《小逻辑》,贺麟译,商务印书馆1980年版,第24页。

② 这一探讨主要是指当时汉斯屯堡的《福音杂志》上攻击哈勒大学某些教授如格赛尼乌和维格赛德的理性主义所引起的以教授们为代表的启蒙派同教会方面的虔诚派之间的论争。

2. 他们相信那暂时的、肉体的、现世的基督的人身，还未真正接受内外统一的圣灵观念。黑格尔认为，圣灵①尚未下降，耶稣尚未得到光荣，他便以肉身出现在时间里，即后来所想象的作为信仰的直接对象的人身。可是，那些宗教的虔诚派总是固执地停留在主观性的自信和现存的有限条件之中无法自拔，从而违反了圣经教训，导致虚骄气盛，诋毁并责罚那些真正追求真理，详尽演绎精神内在逻辑，达成真挚信仰的人。

再看宗教虔诚派所直接攻击的对象启蒙派，他们自身也具备两种特质：1. 启蒙派用"形式的抽象的无内容的思维"即"抽象理智"去把握对象，探求真理。结果却把一切绝对对象和内容都排除干净，竟与"那将信仰归结为念主啊主啊的口头禅的虔诚派"一样，空洞无物。如启蒙派的神学坚持它的形式主义，只知叫喊良心自由、思想自由、教学自由，甚至高喊理性和科学。虽说这种自由的确是精神的无限权力，是达成具有真理性信仰（犹如前面黑格尔所谈及的关于圣灵的信仰）的必要条件，"但什么是真正的自由的良心所包含的理性原则和律令，什么是自由信仰和自由思想所具有和所教导的内容，诸如此类涉及内容实质之处，他们皆不能切实说明，而只停留在一种消极的形式主义和一种自由人性、自由乱发表意见的'自由'里面。"②2. 启蒙派内部缺乏统一的，将彼此相互关联起来的一个教义、一个信仰，一个坚实的追求真理的绝对精神。"那淡薄无味的无生命的理智主义的一般性的抽象的思想"，不仅不容许具有确定的，有了发展的特殊内容和教义的基督教，而且也不容许那些将信仰发展或扩充为精神和真理的工作。综合上述两派特质的分析，黑格尔得出结论，二者的争辩谁也不比谁更胜一筹，不会有任何结果。因为当他们争辩一

---

① 在第三版序言中，黑格尔认为，圣灵便是宗教信仰的理性基础，相当于学理的、精神的、思想的、科学的、知识的扩展与逻辑。"而圣灵或精神即知识的扩大，也才是真理。""直到这圣灵后来成为一种信仰，便足以引导人达到真理。"参见［德］黑格尔：《小逻辑》，贺麟译，商务印书馆 1980 年版，第 26—27 页。

② ［德］黑格尔：《小逻辑》，贺麟译，商务印书馆 1980 年版，第 27 页。

起时,从来就没有任何使他们接触的真正材料和共同基础,只会导致空无内容的相互人身攻击。

之所以这场论辩没有取得成效,根本在于双方都没持有正确的哲学观,“不能引导到实在和知识”。双方都以一种狭隘的理智思维,切割了知识与最高真理的逻辑关联,各执一词,片面性、偶然性、随意性彰显得淋漓尽致。反而真正哲学所秉持的完整性、必然性、逻辑性荡然无存。在这场论辩中,哲学完全被视为一种“偶然的主观的需要了”。在真正需要哲学的地方(如论证宗教意识的对象,宗教信仰的真理性等问题),双方把哲学撇得远远,生怕扰乱了他们关于狭义宗教的探讨。但在最不需要哲学的地方(如双方彼此谩骂和讥评的时候),他们却把哲学视为满足个人主观任性的工具。但哲学绝不是如此粗俗地存在。黑格尔认为,哲学乃是人的精神为“理性冲力”寻求“有价值的享受”,是人类本性中“最伟大的无条件的兴趣”,即“自由地单独放在寻求实质和真理”。黑格尔将其称为“够得上称为科学的哲学”,它的使命是要科学地澄明存在之为存在、真理之为真理的内在必然性和逻辑性,是要完整地展现达成“绝对理念”的具体环节和统一规定。正如亚里士多德①认为,哲学或理论本身绝不是为了外在的直接实用,而是为了学术而学术,为了知识而知识的真正自由的学问,它是最神圣的、最光荣的即给人以“最高福祉”的学问,是不需要向别人所求,完全可以自己给予的“精神本性所必需的满足”。虔诚派与启蒙派恰恰缺乏的就是这种诚恳的哲学认知,导致一场空无内容的

① 亚里士多德认为,人们开始哲学探索,都应起于对自然万物的惊奇。他们想借此摆脱愚蠢,是为了求知而从事学术,并无任何实用的目的。这个可由事实为之证明,这类学术研究的开始,都在人生的必需品以及使人快乐安适的种种事物几乎全部都获得满足以后。这样,显然人们不是为了任何其他利益而找寻智慧。只因人本身对真理的兴趣,为自身存在而存在,不为别的生存而生存,所以,我们认取哲学为唯一的自由学术而深加探索。而且人间也没有较这一门更为光荣的,能带来最高福祉的,使人配得上人之崇高的学术。参照[古希腊]亚里士多德:《亚里士多德全集》第7卷,苗力田主编,中国人民大学出版社1991年版,第27—30页。

浅薄论辩,对于真理的探究没有任何增进。这种将哲学视为儿戏的作风闹得越响亮,深切的哲学研究就更少,"所以愈彻底愈深邃的从事哲学研究,自身就愈孤寂,对外愈沉默。"①黑格尔认为,这种浅薄无聊的风气快要完结,很快就迫使它进到深入钻研哲学的境地,去探求以绝对理念、永恒真理为对象,真正可称得上"科学的哲学",这也是黑格尔创作《哲学全书》的初心与使命。

五、结语

可见,黑格尔创作《哲学全书》不仅要从内在逻辑演绎"绝对理念"的思辨历程,而且还要表明他写作此书的现实针对性,既要适应各种不断变化的外在条件的新要求,也要回应当时其他社会各界关于黑格尔思想以及哲学本身的外在质疑和曲解。在《哲学全书》的三版序言中,黑格尔较为充分地介绍了他进行创作的这些外在缘由。虽然,黑格尔曾无奈地表示这种工作于纯粹哲学并无太多教益,但对于那些"未入门"的人还是有一定启发。通过这种外在工作,可以起到拨云见日的功用,从而使得"智慧之光"可以直接照亮并温暖那些还在阴暗冰冷的"山洞"中迷茫探索的人们,为其开辟一条充盈着存在意义的"真理之路"。

① [德]黑格尔:《小逻辑》,贺麟译,商务印书馆1980年版,第29页。

参考文献

《马克思恩格斯选集》第 1 卷,人民出版社 2012 年版。

《马克思恩格斯选集》第 2 卷,人民出版社 2012 年版。

《马克思恩格斯全集》第 3 卷,人民出版社 2002 年版。

《马克思恩格斯文集》第 1 卷,人民出版社 2009 年版。

《马克思恩格斯文集》第 4 卷,人民出版社 2009 年版。

《马克思恩格斯文集》第 5 卷,人民出版社 2009 年版。

《马克思恩格斯文集》第 10 卷,人民出版社 2009 年版。

埃德蒙德·胡塞尔:《纯粹现象学通论》,李幼蒸译,中国人民大学出版社 2004 年版。

埃德蒙德·胡塞尔:《欧洲科学危机和超验现象学》,张庆熊译,上海译文出版社 2005 年版。

埃德蒙德·胡塞尔:《逻辑研究》第 2 卷,倪梁康主编,商务印书馆 2017 年版。

查尔斯·泰勒:《黑格尔》,张国清、朱进东译,译林出版社 2012 年版。

弗兰兹·布伦塔诺:《从经验立场出发的心理学》,郝亿春译,商务印书馆 2017 年版。

黑格尔:《哲学史讲演录》第 1 卷,贺麟、王太庆译,商务印书馆 1959 年版。

黑格尔:《哲学史讲演录》第 2 卷,贺麟、王太庆译,商务印书馆 1960 年版。

黑格尔:《哲学史讲演录》第 3 卷,贺麟、王太庆译,商务印书馆 1959 年版。

黑格尔:《哲学史讲演录》第 4 卷,贺麟、王太庆译,商务印书馆 1978 年版。

黑格尔:《逻辑学》上卷,杨一之译,商务印书馆 1966 年版。

黑格尔:《逻辑学》下卷,杨一之译,商务印书馆 1976 年版。

黑格尔:《精神现象学》上卷,贺麟、王玖兴译,商务印书馆 1979 年版。

黑格尔:《精神现象学》下卷,贺麟、王玖兴译,商务印书馆 1979 年版。

黑格尔:《小逻辑》,贺麟译,商务印书馆 1980 年版。

黑格尔:《自然哲学》,梁志学等译,商务印书馆 1980 年版。

黑格尔:《黑格尔通信百封》,苗力田译编,上海人民出版社 1981 年版。

黑格尔:《精神哲学——哲学全书·第三部分》,杨祖陶译,人民出版社 2006 年版。

黑格尔:《历史哲学》,王造时译,上海书店出版社 2006 年版。

黑格尔:《法哲学原理或自然法和国家学纲要》,范扬、张企泰译,人民出版社 2006 年版。

贺麟:《黑格尔哲学讲演集》,上海人民出版社 1986 年版。

贺长余:《现实性原则基础上马克思主义哲学的视域转换》,东北大学出版社 2017 年版。

贺长余:《追求够得上称为科学的哲学——黑格尔〈小逻辑〉的思辨演绎》,中国社会科学出版社 2021 年版。

姜丕之:《黑格尔〈小逻辑〉浅释》,上海人民出版社 1980 年版。

康德:《历史理性批判文集》,何兆武译,商务印书馆 1990 年版。

康德:《实践理性批判》,韩水法译,商务印书馆 1999 年版。

康德:《判断力批判》,邓晓芒译,杨祖陶校,人民出版社 2002 年版。

康德:《纯粹理性批判》,邓晓芒译,杨祖陶校,人民出版社 2004 年版。

卡莱尔·科西克:《具体的辩证法——关于人与世界问题的研究》,傅小平译,社会科学文献出版社 1989 年版。

《列宁全集》第 55 卷,人民出版社 2017 年版。

梁志学:《论黑格尔的自然哲学——〈哲学全书·第二部分·自然哲学〉导读》,人民出版社 2018 年版。

马丁·海德格尔:《形式显示的现象学》,孙周兴编译,同济大学出版社 2004 年版。

马丁·海德格尔:《现象学之基本问题》,丁耘译,上海译文出版社 2008 年版。

马丁·海德格尔:《时间概念史导论》,欧东明译,商务印书馆 2009 年版。

米歇尔·亨利:《走向生命的现象学》,邓刚译,东方出版中心 2024 年版。

特里·平卡德:《黑格尔传》,朱进东、朱天幸译,商务印书馆 2020 年版。

汪子嵩:《亚里士多德关于本体的学说》,人民出版社 1983 年版。

沃·考夫曼:《黑格尔——种新解说》,张翼星译,北京大学出版社 1989 年版。

王树人:《思辨哲学新探》,人民出版社 1985 年版。

杨祖陶:《黑格尔〈精神哲学〉指要》,人民出版社 2018 年版。

亚里士多德:《尼各马可伦理学》,廖申白译,商务印书馆 2003 年版。

张世英:《黑格尔〈小逻辑〉绎注》,吉林人民出版社 1982 年版。

朱熹:《四书集注》,岳麓书社 1985 年版。

庄振华:《〈小逻辑〉评注》,上海人民出版社 2023 年版。

后　记

创作本书的目的是很直接的，就是要深度激发辩证法内在的生命活力，使其回归到自在自为的哲学黑土地中，播撒具有现实潜力的种子，在阳光雨露的外在滋养下，生长茁壮繁茂的枝叶，成就硕果累累的自我确证。这便是生命意向性的历史使命和逻辑演绎，也是本书创作的出发点。当然，黑格尔的逻辑学体系并非是尽善尽美的，也存在着被后人不断批判的局限。也许本书基于生命意向性的历史演绎，来重新解读和塑造黑格尔逻辑学体系所存在的问题或误解，远远多于黑格尔哲学本身存在的思想漏洞或局限。但仍希望本书的创作能起到抛砖引玉的效用，使得读者能够以生机的视角进一步审视黑格尔逻辑学。本书的写作参考了国内外许多关于黑格尔研究专家的学术成果，对上述列位学界前辈，以及其他各位对本书的写作给予帮助的同仁表示感谢，同时也要感谢中共辽宁省委党校对本书出版的前期资助，感谢单位领导和同事的大力支持，也要感谢出版单位与编辑老师对于本书的发表做出的努力。最后，还要感谢家人的温馨陪伴。

贺长余

2024 年 4 月 22 日于沈阳

责任编辑：杜文丽
封面设计：汪　莹

图书在版编目（CIP）数据

生命意向性的历史演绎：黑格尔逻辑学体系的现象学塑造 / 贺长余著. -- 北京 ：人民出版社，2025. 5.
ISBN 978－7－01－026997－9

Ⅰ. B516. 35；B811. 01

中国国家版本馆 CIP 数据核字第 2025SS2220 号

生命意向性的历史演绎
SHENGMING YIXIANGXING DE LISHI YANYI
——黑格尔逻辑学体系的现象学塑造

贺长余　著

人民出版社 出版发行
（100706　北京市东城区隆福寺街 99 号）

北京建宏印刷有限公司印刷　新华书店经销

2025 年 5 月第 1 版　2025 年 5 月北京第 1 次印刷
开本：710 毫米×1000 毫米 1/16　印张：18.5
字数：245 千字

ISBN 978－7－01－026997－9　定价：85.00 元

邮购地址 100706　北京市东城区隆福寺街 99 号
人民东方图书销售中心　电话（010）65250042　65289539